山东省社科规划青年项目
"大数据证据审查机制研究"(23DFXJ06)

本书由山东大学"全面依法治国战略实施中的数据运用与数据治理"创新团队资助

山东大学数据法学丛书

大数据侦查法治化研究

彭俊磊 著

Research on
Regulation of
Big-data
Criminal
Investigation

北京大学出版社
PEKING UNIVERSITY PRESS

图书在版编目(CIP)数据

大数据侦查法治化研究 / 彭俊磊著. —北京：北京大学出版社，2023.10
ISBN 978-7-301-34395-1

Ⅰ.①大… Ⅱ.①彭… Ⅲ.①数据处理—应用—刑事侦查学 Ⅳ.①D918-39

中国国家版本馆 CIP 数据核字(2023)第 171780 号

书　　　名	大数据侦查法治化研究 DASHUJU ZHENCHA FAZHIHUA YANJIU
著作责任者	彭俊磊　著
责 任 编 辑	孙　辉　方尔埼
标 准 书 号	ISBN 978-7-301-34395-1
出 版 发 行	北京大学出版社
地　　　址	北京市海淀区成府路 205 号　100871
网　　　址	http://www.pup.cn　http://www.yandayuanzhao.com
电 子 邮 箱	编辑部 yandayuanzhao@pup.cn　总编室 zpup@pup.cn
新 浪 微 博	@北京大学出版社　@北大出版社燕大元照法律图书
电　　　话	邮购部 010-62752015　发行部 010-62750672　编辑部 010-62117788
印 刷 者	涿州市星河印刷有限公司
经 销 者	新华书店
	650 毫米×980 毫米　16 开本　23 印张　271 千字 2023 年 10 月第 1 版　2023 年 10 月第 1 次印刷
定　　　价	79.00 元

未经许可，不得以任何方式复制或抄袭本书之部分或全部内容。
版权所有，侵权必究
举报电话：010-62752024　电子邮箱：fd@pup.cn
图书如有印装质量问题，请与出版部联系，电话：010-62756370

"山东大学数据法学丛书"总序

当下中国已经处于以网络化、数字化、智能化为特征的全新法律阶段,大数据、云计算、人工智能对法学及法律实务领域的影响越来越大。作为新阶段的无形地基,"数据"被称为新时代的"石油",其既是国家治理的重要工具,又是国家治理的重要对象。如何去挖掘全新法律阶段的"石油"?这是本丛书作者们在思考的问题,也是本丛书力图解答的问题。

本丛书作者们秉持这一基本共识:复杂的法学体系,往往建立在简单的逻辑起点上。基于"数据"这一逻辑起点,本丛书以全面依法治国战略作为依托,从数据运用与数据治理两大领域入手开展具体研究,构建数据法学的研究体系,以期助力全面推进依法治国。充分发掘"数据"及其相关技术在立法、执法、司法等领域中运用的可能性及路径,是本套数据法学丛书的主要目标之一。具体来说,在数据运用领域,本丛书主要关注三个方向:其一是立法过程中的大数据运用。在这一方向,学者们将研究重点聚焦于大数据在立法调查、立法评估、公众参与等诸多领域的运用问题,旨在以山东省作为评估样本,建立科学的法治评估指标体系,并进一步将大数据技术运用其中,广泛开展法治指数评估,大力推进法治治理的水平和能力。其二是执法过程中的大数据运用。这一方向的研究将关注大数据在深化综合行政执法改革与推动行政执法体制和行政执法能力建设中的作用,力图利用大数据技术,对相关的行政服务进行整合,改变原来的碎片化、重复化的服务状况,提供更为便民的行政服务。其三是司法过程中的大数据运用。关注该方向的学者依托"裁判文书网大数据分析系统"等,重点分析大数据在刑事立案侦查、司法裁判和裁判结果执行全过程中的运用,从而研究大数据在刑事侦查、同案同判、裁判说理的智能司法建构、未来案件的预测、犯罪人的刑事监管等方面的重要意义和具体运用方法,进一步推动智能司法的发展。

本套数据法学丛书的另一主要目标是数据治理。大数据的普遍运用,需要相应的法律制度对之加以规制和指引。从实践中看,数据开发应用过程中产生了一系列的问题,数据过分收集、数据泄露及与之相关的网络安全、算法黑箱等突出问题亟待法律规制。本套数据法学丛书既要探讨与数据治理相关的基础理论,以为相关制度的建构提供宏观、总体的规划和理论支撑,更将着重研究数据运用过程中出现的具体、突出的问题,及时回应技术发展对法律的需求,提供良好的法治环境,更好地推动数据发展和应用。具体来说,在数据治理方面,本丛书主要关注以下三个方向:数据治理的基本原理、网络安全的法律保障、算法的法律规制。关于数据治理的基本原理,丛书的作者们从世界各国的数据治理实践和有关数据治理法治化的既有研究出发,总结数据治理的主要理论支撑,重新审视大数据时代个人的信息、隐私、数据等基本权利,进而厘清数据治理法治化的一般原理。关于网络安全的法律保障,丛书的作者们重点分析现有的网络安全法律保障体系的漏洞及滞后性,在此基础上研究如何弥补漏洞并建立具有一定预见性的网络安全法律保障体系,进而为将来网络安全立法提供一些可行性的建议。关于算法的法律规制,丛书的作者们重点探讨算法社会伦理危机产生的结构性因素,并在此基础上分析既有的法律治理手段存在的局限,从而为算法社会的法律治理的转型和升级探明方向。

数据法学丛书聚数年之功,立基于对数据法学理论之阐发,探究其在中国实践之适用。"特定的时代背景对法学知识形态的形成具有决定性影响",方兴未艾的数据法学,既为法学学者们提供了丰富的议题,也给法学学者们带来了严峻的挑战。《荀子·修身》中写道:道虽迩,不行不至;事虽小,不为不成。本丛书作为数据法学研究中的太仓一粟,希望能在数据法学体系建构的过程中挖掘新的议题,回应新的挑战,为中国特色数据法学的理论与实践加砖添瓦。丛书中有不足、不妥、不当者,敬请方家批评指正。

周长军

2023 年 9 月 22 日

序

未来已来,我们已经置身于大数据时代。国家治理和社会治理开启了数字化转型和智慧化升级,社会运行变得更加可视化和可预测。大数据技术在赋能国家治理和社会治理的同时,也延伸了国家权力、社会权力介入公民日常生活空间的"手臂",传统的公民权利保障机制出现运行乏力和功能弱化现象,法治秩序的构建面临风险和挑战。如何回应社会发展和科技进步的需求,推进国家治理和社会治理的数字化、智能化运行在法治轨道上,确保治理效能与权利保障的有机统一,是我们面临的时代课题之一。

在刑事侦查领域,侦查机关大力开展智慧侦查建设,强化大数据、人工智能、区块链等数字化技术的运用,经济犯罪案件的侦查思路由以前的"打团伙,端窝点,精准打击,成熟一个,收网一个",到后来的"打团伙,端窝点,扩线经营,集约化、链条式打击",发展到现在的"数据建库,研判先行,联动打击,深挖扩线",重视数据碰撞、数据排除、数据筛选以及数据核实等大数据侦查工作的开展[1],侦查破案和打击犯罪的能力得到了前所未有的提升,为保障平安中国建设和服务经济社会高质量发展发挥了令人瞩目的作用。不过,由于法学研究的跟进不及时和法律规制的不健全,大数据侦查实践中存在着对案件当事人、社会公众隐私权的威胁乃至侵犯现象,亟待关注和

---

[1] 参见本书附录一:《关于"大数据侦查法治化问题"的调研访谈记录》。

提出解决机制。在此背景下,彭俊磊博士《大数据侦查法治化研究》一书的出版,可喜可贺!

俊磊博士本科就读于西南政法大学刑事侦查学院,毕业后以优异成绩保送到山东大学法学院硕博连读,跟随我从事刑事诉讼法学研究。俊磊博士专心科研,勤于思考,学术敏锐性强,多年前就洞察到大数据侦查的研究价值,并将"大数据侦查法治化"确定为博士论文题目。数年磨一剑,从2017年至今,俊磊博士在广泛阅读相关文献的同时,进行了大量的实证调研,撰写了数万字的调研报告,完成了博士学位论文的写作。

《大数据侦查法治化研究》一书就是在其博士学位论文基础上修改而成的。本书以问题为导向,紧扣大数据技术的发展状况及其在刑事侦查中的应用态势,深入探讨了大数据侦查法治化的问题。通读之后,我认为有如下三个特点:一是综合运用跨学科的方法展开研究。大数据侦查法治化是一个多学科交叉融合的研究主题,作者能够较好地运用刑事侦查学、诉讼法学、证据法学和信息科学等学科的知识和原理进行跨学科研究,提出了一些颇具新意和启发性的观点。二是坚持理论联系实际的原则。作者基于实证调研深入考察了大数据侦查的实践,分析了大数据侦查法治化在我国面临的"三重困境",即法律规范困境、诉讼实践困境和社会制衡困境。作者认为,现行法律对大数据侦查措施的属性界定模糊,对大数据侦查程序的启动条件规定不明,对大数据侦查办案的判断标准未能统一,对大数据侦查技术的算法规制严重缺失;大数据侦查还面临证据适用异化、刑事辩护遇阻、法律监督受限、国际合作不畅等现实困境,并存在公民个人隐私恐慌、公司数据滥用和舆论监督局限等社会层面的问题。三是注重进行理论抽象,提炼了大数据侦查法治化的基本要素和分析框架。作者认为,权利保障、权力制衡和利益衡量是决定大数据侦查法治化水平的基本要素;受大数据技术运用的冲击,传统侦查中"权利—权力"的二元关系逐步向"权利—技术—权力"的三方构造转变,进而主张,实现大数据侦查法治化,必须明确大数据侦查的"通知—知情"原则,实现程序运行"数据流转",增设算法解释规定,确立算法问责机制,型塑公民数据权利观念,促进数据公司对数据保护职责与数据协助义务的合理平衡,完善舆论监督机制。

当然,大数据侦查法治化是一个较为宏大的主题,本书的写作难免存在一些不足和问题,比如,对整体预测型侦查行为与刑事诉讼立案程序的衔接、据此收集的证据材料如何在刑事诉讼中使用等方面的探讨不够深入,比较研究的展开也不够充分等。但总的来说,瑕不掩瑜,本书的出版对于相关研究和侦查实践的展开应该能起到一定的借鉴和启示作用。

彭俊磊博士毕业后进入山东政法学院工作。本书的出版既是他博士求学生涯的集中总结,也是他未来学术研究之路的崭新起点。希望俊磊博士在今后的研究中,继续关注大数据、人工智能、区块链等数字技术发展对刑事诉讼的影响,在刑事诉讼数字化转型方面做出更多更好的研究成果。

周长军

2023 年 6 月 25 日

目 录

导 论 ··· 001

第一章　大数据侦查概述 ·· 011
　第一节　大数据的特征与运用 ·· 011
　　一、概念界定 ··· 012
　　二、核心特征 ··· 015
　　三、发展运用 ··· 019
　第二节　大数据侦查的概念、特点与技术方法 ························· 021
　　一、大数据侦查的概念与证成 ·· 022
　　二、大数据侦查的基本特点 ··· 028
　　三、大数据侦查的技术方法 ··· 034
　第三节　大数据侦查的实践意义 ·· 039
　　一、推进传统侦查体系创新发展 ······································· 039
　　二、实现侦查技术的"智慧赋能" ······································· 041

第二章　大数据侦查法治化的必要性 ···································· 048
　第一节　大数据侦查的正当基础 ·· 048
　　一、大数据侦查的现实必要性 ·· 049
　　二、大数据侦查的理论正当性 ·· 055

第二节　大数据侦查法治化的理论界说与现实动因 ………… 060
　　　一、大数据侦查法治化的理论界说 …………………………… 061
　　　二、大数据侦查法治化的现实动因 …………………………… 062

第三章　大数据侦查法治化的基本要素 ……………………… 066
　第一节　权利保障要素 ……………………………………………… 066
　　　一、大数据侦查的人权保障观念 ……………………………… 067
　　　二、大数据侦查的权利制约体系 ……………………………… 072
　　　三、大数据侦查活动的有限公开 ……………………………… 079
　第二节　权力制衡要素 ……………………………………………… 082
　　　一、大数据侦查的合比例性 …………………………………… 084
　　　二、大数据侦查的司法审查 …………………………………… 088
　　　三、违法开展大数据侦查的程序性制裁 ……………………… 091
　第三节　利益衡量要素 ……………………………………………… 095
　　　一、大数据侦查的技术中立原则 ……………………………… 098
　　　二、大数据侦查的个案裁量模式 ……………………………… 100

第四章　大数据侦查法治化的现实困境 ……………………… 103
　第一节　大数据侦查的法律规范困境 ……………………………… 103
　　　一、措施属性模糊 ……………………………………………… 104
　　　二、启动条件不明 ……………………………………………… 112
　　　三、判断标准分化 ……………………………………………… 118
　　　四、算法规制缺失 ……………………………………………… 127
　第二节　大数据侦查的诉讼实践困境 ……………………………… 132
　　　一、证据认定困难和适用异化 ………………………………… 132

二、刑事辩护遇阻 …………………………………………… 144
　　三、法律监督受限 …………………………………………… 150
　　四、国际合作不畅 …………………………………………… 155
　第三节　大数据侦查的社会制衡困境 ……………………… 160
　　一、公民隐私恐慌 …………………………………………… 160
　　二、公司数据滥用 …………………………………………… 165
　　三、舆论监督乏力 …………………………………………… 169

第五章　大数据侦查法治化的路径探索 …………………… 173
　第一节　完善大数据侦查的法律规范 ……………………… 173
　　一、明确基本原则 …………………………………………… 174
　　二、严密适用条件 …………………………………………… 182
　　三、细化办案标准 …………………………………………… 189
　　四、加强算法规制 …………………………………………… 195
　第二节　规制大数据侦查的运行实践 ……………………… 200
　　一、构建标准化的侦查取证流程 …………………………… 200
　　二、优化全程性的刑事辩护模式 …………………………… 211
　　三、健全覆盖式的监督审查机制 …………………………… 216
　　四、开展共享型的国际司法合作 …………………………… 222
　第三节　强化大数据侦查的社会制衡 ……………………… 226
　　一、型塑公民数据权利观念以培植社会基础 ……………… 227
　　二、促进数据公司对保护职责与协助义务的合理平衡 …… 230
　　三、完善舆论监督机制确保外部制衡力量充足 …………… 234

结　语 ·· 239

附录一：关于"大数据侦查法治化问题"的调研访谈记录 ········· 241

附录二：最高人民法院　最高人民检察院　公安部关于办理刑事
　　　　　案件收集提取和审查判断电子数据若干问题的规定 ··· 291

附录三：公安机关办理刑事案件电子数据取证规则 ··············· 300

附录四：公安机关电子数据鉴定规则 ································ 314

主要参考文献 ·· 329

后　记 ·· 349

导 论

大数据作为人类历史上的又一次技术革命成果,拥有不可估量的潜在价值和应用前景。在刑事司法领域,大数据技术已经运用于侦查实践,对于侦查技术革新、侦查思维转换、侦查模式创新起到了至关重要的作用。不过,对于"大数据侦查"而言,目前尚处于发展初期,如何在大数据侦查过程中有效地规范这项技术权力的行使、确保公民基本权利不受侵犯,依然是亟须研究的重点问题。大数据侦查所引发的一系列新型法律问题,不仅给传统侦查制度带来了挑战,更涉及证据制度以及整个刑事诉讼程序的变革与完善。因此,如何实现大数据侦查法治化,成为大力推进法治建设进程中不可回避的一个议题。

在大数据时代背景下,技术进步日新月异,理论研究如日中天。当前国内外关于大数据的实践应用与理论研究如雨后春笋,各个领域都在积极推动大数据的发展。2013年被视为世界大数据的发展元年,美国、日本、欧洲等国家和地区先后制定了一系列国家政策支持大数据发展,并将其上升到国家战略高度,纳入国家发展计划。在我国,2015年10月,党的十八届五中全会已明确提出实施国家大数据战略,进而将其写入《中华人民共和国国民经济和社会发展第十三个五年规划纲要》(以下简称"十三五"规划纲要)。2021年6月

10日,第十三届全国人民代表大会常务委员会第二十九次会议又审议通过了《中华人民共和国数据安全法》(以下简称《数据安全法》),自2021年9月1日起施行。具体到刑事司法领域,在"科技强警""智慧检察"的引领下,我国侦查机关已迅速搭建起一个个大数据应用平台,大数据侦查在打击、预防犯罪活动中已经开始发挥实效。但大数据作为一项新兴科学技术,当其被运用于侦查实践,在提高侦查破案效率的同时,也引发了一系列新的法律问题。特别是在犯罪形态升级、开展大数据侦查成为必然选择的背景下,因技术运用恣意而使公民权利遭受侵害的风险陡然增加,传统诉讼制度面临前所未有的冲击和挑战。因此,基于法治的视角对大数据侦查展开深入研究,无论在理论层面还是实践层面都具有极为重要的意义。

从实践情况来看,当前大数据侦查的法治保障体系尚未完全确立。由于法律规范的滞后性、司法观念的偏差以及配套机制的不完善等原因,大数据技术在侦查实践中的运用给公民权利带来了前所未有的威胁,特别是对于公民隐私权的侵犯将是一种"从质到量"的变化,即通过一个个信息碎片组成海量的数据库,这些数据的单独使用可能都是合法的、无关隐私的,但是如果聚集起来进行再次分析,则可能会侵犯个人隐私,这是传统隐私法所难以有效规制的,亟须通过研究寻找合理的应对之策。而从理论研究层面来看,尽管学界围绕大数据展开的研究日益丰富并向纵深发展,"万物皆数据""数据司法是未来科技司法的主方向""司法人员将越来越离不开大数据引领"等也逐步成为新的共识,但目前有关"大数据侦查"的研究大都是将大数据作为研究背景或者一种新的技术方法,探讨大数据对侦查工作的实际影响,而从法治视角对大数据侦查进行的系统研究依然薄弱。鉴此,本书以大数据侦查法治化为题展开研究,审视我国大数据侦查实践中存在的问题，剖析大数据侦查法治化的现实困境，进而探寻一条符合我国国情的大数据侦查法治化路径，推进相关领域的深入研究。

值得庆幸的是，当前关于大数据侦查的既有研究成果为我们进行更深入、系统的研究奠定了坚实基础。一开始"大数据"只是作为侦查学研究的一个背景，抑或一种观察角度，仅仅停留于大数据侦查的形式层面，后来慢慢发展到对大数据侦查技术运用中的问题进行研讨，重点探讨了大数据在网络犯罪案件、职务犯罪案件、杀人案件、盗窃案件等类型案件中的运用方式与策略，再后来开始朝向侦查模式、侦查思维、侦查机制的变革等问题进行研究，由于这一阶段的研究主体多为侦查学领域的学者，因而更倾向于从侦查效果的视角出发展开论述。随着大数据侦查在实践中的应用越来越广泛，诉讼法学界对于大数据侦查中法律问题的研究开始增多，将相关研究逐步推向新的高度。不过，整体而言，目前关于大数据侦查的研究也存在一些突出的问题：一是侦查方法、侦查思维、侦查模式、侦查机制方面的重复性研究较为明显，研究的深度依然不够。二是对大数据侦查的研究缺乏整体观察，理论与实践之间出现了断裂，衔接不够紧密。三是尽管大数据侦查实践中存在诸多失范的现象，但从法治视角专门系统研究大数据侦查的理论成果还不够成熟。

放眼国外研究，目前对大数据司法领域的探讨同样如火如荼，研究领域主要聚焦于大数据在司法运用中的隐私权利、信息权利以及数据权利等实体性权利保护问题；具体到刑事法律领域内，对大数据侦查的探讨则集中在大数据警务（Big Data Policing）对美国《宪法第四修正案》的影响，涉及正当程序、搜查扣押、证据排除等问题。国外专家学者同样认识到，大数据正在改变犯罪预防和警察活动的固有结构。大数据警务引起了由"因果关系"向"相关关系"的转变,由"个体怀疑"向"盖然怀疑"的转变以及由"被动反应"向"主动震慑"的转变。这些变化在改善治安、打击犯罪方面成效显著,但同时也引发了人们对于全面监控的担忧,甚至有人认为可能导致种族歧视问题的严重化。大数据运用给传统警务管理模式带来的新挑战,必将引发关于搜查、扣押等方面的讨论。其实,不管是对大数据警务的担忧,还是对大数据时代美国《宪法第四修正案》的反思,最终都有一个共同的落脚点,那就是以隐私权为代表的权利保障体系的完善,这也正是我们所探讨的大数据侦查法治化的核心问题之一。

通过对国内外相关研究文献的梳理不难看出,大数据侦查引发的相关法律问题正在成为刑事诉讼法学界的研究热点。概言之,近些年关于大数据侦查的研究成果不管是在数量上还是质量上都在逐年攀升,为我们进行更为深入、系统的研究奠定了坚实基础。但是,究竟如何实现大数据侦查法治化,确保技术权力规范运行,合法权利不受侵犯,该项研究工作依然任重道远。目前国内学者多集中于对大数据侦查的技术研究、模式研究、类案研究,虽有少部分学者从程序法、证据法乃至法理的视角展开探讨,但诸多问题依然存在争议抑或未能全面触及。而国外学者虽然整体研究起步较早,在大数据警务、信息隐私、数据保护等方面取得了诸多研究成果,但是往往更加侧重对实体权利保障的研究,对大数据侦查过程中的相关程序性权利关注不够。此外,由于不同国家的法律运行环境不同,因而不管是英美法系对相关经典判例的研究,还是欧盟国家对数据保护条例的强调,我们在作比较借鉴时切不可照搬移植,而应立足于本土国情辨证吸收,积极探寻本土化路径。

总之,大数据侦查已然成型,然而大数据侦查法治建设依然还在路上,需要我们在现有学术资源基础上继续深入钻研,进行系统化研究,为迈向数字化、法治化、现代化的新时代贡献智识。本书即以人权保障与法治建设为基本视角,对大数据侦查引发的相关法律问题进行探讨。全书总共分为五章,以大数据侦查实践运行状态为切入点,探讨大数据侦查法治化的必要性,进而从应然层面提炼概括出大数据侦查法治化的基本要素作为理论分析框架,对大数据侦查法治化进程中所面临的现实困境进行审视与归纳,最终积极探寻出实现大数据侦查法治化的多维路径。

  第一章"大数据侦查概述",主要明晰了大数据侦查的相关基本内容,分析了大数据侦查的实践意义。从应用层面来看,"大数据"不仅在于其体量之大,更在于其技术之新,它既是一种新资源,更是一种新技术,还是一种新理念、新思路、新模式,具有数量大(Volume)、类型多(Variety)、速度快(Velocity)、价值高(Value)的"4V"特征。正是基于这些优势,大数据被世界各国予以高度关注,并被广泛运用于社会各领域,刑事侦查就是其中一个重要方面。随着大数据技术的引入,我国传统侦查体系正在经历前所未有的变革,朝着积极、主动,科技化、智能化的方向转型,这种变革不仅体现在侦查实践层面,也体现于侦查学术创新上,逐步划定"大数据侦查"的范畴。大数据侦查不仅是指法定侦查机关针对已经发生的犯罪行为或者尚未发生但存在高度犯罪风险的行为,通过综合运用大数据技术,以实现查明案件事实真相、缉捕犯罪嫌疑人、预测和防控犯罪行为之目标的相关侦查行为,而且还包括大数据思维理念在侦查模式转型、侦查人才培养、侦查机制创新等方面的综合运用,是一个具有多维层次的系统概念。大数据侦查本身具有"数据驱动""人工智能""全时相关"等特点。具体到大数据侦查的实践运行中,则主要表现为数据搜索法、数据碰撞法、数据挖掘法和数据画像法等技术手段。随着大数据侦查在技术应用层面愈加成熟，它不仅推进了传统侦查体系的创新发展，还实现了对现代侦查技术的智慧赋能，起到越来越重要的侦查工作指导作用。

第二章"大数据侦查法治化的必要性"，主要围绕大数据侦查的正当基础、大数据侦查法治化的理论界说与现实动因展开论述。其中大数据侦查的正当基础主要围绕现实必要性以及理论正当性展开。从现实必要性来看，在大数据时代背景下，以网络犯罪为代表的一系列新兴犯罪形态不断异化，技术性与隐蔽性的提升导致侦查难度加大；然而受制于思维理念的禁锢，传统侦查模式滞后于犯罪手段的升级，侦查破案压力不断加剧；与此同时，伴随着社会发展进步，公民对于安定秩序、犯罪防控的需求不断提高，社会治理模式朝向现代化发展；在社会现代化发展进程中，国家地区间的联系日益紧密，国际刑事司法合作成为打击犯罪、维护社会安定有序的必然趋势。因此，从务实角度来看，大数据运用于侦查实践具备现实必要性。从理论正当性来看，大数据侦查具有实体正义理论、程序正义理论、司法效率理论以及国家政策作为支撑，它既以犯罪防控为目标追求、人权保障为客观需要，又将司法效率作为必要保障，还是国家战略的具体体现。因此，开展大数据侦查活动具备理论正当性。在此基础上，我们应当进一步明确大数据侦查法治化的基本内涵与重要意义，大数据侦查法治化是指大数据侦查技术、活动和程序的法治化，是保证大数据侦查释放正向效能的前提。与传统侦查相比，大数据侦查作为一项新兴的侦查技术、侦查活动、侦查模式，在对数据资源的利用过程中存在着侵犯权利的高度风险，且在法律规制方面存在盲区，不管是出于"权力抑制器"还是"权利稳定器"的现实动因，推进大数据侦查法治化必要而紧迫。

第三章"大数据侦查法治化的基本要素",主要从权利保障、权力制衡以及利益衡量三个方面对大数据侦查法治化的基本要素进行了概括和提炼。在现代法治理念引领下,"权利保障""权力制衡""利益衡量"一并成为大数据侦查法治化进程中非常重要的三块基石。首先,在权利保障方面,大数据侦查应当秉持以人为本、无罪推定的理念,对犯罪嫌疑人及其他相关人员的知情权、隐私权、个人信息权等权利予以格外关注,并通过"有限公开"的方式接受监督制约。其次,在权力制衡方面,内在地包括三方面的要求:一是大数据侦查措施的合理且适度使用;二是大数据侦查程序的审慎发动;三是对大数据侦查权力不当行使的程序性制裁。大数据侦查措施的合理且适度使用是指,要认真贯彻比例原则,大数据侦查的开展要具有适当性、必要性和均衡性;大数据侦查程序的审慎发动具体表现为司法审查对于大数据侦查措施的约束和控制;大数据侦查权力不当行使的程序性制裁则是指,对大数据侦查过程中出现的违法行为进行程序性制裁,为犯罪嫌疑人及其他相关人员提供救济途径。最后,在利益衡量要素方面,大数据侦查中应当充分重视不同利益之间的权衡取舍,探寻包括个人信息权在内的权利保障诉求与大数据侦查权力扩张之间的利益平衡点。此外,以大数据为代表的高新技术已经对传统侦查中"权利—权力"的二元关系造成冲击,逐步向"权利—技术—权力"的三方构造转变。以技术中立为前提,进行利益衡量时还要注意原则与例外、一般与特殊的关系,通过个案裁量,综合权衡大数据侦查中的权力、权利、效果、效率、技术、规则等基本要素,在大数据侦查活动中形成一个正向价值不断循环的程序法治闭环。

第四章"大数据侦查法治化的现实困境",主要概括了当前大数据侦查法治化面临的"三重困境",即法律规范困境、诉讼实践困境和社会制衡困境。

首先,在法律规范层面,现行法律体系表现出严重的滞后性,对大数据侦查措施的属性界定模糊,对大数据侦查程序的启动条件规定不明确,对大数据侦查办案的判断标准未能统一,对大数据侦查技术的算法规制严重缺失。属性界定模糊的问题表现在大数据侦查与技术侦查、侦查技术的交叉杂糅关系上,导致现行法律规定难以有效规制大数据侦查行为;启动条件不明的问题突出体现于预测型侦查行为对传统立案程序形成冲击,实践中的刑事初查活动更是缺乏法律基础;判断标准分化的问题则表现为大数据所强调的相关关系对传统因果关系提出挑战,侦查办案主观标准与客观标准的综合适用不够协调,证据规则与证明标准相对滞后;算法规制缺失的问题集中体现为算法黑箱与算法歧视,影响司法公正的实现,现行法律规范目前尚未形成健全的约束、引导框架。其次,在诉讼实践层面,大数据侦查主要面临证据适用异化、刑事辩护遇阻、法律监督受限、国际合作不畅等现实困境。证据适用异化问题主要体现在大数据侦查取证与证据类型界定的复杂关系,以及如何通过客观真实性、关联性、合法性对大数据侦查证据材料进行认定,并防止证据转化等异化形态的出现;有效辩护受阻主要表现为在大数据侦查过程中,辩护律师介入该程序面临层层阻碍,再加之控辩双方在数据获取能力以及数据分析能力方面均存在显著差异,有可能加剧控辩不平等的状态;法律监督受限主要表现为内部自律与外部他律的形式化问题突出,法律规制式微,由于法律授权不明确、检察监督刚性不足以及司法审查制度不健全等因素,导致大数据侦查活动缺乏强有力的监督制约;国际合作不畅表现在由于缺乏统一规范的大数据侦查合作机制,导致在国际协作中对于大数据侦查活动规制不足。最后,在社会制衡层面,对于大数据侦查至少存在三个方面的现实问题。一是社会公众出于"未知的恐惧"和"大监控社会"的广泛担忧,在认知层面出现了个人隐私恐慌,动摇了大数据侦查法治化的社会公众基础。二是各大数据公司在面对侦查机关数据调取请求时,由于数据管理、分享机制不健全,公民个人信息数据被不当使用,甚至滥用的风险很高。三是由于大数据侦查的技术性、秘密性色彩浓厚,进行合理有效的信息披露存在难度,以致来自社会的舆论监督不足。

第五章"大数据侦查法治化的路径探索",主要从法律规范、诉讼实践、社会制衡等维度有针对性地探索出大数据侦查法治化的"多维路径",以破除前述的三重困境,确保大数据侦查活动的依法有序进行。

首先,在法律规范层面,应当明确大数据侦查所应遵循的基本原则,具体包括程序法定原则、无罪推定原则、比例原则、司法审查原则等适用于所有侦查措施的一般原则,也包括"通知—知情"原则、收集限制原则、相对公开原则等特殊原则。关于适用条件,应当明确市级以上公安机关的权力主体地位,并区分大数据侦查适用的不同案件类型,规范审批流程,明确书面记录"数据流转"。涉及的办案标准,应当区分个案回溯型大数据侦查行为与整体预测型大数据侦查行为,分别进行细化和规范。在算法规制方面,通过"增设算法解释规定"与"确立算法问责机制",提高大数据算法的透明度和可责性。其次,在诉讼实践层面,应当尽快构建标准化的侦查取证流程,优化全程性刑事辩护模式,健全覆盖式监督审查机制,开展共享型国际司法合作。具体而言,可以通过采取有效措施,型塑大数据侦查思维模式,培养大数据侦查专业人才,完善大数据侦查应用平台,构建起一套标准化的侦查取证流程。辩护律师一方面要不断提升庭审阶段利用"鉴真规则"进行"数据质证"的能力,另一方面则应当强化审前阶段的积极辩护,对大数据侦查中犯罪嫌疑人的合法权利予以保障,从而优化全程性刑事辩护模式。检察机关、审判机关应当分别采取动态监督与静态审查的方式,健全大数据侦查的覆盖式监督审查机制。在国际司法合作方面,应当积极开展共享型大数据侦查合作,逐步划定个人信息数据保护共同标准,以"数据主权"为前提实现共享共治,推动《大数据侦查国际合作公约》的制定。最后,在社会监督和制衡层面,应当型塑公民个人数据权利观念以奠定法治社会基础,促进数据公司对保护职责与协助义务的合理平衡,完善舆论监督机制,确保外部制衡力量充足。大数据侦查法治化目标的实现,需要浓厚的法治氛围作为支撑。社会公众应当逐步树立起新型数据权利观念,如数据权属观、数据知情观、数据自决观。大数据公司应当承担起更多的社会责任,加强数据管理规范,切实履行数据保护职责与数据协查义务。在社会舆论监督方面,应当在发挥传统媒体监督功能的同时,调动和规范新兴自媒体的监督作用,共同促进大数据侦查智能化、现代化与法治化的统一。

第一章
大数据侦查概述

"大数据侦查"作为大数据时代在侦查学、诉讼法学领域新近诞生的一个名词,其内涵与外延目前尚未形成通说,在概念界定方面依然存在诸多争议。根据笔者对侦查人员、技术人员、法制工作者、刑辩律师以及专家学者的调研访谈结果来看,大家对"大数据侦查"的理解各异,存在不一样的解读。所以要想对大数据侦查法治化进行系统研究,首先应对"大数据侦查"的基本内容进行明晰,梳理大数据的发展历程,厘定大数据侦查的基本概念,归纳大数据侦查的外在特征及实践样态,在此基础上再对大数据侦查的实践价值和理论基础展开深入分析,从而实现对"大数据侦查"的祛魅,为大数据侦查法治化研究奠定坚实基础。

第一节 大数据的特征与运用

随着高新技术与信息数据的高速发展,人类生活场域逐步迈入现实与虚拟融汇的"二元空间"[1]。信息凭借互联网的高效传递,进

---

[1] 〔美〕曼纽尔·卡斯特:《网络社会的崛起》,夏铸九等译,社会科学文献出版社2001年版,第505页。

一步打破了时空的限制。网络化、数字化、智能化叠加交融发展,世界正被逐步塑造成为无缝连接、即时互动、分布共享的信息共同体。[1] 因应世界经济高速发展,科技进步显著加快,互联网络已经无处不在,成为社会生活不可缺少的一部分。当虚拟社会与现实社会彼此交融,信息的传递将越来越依赖于数字媒介。也正因此,越来越多的信息数据正在集聚,并呈指数级增长,从而实现了由"IT(信息技术)时代"向"DT(数据)时代"的迈进,"大数据"自然孕育其中。从这个意义上来看,大数据的确开启了一次新的时代转型,它对我们的生活方式以及看待世界的角度都产生了巨大影响,越来越多的变革与创新将基于大数据而不断涌现。

一、概念界定

在很长一段时间内,"数据"与"信息"这两个词往往相伴而生,甚至常常会被用来替换使用,但实际上二者之间是有区别的。"数据"一般被认作未被加工的事实或观察的结果,它既可以是数字、文字、符号,也可以是声音、图片、视频,是一个物理性、抽象性的概念,用来反映客观事物的原始素材;而"信息"则是在原始素材基础上所要表达的主观见之于客观的内容,是一个逻辑性与观念性的概念,通过对数据进行解释从而赋予其具体而实际的意义。质言之,数据是信息的载体,信息是数据的内涵,二者不可分离。如果说人类文明与社会进步依托于知识的积累与升级,那么知识就是沉淀并与已有人类知识库进行结构化的有价值信息,而有价值的信息又得益于客观数据的加工处理。在这个意义上来看,数据当中蕴含着信息,创造着知识,推动着时代变革。

---

[1] 参见马长山:《迈向数字社会的法律》,法律出版社2021年版,第138页。

如今立身于大数据时代,显然这一次时代变革与"大数据"息息相关。然而究竟何为"大数据",目前尚无统一定义,基于不同视角存在着多种解读,在现阶段它仍然是一个可以进行多元化认知的开放性概念。如果单纯从数据层面来看,大数据仅是一个海量的数据集合[1];但若基于专业技术的视角,大数据又是一种包括了数据处理与智能分析的专业技术方法[2];假若进一步上升到价值高度,大数据则更加强调海量数据背后的价值与规律[3]。在我国2014年发布的《大数据白皮书》中,围绕"资源、技术、应用"三个维度对大数据作出了如下描述:"大数据是具有体量大、结构多样、时效强等特征的数据;处理大数据需采用新型计算架构和智能算法等新技术;大数据的应用强调以新的理念应用于辅助决策、发现新的知识,更强调在线闭环的业务流程优化。"[4]从这样一段表述也可以看出,我们对"大数据"这一概念的理解,不应仅仅局限于字面意义之"大",更要关注其内涵价值之"新",它既是一种新资源,又是一种新技术,更是一种新理念、新思路、新模式。

首先,大数据是一种新资源。作为海量的数据集合,已有人将大数据比作信息时代的巨大金矿,美国联邦政府更是于2012年就将大数据视作"未来的新石油",并将"大数据战略"上升到了国家意志层面,认为未来国家的核心资产是对数据的占有与控制。[5]当大数据成为宝贵的新资源,"数据主权"的概念也便应运而生。单就数据本

---

[1] 参见[日]城田真琴:《大数据的冲击》,周自恒译,人民邮电出版社2013年版,第3页。
[2] 参见中国电子技术标准化研究院:《大数据标准化白皮书(2014)》。
[3] 参见[英]维克托·迈尔-舍恩伯格、[英]肯尼斯·库克耶:《大数据时代:生活、工作与思维的大变革》,盛杨燕、周涛译,浙江人民出版社2013年版,第4页。
[4] 工业和信息化部电信研究院:《大数据白皮书(2014)》。
[5] 参见《2014我国大数据发展分析报告》,载 http://www.cssn.cn/xwcbx/xwcbx_gcsy/201411/t20141104_1388658_1.shtml,访问日期:2018年3月11日。

身而言,从形式类型上,它又可以分为结构化数据和非结构化数据,但不管基于何种形式,数据本质上都是对信息数字化的记录。作为一种对客观世界进行量化和记录的结果,大数据表示的是过去,关注的却是未来。作为记录信息的载体,数据是知识的来源,也是分析判断与科学决策的重要依据。在大数据时代背景下,数据的激增为人类智识的增长创造了前所未有的契机与动力。如今我们完全可以通过数据的收集、交换、整合与分析,发现新的知识,创造新的价值,实现由"大数据"向"大知识""大智慧""大发展"的演进[1],大数据俨然已成为各方争相占有的资源。

其次,大数据是一种新技术。伴随着高新技术的发展,社会也发生着翻天覆地的变化。特别是计算机、互联网的普及,社会已经不再局限于单一的物理空间,更多的信息传递在虚拟空间中交互发生。在万物皆互联、互联皆计算的"普适计算"下,也便意味着"有计算即有数据",大数据技术应运而生。从技术层面来看,国际数据中心的学者认为,大数据技术描述了一个技术与体系的新时代,被设计为通过高速捕获、发现以及分析技术从大规模多样化的数据中来提取其价值。[2] 这样一种新技术,使得时空更加贯通,可以基于既往预测未来。甚至有学者曾经断言,93%的人类行为是可以通过大数据来预测的。[3] 且不论"93%"这一概率的准确与否,大数据之于分析预测的重大推动作用确是毋庸置疑的。而这种强大的分析预测能力除了得益于海量数据集合的客观存在,更在于其在数据收集、提取、挖

---

[1] 参见涂子沛:《大数据:正在到来的数据革命》,广西师范大学出版社2015年版,第35—57页。

[2] See J. Gantz and D. Reinsel, Extracting Value from Chaos, An Executive Summary, *IDC IView*, (June), 1-12 (2011).

[3] 参见〔美〕艾伯特-拉斯洛·巴拉巴西:《爆发:大数据时代预见未来的新思维》,马慧译,中国人民大学出版社2012年版,第218页。

掘、分析以及呈现等各个环节所提供的强大技术支撑,显然大数据不应仅仅理解为海量数据集合,它还是一种新兴的前沿技术。

最后,大数据更是一种新理念、新思路、新模式。数据作为科学的量度、知识的来源,更是我们学术研究,乃至政策制定的重要依据。对于大数据的认知,我们除了要初步了解其数据体量、分析技术,还应当转换传统视角,树立起一种新的思维模式、思考路径。大数据的影响,如同四个世纪前人类发明了显微镜一样。显微镜把人类对自然界的观察和测量水平推进到了"细胞"的级别,给人类社会带来了历史性的进步和革命。[1] 而大数据将成为我们下一个观察人类自身社会行为的"显微镜"和检测大自然的"仪表盘"。[2] 这种视角的转换,将深刻影响人们的行为模式、国家的治理模式以及社会的发展模式。大数据之所以能够开启一次时代变革,显然它的影响是全方位的,而其中最关键的就是对于人们认知理念、思维方式乃至社会运行模式带来的巨大改变。大数据已经远远跳脱出一般意义上的数据集合或技术手段概念,它更是一种新理念、新思路、新模式。

二、核心特征

从古至今,人类发展历程中大致经历了三次重大革命,第一次是农业革命,使人类从采集活动走向种植生活;第二次是工业革命,使人类从畜力耕作走向机械生产;第三次则是当前正在进行的信息革命,将使人类从物理生态走向智能生态。[3] 基于人类的信息化革命进程,我们又可将其划分为三个时代,即计算机时代、互联网时代和

---

[1] See The Age of Big Data, New York Times, Steve Lohr, February 11, 2012.
[2] 参见涂子沛:《大数据:正在到来的数据革命》,广西师范大学出版社2015年版,第58页。
[3] 参见马长山:《迈向数字社会的法律》,法律出版社2021年版,第1页。

大数据时代。[1] 计算机时代,主要解决了信息的机器可读化和数据的可计算化问题;互联网时代,则主要解决信息传递和信息服务的问题;在二者的基础上,我们正在进入一个崭新的历史阶段——大数据时代。以此为时代背景,数据不仅"多源"(产生及获取渠道的多样性)而且"异构"(分析及运用形式的丰富性),其价值得到了前所未有的开发与利用。在这一过程中,大数据彰显着鲜明的核心特征。当前业界普遍认为大数据具有四项核心特征,并将其概括为"4V 特性"。

第一,数量大(Volume)。数据的存储单位有 B、KB、MB、GB、TB、PB、EB、ZB、YB 等依次递增,大数据语境下的数据量通常至少是以 TB(1TB=1024GB)作为基础单位进行计算衡量。之所以会有如此大量的数据存在,与计算机、互联网的普及密不可分。在信息网络高度发达的今天,数据正在以一种超乎想象的速度爆发式增长。根据联合国早期的研究报告显示,全球的大数据存量从 2005 年的 150EB,增长到了 2010 年的 1200EB,并预计将以 40% 的年增长率继续增长,到 2020 年全球的数据量将会达到 35ZB,这意味着在最近两年内产生的数据量相当于人类之前所有数据量的总和。[2] 显然,当前全球的数据量总和已经远超预期。以美国国家安全局的数据收集为例,其每六个小时产生的数据量就相当于美国国会图书馆藏书信息的总量。再直观一点,每 1EB 的信息量相当于 14 亿中国人人手阅读一本 500 余页的书籍的信息量。可以说,我们已经置身于一个数据无处不在的时代,每个行为人既是数据的创造者、所有者,同时也是数据的享用者,数据总量仍在不断增加。

---

[1] 参见徐继华等著:《智慧政府——大数据治国时代的来临》,中信出版社 2014 年版,第 11 页。
[2] 参见赵刚:《大数据——技术与应用实践指南》,电子工业出版社 2013 年版,第 2 页。

第二,类型多(Variety)。关于数据的类型,因为划分标准不同,所以会存在多种不同分类。如根据数据层次进行划分,可以分为原始数据(自愿提供的数据、被观测的数据)、二次数据(被推断的数据,包括特征数据及总量数据)、三次数据(深加工的数据);根据数据内容进行划分,可以分为行为数据(指依赖于用户的某些行为,并在行为的过程中或是作为行为的结果而产生的数据,例如搜索信息、浏览痕迹、位置信息等)、非行为数据(指不依赖于用户的某个具体行为而固有的数据。例如姓名、血型、籍贯、住址等)。[1] 当然,最常见的分类还是依据数据属性,可以分为结构化数据和非结构化数据。结构化数据的格式较为统一,更易于存储、处理和查询;非结构化数据则没有统一的结构属性,增加了存储、处理和查询的难度。然而,进入到大数据时代,以图片、音频、视频等为代表的非结构化数据要远远多于结构化数据,其增长速度是结构化数据的 10 倍到 50 倍,占到数据总量的 75% 以上。[2] 单就非结构化数据而言,随着网络信息技术的更迭发展,图片、音频、视频等在存储格式上也日益多样化,这也进一步展现出大数据类型多这一核心特征。

第三,速度快(Velocity)。大数据时代更加强调数据的智能性、流动性和实时性。面对如此浩繁、复杂的数据集合,如果还是以传统的思维和技术进行分析,势必将被时代淘汰。对数据的快速处理是大数据的又一个典型特征。以百度为例,其在 2012 年左右的数据总量已经接近 1000PB,存储网页数量近 1 万亿,每天大约要处理 60 亿

---

[1] 参见王忠:《大数据时代个人数据隐私规制》,社会科学文献出版社 2014 年版,第 146 页。
[2] 参见马建光、姜巍:《大数据的概念、特征及其应用》,《国防科技》2013 年第 2 期。

次搜索请求、数十PB的数据量。[1] 数据不是静止的,而是流动的,其价值的发挥往往依赖于信息的交互共享。尤其是在一个数据爆发式增长的时代,数据传递、处理、分析的效率显得更加重要。这种速度的提升不仅依赖于处理器等硬件设备的更新升级,还有赖于对数据搜集、数据挖掘、数据分析、数据运用等信息系统的优化,通过不断改进完善算法,从而提升整体运行效率。因此,进入大数据时代,云计算、人工智能推动了计算能力的再次升级,数据的分析速度更加快捷高效。

第四,价值高(Value)。关于大数据的价值特征,实际上存在很多不一样的解读,目前大多数学者习惯将其概括为"价值密度低"[2]。其实不然,这种"价值密度低"的表述主要还是针对指数级增长的数据总量而言的,认为急剧增长的数据体量会稀释有价值的信息,从而造成价值密度的降低。这种判断是基于一种不现实的假定,认为有价值的信息量相对固定,那么随着数据总量的爆发式增长,自然会出现"分子不变而分母增加"的"价值稀释"的现象,导致在海量数据集合中提取有价值信息的难度大大提高。但实际情况并非如此,如果我们回到"数据—信息—知识—智慧"的DIKW(D-Data, I-Information, K-Knowledge, W-Wisdom)金字塔数据分析框架[3]下重新审视,有价值的信息不可能是固定不变的,数据总量的扩充、数据类型的丰富、数据分析速率的提升,都将极大促进更

---

[1] 参见李国杰、程学旗:《大数据研究:未来科技及经济社会发展的重大战略领域——大数据的研究现状与科学思考》,《中国科学院院刊》2012年第6期。
[2] 马建光、姜巍:《大数据的概念、特征及其应用》,《国防科技》2013年第2期。
[3] DIKW金字塔(DIKW Pyramid),又称为DIKW体系,是信息管理、知识管理领域被广泛使用的分析模型,目前已成为被普遍接受的关于数据价值分析的框架,其经典表述是:"智慧源于知识,知识源于信息,信息源于数据。"

多有价值信息的发现和提取,形成更多知识结晶,进而凝结更多人类智慧。所以当我们基于充分利用数据、榨取更多信息规律的立场进行思考时,应当承认大数据在推动社会发展进步过程中的高价值。

三、发展运用

从历史梳理维度来看,大数据的发展运用可以追溯到 2011 年,该年度全球知名咨询公司麦肯锡(McKinsey & Company)发布了一份关于大数据的详尽报告《Big Data: The next frontier for innovation, competition, and productivity》,在这份报告中首次提出了"大数据"的概念。时至如今,在短短十几年的时间里,大数据已经被世界各国、社会各界广泛熟知并被予以高度重视。

目前,主流通说认为 2013 年是世界大数据的发展元年。在 2013 年前后,美国、日本、欧洲等国家和地区先后制定了一系列国家政策来支持发展大数据,并将其上升到国家战略高度或者纳入国家发展计划行列。以美国为例,其已经积累了较为丰富的"数据治国"经验,积极倡导大数据平台建设,实现了数据库间的对接,并以此为基础通过数据分析,制定相应的社会管理政策。比如,美国国家交通管理局通过"循数管理与数据发布"的形式,促进社会监督与群言群策。除了政府部门致力于大数据发展以外,涵盖了商业、工业、农业、医疗、教育等各个领域的相关主体同样对大数据这座待开发的宝藏充满了高涨的热情,例如运用大数据进行商业精准营销,以大数据助推工业现代化,通过大数据进行环境监测,借助大数据实现智慧医院、智慧校园建设等,均卓有成效。

我国同样高度重视大数据发展。在 2014 年 3 月份的政府工作报告中,首次写入了"大数据",提出要"赶超先进,引领未来产业发展"。[1] 2015年8月,国务院出台《促进大数据发展行动纲要》,将大数据定位为推动经济转型发展的新动力、重塑国家竞争优势的新机遇、提升政府治理能力的新途径,倡导大力推动数据开放共享,实现信息资源整合。[2] 2016年3月,发展大数据正式上升为国家战略,被写入到"十三五"规划纲要当中,并将大数据定位为"基础性战略资源"。[3] 2017年10月,党的十九大提出推动大数据与实体经济深度融合;同年12月,中央政治局就国家实施大数据战略进行集体学习,强调加快建设数字中国。随着国家大数据战略的实施,围绕数据展开的法治建设也在不断推进,为了规范数据处理活动,保障数据安全,促进数据开发利用,保护个人、组织的合法权益,维护国家主权、安全和发展利益,继《中华人民共和国网络安全法》之后,我国在2021年又相继颁布实施了《中华人民共和国数据安全法》《中华人民共和国个人信息保护法》,构建起了涉数据法律规范的"三驾马车"。由此也可以想见,在未来很长的一段时间里,围绕大数据进行的一系列技术革新、产业发展、制度完善以及法治建设等都将同步推进,大数据势必将更加广泛地运用于社会各个领域。

当然,通过对国内外大数据发展脉络的梳理可以看到,大数据在产业发展、经济创新、社会管理等领域的推动作用显著。实际上除此之外,大数据对于维护社会安定有序、捍卫公平正义同样起着至关重要的作用,特别是在刑事司法领域内,将对"打击犯罪与保障人权"产

---

[1] 参见《2014年政府工作报告》,载中华人民共和国中央人民政府网 http://www.gov.cn/zhuanti/2014gzbg_yw.htm,访问日期:2021年12月23日。
[2] 参见《促进大数据发展行动纲要》,载国家信息中心网 http://www.zyczs.gov.cn/html/xzfg/2018/9/1536891571437.htm,访问日期:2021年12月23日。
[3] 参见《中华人民共和国国民经济和社会发展第十三个五年(2016—2020)规划纲要》,载共产党员网 http://www.12371.cn/special/sswgh/,访问日期:2021年12月23日。

生深远影响。2013年著名的美国波士顿马拉松爆炸案,正是基于这10TB的大数据分析,最终确定了犯罪嫌疑人。[1] 在国内外一系列重大疑难案件的侦破过程中,同样有着大数据的重要身影,且发挥着越来越重要的作用。置身于大数据时代,每一个体的一言一行都将被数字化记录下来,甚至主观层面的想法、习惯、爱好等也都可以通过大数据分析得以预判。因此,对于刑事案件而言,大数据所蕴含的价值并不仅仅表现为对已发案件线索、证据的发现与固定,还表现为对未发案件进行预警预防,维护社会安定有序,从而实现对刑事犯罪的综合治理。本书接下来就将重点聚焦于刑事司法领域(尤其是侦查领域),重点探讨大数据对传统侦查体系的冲击和改变,并以此为基础探寻大数据运用于侦查实践所引发的一系列相关法律问题,进而深入探究大数据侦查法治化的实现路径。

第二节 大数据侦查的概念、特点与技术方法

大数据侦查是大数据时代侦查创新的必然产物,是新兴科技与侦查权力强势结合的表现形态,是应对犯罪形态升级、防控严重犯罪的有力武器,但同时我们也应该警惕其成为致使公民合法权益受到侵害的危险之源。所以,作为研究前提,有必要对大数据侦查的概念、特点以及技术方法等内容进行考察分析,从而框定研究范围、明确研究对象。

---

[1] See Data for Boston Marathon Investigation will be Crowdsourced, https://edition.cnn.com/2013/04/17/tech/boston-marathon-investigation/index.html, last access: 2018-06-17.

一、大数据侦查的概念与证成

(一)大数据侦查的概念界定

关于"大数据侦查"的概念,目前尚未形成一种具有权威性的通说。概念作为法律构造的工具,亦是法律体系形成的基础,其抽象性往往让它能够涵摄整个行为的指向对象,具有高度的凝练性。因此,对"大数据侦查"指向对象的观察视角不同,也就出现了对这一概念的多种解读。有学者认为,"大数据侦查"是一个活动过程,"是信息化时代大数据技术与侦查工作的有机结合,是侦查机关依照法律规定,为了揭露证实犯罪、打击防控犯罪,对与侦查活动有关的开源网络数据与内部系统数据进行有针对性的、系统性的抽取和集成,并进行深度的分析研判和结果运用的活动过程"[1]。也有学者认为"大数据侦查"是一种模式,"是指侦查机关借助大数据和云计算技术,利用特定算法(包含藉由经验而得的直觉判断)对普遍存在且全面自动化收集的社会信息进行分析,形成对已发犯罪的侦查线索和未来犯罪发展趋势进行判断的一种犯罪侦查和控制模式"[2]。还有学者认为,"大数据侦查"是一种理念和方法论,"是指围绕侦查工作目标,以现代技术搭建平台为支撑,通过对海量数据的深度挖掘、智能处理和专业分析开展侦查工作的理念与方法之统称"[3]。笔者根据调研访谈结果分析来看,侦查实务界对"大数据侦查"这一概念同样尚未形成统一认识,其与"大数据研判""警用大数据""公安大数据""数据侦查""数字侦

---

[1] 郑群、周建达:《大数据侦查学若干问题研究》,《中国人民公安大学学报(社会科学版)》2018年第4期。
[2] 赵峰:《大数据侦查模式之下相关性关系的证明浅议》,《贵州警官职业学院学报》2016年第6期。
[3] 李蕤:《大数据背景下侵财犯罪的发展演变与侦查策略探析——以北京市为样本》,《中国人民公安大学学报(社会科学版)》2014年第4期。

查""智慧侦查"等概念往往交混使用。[1] 但实际上,上述内容在本质上均属于学界关于"大数据侦查"的研究内容。

可见,"大数据侦查"是一个动态发展中的概念,更是一个具有多维层次的立体化概念,正在渐趋成熟、日益完善。笔者认为应当基于广义视角对其定义,"大数据侦查"是一个涵盖了侦查技术、侦查措施、侦查行为、侦查方法、侦查模式、侦查机制等在内的完整概念体系。[2] 总体而言,"大数据侦查"既是指法定侦查机关针对已经发生的犯罪行为或者尚未发生但却存在高度犯罪风险的行为,通过综合运用大数据技术,以实现查明案件事实真相、缉捕犯罪嫌疑人、预测和防控犯罪行为之目标的相关侦查行为;同时其又不仅仅局限于技术行为层面,还包括大数据思维[3]在侦查模式转型[4]、侦查方法创新[5]、侦查机制完善[6]等各方面的综合运用,是一个具有多维层次的系统概念。

---

[1] 参见本书附录一:《关于"大数据侦查法治化问题"的调研访谈记录》。
[2] 参见王燃:《大数据侦查》,清华大学出版社2017年版,第32页。
[3] 大数据侦查思维主要是指公安机关在侦查工作中,能够灵活运用大数据收集与分析技术,合理使用大数据应用工具,从而通过挖掘数据价值为获取犯罪线索和侦查情报信息而提供帮助的一种新的侦查思维。大数据侦查思维是大数据侦查模式的先导,与大数据侦查方法相互作用,同时也是大数据侦查机制的重要基石。
[4] 大数据侦查模式是指在大数据侦查思维的指导下,在大数据技术支撑的基础上,建立在对长期以来的侦查实践过程中,大数据对侦查行为内部各要素结构关系的作用和对大数据在打击犯罪中的具体实现路径的正确认识基础上而形成的较为科学、稳定、有序的以犯罪数据化与侦查数据化为主要内容的规律关系。
[5] 大数据侦查方法是指在大数据侦查思维的影响下,综合运用大数据、云计算等技术而采取的一切侦查破案、查明犯罪证据的手段与方式。其具体包括犯罪的数据挖掘方法、分类整理与关联整合的方法、规范储存与高效查询的方法、依法移送与报送及调度的方法、数据比对分析的方法,以及在大数据侦查实践过程中涉及的社会问题、伦理与法律问题的解决方法。
[6] 大数据侦查机制主要是指在侦查活动的各个环节中大数据发挥作用的传导路径,其既有事前进行的预侦查机制,也有具体的实施机制,还包括事后监督机制和基础的保障机制。就侦查实践来看,主要分为犯罪监控机制、犯罪侦破机制和犯罪预测机制等。

(二)大数据侦查概念的相关质疑与评析

对于"大数据侦查"这一概念,学界一直存在不同的见解,甚至有所争议,其中自然包括了怀疑否定的声音,对此我们应当基于客观理性的立场进行审视。持质疑态度的学者认为,"大数据侦查"以及与其相关的"数据化侦查""数字化侦查"等概念,存在概念炒作及大数据崇拜的现象。持此观点的学者指出,"大数据"只是侦查的一个要素,并没有推动侦查模式的转型,也没有导致传统侦查发生根本性的变革。因此"大数据侦查"的概念夸大了大数据对侦查的影响,其自身又缺乏充足的理论依据,这反而会不利于大数据在侦查领域的应用。[1] 具体而言,对"大数据侦查"这一概念的质疑主要集中于以下几个方面问题的思考:其一,"大数据"是否仅为侦查的一个要素,它又是否能够贯穿于整个侦查活动,并独立支撑起侦查工作的开展?其二,"大数据"是否仅为众多侦查措施中的一种辅助性手段,如果是这样,那么又是否存在创建"大数据侦查"这一概念的必要性?其三,"大数据侦查"与"传统侦查"是否存在本质上的差别,它能否被独立视作一种新的侦查类型?其四,在大数据时代的伊始阶段,不少学者所倡导的应然层面的"大数据侦查"是否过于理想化,在侦查实践、司法实践中能否转化成现实?持质疑批判观点的学者认为,如果对于以上几个核心问题无法作出准确回应,那么提出"大数据侦查"这一概念便缺少理论自洽性。

上述问题的提出对于"大数据侦查"的证成提供了有益的思考路径,有利于对大数据侦查做更为深入的研究。当然对于质疑者的疑问,也可以从以下几方面进行回应。

---

[1] 参见彭知辉:《"大数据侦查"质疑:关于大数据与侦查关系的思考》,《中国人民公安大学学报(社会科学版)》2018年第4期。

首先,"大数据侦查"中的"大数据"并非只是侦查的一个要素,也不仅局限于一种辅助性手段的定位,它还涵盖了大数据侦查思维、大数据侦查模式、大数据侦查方法、大数据侦查行为、大数据侦查程序、大数据侦查制度、大数据侦查法律法规等一系列基本问题,它能够独立地贯穿于整个侦查工作的开展。[1] 不仅如此,越来越多的学者开始意识到,大数据不仅可以独立地贯穿于侦查活动,还会影响到立案、起诉、审判甚至执行等诉讼环节。

其次,大数据侦查与传统侦查有着显著差别,是大数据时代侦查创新的重要体现。这种侦查之"新"体现在多个方面:其一,这是一项全新高新技术在刑事侦查中的应用,其法律属性既不是"搜查",也不是"调取",亦不能被直接视为"技术侦查",现行刑事诉讼法及法律解释中关于侦查行为的分类无法容纳"大数据侦查"这一新兴侦查措施[2];其二,大数据侦查改变了案件的形成模式、信息获取方式和结果的可预测性,实现了传统"回溯型"侦查模式向"预防型"侦查模式的变革,是对风险社会下有效防控社会风险的积极回应[3];其三,大数据侦查还带来了侦查思维的转型,相较于传统侦查思维,开始从因果性思维转向相关性思维、从抽样性思维转向整体性思维、从回溯性思维转向预测性思维、从分散孤立思维转向共享协作思维,从而构建起了大数据侦查的逻辑体系。[4] 上述这些技术层面、法律层面以及逻辑思维层面的变化,体现出大数据侦查与传统侦查有着本质不

---

[1] 参见郑群、张芷:《大数据侦查的核心内容及其理论价值》,《山东警察学院学报》2018年第6期。
[2] 参见程雷:《大数据侦查的法律控制》,《中国社会科学》2018年第11期。
[3] 参见于阳、魏俊斌:《冲突与弥合:大数据侦查监控模式下的个人信息保护》,《情报杂志》2018年第12期。
[4] 参见王燃:《大数据时代侦查模式的变革及其法律问题研究》,《法制与社会发展》2018年第5期。

同,它已远非众多侦查措施中的一种辅助性手段,而是一种独立的新型侦查措施。

最后,关于"大数据侦查"学理研究与侦查实践脱节的问题。在笔者看来,问题的关键不在于应然层面的"大数据侦查"是否可以付诸实践,恰恰相反,而是当前对于"大数据侦查"的理论研究严重滞后于大数据在侦查中的应用实践。尽管目前对于"大数据侦查",国内外学者普遍缺乏深入、系统的研究,但这并没有阻碍它的广泛应用,我国侦查实务部门对大数据技术的侦查应用还在进一步拓展和深化。[1] 笔者通过与大数据侦查一线工作人员进行的访谈也证实了这一点,大数据侦查的实践应用遥遥领先于关于它的理论研究,很多我们意想不到的技术手段和侦查思路开始广泛使用,这已不是一个理论构想过于理想化的问题,而是学理研究严重滞后于侦查实践以至于不能及时引领正确法治方向的问题。

综上,笔者认为,"大数据侦查"概念的提出既具有扎实的理论根据,又在侦查实践中呈现出愈加显著的现实意义。从理论层面来看,将这种新的侦查行为、侦查活动、侦查模式、侦查机制、侦查现象概念化,可以起到聚焦的作用,促进该领域关注者之间信息与观点的传递抑或碰撞,从而产生新的智识,推动研究深化与学术进步。从实践指导意义而言,有利于形成对以上侦查行为模式的框架式约束,恰如没有方向的风最难识别、没有牌照的车最难管理、没有目标的行动最难预测一样,如果不对这种已经应用于实践并预期将在未来广泛适用的侦查活动概念化、类型化,那么也便很难实现其规范化和法治化。

当然,跳出"概念之争"的藩篱,我们更应该关注的是大数据运用

---

[1] 参见郑群、周建达:《大数据侦查学若干问题研究》,《中国人民公安大学学报(社会科学版)》2018年第4期。

于侦查实践所引发的实质问题。通过梳理可以发现,围绕"大数据侦查"引发的问题争议,研究者大致可以分为两大阵营:质疑者阵营与支持者阵营。质疑者阵营中又可以区分为"技术性质疑派"与"合法性质疑派";而支持者阵营中则又可以区分为"激进支持派"与"保守支持派"。其中,"保守支持派"的学者看到了大数据给侦查带来的技术变革与理念更新,认为传统的侦查模式在新形势下向主动型、精密型、技术型、前瞻型转变是大势所趋,但同时也要保持客观理性,基于审慎的态度认识大数据在侦查中的作用,以侦查法治为"内脑"、科学技术为"外脑",处理好二者之间的关系。[1] 笔者倾向于"保守支持派"的观点,因为其更符合程序法治视野下刑事侦查与大数据技术的互动关系与基本定位。侦查模式的转型,不是对传统的颠覆,而是在吸收传统侦查模式合理内核基础上的创新与发展。[2] 这种转型既是打击犯罪的必然要求,亦是一种法治现代化的具体表现。例如,"跟踪""守候"作为侦查学领域内的一种传统侦查措施,借助大数据技术完全可以实现 GPS 定位、视频跟踪、视频守候等,这种数据技术元素的加入使得传统侦查措施更具活力,是一种继承基础上的创新发展。此外,"控制赃物""阵地控制"也都将烙印上数字化控制、智能化控制的时代内容。[3] 我们应当准确把握并顺应时代发展的需要,实现由传统侦查向大数据侦查的革新。

实际上,不管持何种观点,支持也好,质疑也罢,其中有一点已经形成共识:大数据确实已经运用于侦查实践,并将更广泛地运用于刑

---

[1] 参见樊崇义、张自超:《大数据时代下职务犯罪侦查模式的变革探究》,《河南社会科学》2016 年第 12 期。
[2] 参见杨婷:《论大数据时代我国刑事侦查模式的转型》,《法商研究》2018 年第 2 期。
[3] 参见郝宏奎:《大数据时代与侦查学术创新》,《中国人民公安大学学报(社会科学版)》2016 年第 6 期。

事犯罪的打击与预防之中,这是不可逆的时代潮流,也是侦查实践开展、侦查理论创新乃至整个刑事法学研究都无法回避的课题。

二、大数据侦查的基本特点

区别于传统侦查活动,大数据侦查具有显著的时代特征,彰显出鲜明的科技属性。大数据侦查更加关注对于海量数据的分析研判,并日益趋向人工智能化,让侦查活动更具全局性、实时性和相关性,从而打破时间与空间的局限,以实现犯罪侦查与犯罪防控的一体化。

(一)数据驱动

大数据侦查的核心特点是对于客观数据的高度关注。数据作为一种核心驱动力引导侦查工作的开展,逐步形成了"以数据空间为场景、以数据集合为载体、以数据算法为工具、以数据价值为目的"[1]的全新侦查模式。此种模式下,侦查机关可以充分借助海量的数据进行线索收集和电子取证,从而丰富情报资源、提升侦查主动性,更有利于对客观事实的及时发现和法律事实的公平裁判。

大数据时代的侦查模式,正在形成一条由"现场驱动"向"数据驱动"的演进路径。[2] 传统侦查理论通常认为,侦查工作往往是以犯罪现场为起点,是一种"现场驱动"型的侦查模式。然而,随着大数据逐步运用于侦查实践,"数据驱动"的特征日趋明显,极大地提升了侦查效能。借助大数据技术,侦查人员可以通过情报检索、贝叶斯定律、程序碰撞、在线分析处理等多种方法将有价值的侦查信息从纷繁

---

[1] 王燃:《大数据时代侦查模式的变革及其法律问题研究》,《法制与社会发展》2018年第5期。
[2] 参见印大双:《侦查模式从现场驱动到数据驱动的逻辑演进路径》,《贵州警官职业学院学报》2016年第6期。

复杂的数据集合中挖掘出来,实现对于侦查资源的最大化利用。侦查工作的开展不再仅仅局限于犯罪现场的"物理空间",而更加关注到"二元空间"[1]"双层社会"[2]背景下的"数据空间"。借助传统物质交换原理和信息论原理进行阐释,犯罪行为的出现会引发周围物质与信息的变动,犯罪的过程实际上也是物质交换与信息传递的过程,其中必然会留下痕迹线索。[3] 如今人们已经很难完全脱离电子产品设备和互联网络空间,也就意味着犯罪行为将被更多以数字化的形式记录下来,并且这种记录不同于传统物理空间内的痕迹,而是一种更具保存持久性的电子痕迹。

大数据侦查的"数据驱动"特征从本质上体现出的是侦查思维的转型、侦查视野的拓展。笔者在调研中了解到,S省J市公安机关通过网监、刑侦与情报部门的对接,借助大数据对于网络电信流量进行分析,尤其是对于一些特定时间段内的网络流量异常值进行深入研判,获取了有价值的情报线索,在进一步对异常电信流量输出值所在IP进行定位的基础上,抓捕犯罪嫌疑人、固定证据,从而侦破了一起团伙偷录偷拍隐私视频进行网络贩售的涉黄案件。[4] 该案的发现和侦破过程,并不是基于传统的"由人到案"或者"由案到人"模式,而是完全基于数据分析进行研判获取线索。因此,如果说传统侦查模式是一种"以物理犯罪现场为中心点,向外发散式侦查"的平面图形,那么这种以"数据驱动"为特征的大数据侦查模式则是一种"以物理犯罪空间与虚拟数据空间为中轴,通过收集、分析环绕数据线索以发现事实

---

[1] 郑曦:《大数据时代的刑事领域被遗忘权》,《求是学刊》2017年第4期。
[2] 郭旨龙等:《信息时代犯罪定量标准的体系化构建》,中国法制出版社2013年版,第28页。
[3] 参见郝宏奎:《侦查破案的基本规律》,《山东警察学院学报》2008年第1期。
[4] 参见本书附录一:《关于"大数据侦查法治化问题"的调研访谈记录》。

真相"的立体空间。从侦查学角度来看,"有犯罪必有证据",这句话即使放置于大数据时代背景下的虚拟空间同样适用,数字留痕,无处不在的数据就是连接案件事实与法律事实的重要桥梁。在理想状态下,"数据驱动"的侦查工作将更具客观性、全面性。

(二)人工智能

人工智能是大数据侦查的另一重要特征。从科学技术发展的角度来看,人工智能无疑代表着最新发展方向,通过模拟人脑思维使机器或软件具有推理、记忆、理解、分析、学习以及计划等类人化智能,从而将人类从简单、重复的机械劳动中解放出来。从字面意思来看,"人工智能"包括"人工"与"智能"两个方面。具体到大数据侦查的语境下,这里的"人工"是指侦查意识、侦查方向、侦查目标的明确;"智能"则是指在大数据分析运用过程中,算法与技术的智能化。"人工"与"智能"是辩证统一的关系,二者缺一不可,共同确保了大数据侦查法治路径与技术路径的并行不悖。

"智能"是技术层面追求"效率"的客观需求和特征体现。大数据之"大"之"新"在前文中已经论及,当其运用于侦查实践,如果还是依靠传统人工对数据进行一一比对分析,那么浩繁的数据量将成为有限侦查资源的不能承受之重,大数据侦查工作也便无从谈起。以前几年北京市交通智能化分析平台建设为例,它汇聚了北京市有关交通运输方面的各种信息数据,仅公共交通每天刷卡产生的记录信息就高达1900万条,出租车在运营过程中所产生的数据也突破了100万条,日渐普及的ETC数据也达到了每天50万条等。[1] 当面临如此浩繁复杂的数据集合时,如何从中尽快提取出有价值的信

---

[1] 参见解志雄:《大数据背景下北京市入室盗窃犯罪打击防范对策研究》,北京工业大学2017年硕士学位论文。

息,算法的优化、技术的智能化成为重要前提。因此,如果说数据是人工智能的基础,那么算法就是人工智能的本质。[1] 在具体侦查实践中,这种智能性主要表现于数据收集、数据分析、数据呈现等多个环节。例如在收集数据时,经常会运用到传感技术、日志文件、网络爬虫等[2];在数据分析时,经常会运用到数据挖掘、人脸识别等技术,张学友四场演唱会 AI 人脸识别抓捕五名逃犯就是很好的例证。[3] 由此可见,升级算法、优化技术对于大数据的信息追踪将起到至关重要的作用,有利于节省侦查资源,提升侦查效率。当然,仅"智能"不"人工"同样不行,否则就背离了侦查的本质,应当警惕"科技决定论"的漩涡。约翰·马尔科夫曾经在《人工智能简史》中写道:"机器或许最终能够模仿人类的动作与感受,但是它们毕竟不是人类。"[4]我国学者也曾公开表示,我们的司法不应当被现代科技带着走,而是要顺应科技的发展趋势,运用科学技术的手段,为司法所用。[5] 大数据侦查过程中,"人工"与"智能"的关系同样如此,智能化是以侦查目的正当、侦查方向明确、侦查程序法治为前提的。

综上,大数据侦查的"人工智能"特征从本质上反映了其前沿科技属性。具体到侦查实践中,体现出的是传统"人力密集型侦查"向"技术密集型侦查"的转变,但需要注意的是这种转变绝非完全的替

---

[1] 参见郑志峰:《人工智能时代的隐私保护》,《法律科学(西北政法大学学报)》2019年第2期。
[2] 参见李学龙、龚海刚:《大数据系统综述》,《中国科学:信息科学》2015年第1期。
[3] 参见《张学友4场演唱会抓5名逃犯,但人脸识别技术离滥用仅一步之遥》,载搜狐网 https://m.sohu.com/a/236438018_464033,访问日期:2021年12月25日。
[4] 〔美〕约翰·马尔科夫:《人工智能简史》,郭雪译,浙江人民出版社2017年版,第325页。
[5] 参见王敏远教授在"法治与改革国际高端论坛(2017)"中以《现代科技发展背景下的司法创新与坚守》为主题的发言,载 https://www.sohu.com/a/203884808_662101,访问日期:2021年12月25日。

代,而是一种继承与发展。以此为基础,"人工智能"引领下的侦查工作科技色彩更加突出,自动智能化的数据分析将占据重要作用。

(三) 全时相关

"全时相关"是大数据侦查区别于传统侦查的突出特征。"我们正处于一种不断变化但日趋精密的被监视状态中。事实上,现在我们的一举一动都能在某个数据库中找到线索。"[1]这样一种判断并非天马行空、危言耸听,"万物互联、人人在线、事事算法"的大数据时代已然到来,社会的主体结构将从"分层"转向"结网"。[2] 对于个案开展侦查,传统上都是基于层级式与流程式,追求逻辑上的因果关系,大数据侦查则更注重相关关系,通过结网而形成系统,以此来追踪和揭示事实真相。[3] 这种"全时相关"的侦查模式打破了时间与空间的局限,更有利于实现犯罪侦查与犯罪防控的一体化。

从字面意义来看,"全时相关"具有三重含义:全局性、实时性、相关性。首先,大数据侦查具有全局性的特点,在时间轴线上,它对犯罪行为的观察视角不再仅仅停留于事后的"回溯观察",而是更加关注到了犯罪预防的重要性,将侦查防控的时间起点提前,起到"防患于未然"的作用;在空间轴线上,大数据侦查更加关注犯罪行为发生的外部空间环境,尤其是虚拟空间内的数据信息,而不仅仅局限于犯罪现场、犯罪嫌疑人,这将起到完备证据链条的作用。其次,大数据具有实时性的特点,这就将"犯罪"与"侦查"尽可能地拉回到了同

---

[1] [美]艾伯特-拉斯洛·巴拉巴西:《爆发:大数据时代预见未来的新思维》,马慧译,北京联合出版公司2017年版,第12页。
[2] 参见涂子沛:《大数据:正在到来的数据革命》,广西师范大学出版社2015年版,第313页。
[3] 参见陈纯柱、黎盛夏:《大数据侦查在司法活动中的应用与制度构建》,《重庆邮电大学学报(社会科学版)》2018年第1期。

一起跑线上。在以往情形下往往是"犯罪在前面跑,侦查在后面追",导致传统侦查总是处于被动出击的位置,大数据技术内在的涵盖了电信监控、网络监控、视频监控等实时侦查举措,大大提升了案件侦查的时效性,可以更加及时地制止犯罪,尽可能减少危害后果的发生。最后,大数据侦查具有相关性的特点。传统侦查模式是一个"由果溯因"的逻辑推演过程,是一种基于因果关系对犯罪行为结果"寻因"查明真相的过程。而大数据的相关性思维在侦查过程中同样产生了显著影响。大数据侦查并非把因果关系作为起始点,而是旨在获得尽可能全样本的与案件事实息息相关的数据信息,从而还原案件究竟"是什么",而非"为什么"。对大数据来讲,用数理关系揭示"是什么"比用因果关系揭示"为什么"更为可靠,这是大数据侦查相关性思维的合理性与可行性的本源因素。[1] 在侦查实践中,特别是当情报线索中断无法利用因果关系突破侦查僵局时,大数据侦查的相关性特点优势明显。通过外围碎片式信息、隐藏性线索的收集、汇总、分析来发现新的案情突破点,让客观案件事实尽可能全面地呈现出来。

大数据侦查的"全时相关"特征从本质上反映出的是一种思维模式的升级,更加关注犯罪现场的空间立体化、侦查防控时间的实时性以及数据还原案件事实的相关关联性。具体到侦查实践中,表现在对于犯罪防控的重视度空前提升,"被动型侦查"开始向"主动型侦查"转型。"全时相关"特征下的侦查工作更具主动性、整体性和客观性。

总而言之,以"数据驱动""人工智能""全时相关"为主要特点的大数据侦查,实现了传统侦查技术、侦查方法、侦查模式乃至侦查思维的创新升级,使情报来源更加多元化、线索证据更加丰富化、侦查

---

[1] 参见董少平、左喻文杰:《大数据侦查的法律规制原则》,《武汉理工大学学报(社会科学版)》2021年第2期。

启动更加主动化、犯罪预警更加提前化、案情分析更加智能化、侦查破案更加高效化。

三、大数据侦查的技术方法

如前所述,大数据是一个开放式的系统化概念,当其运用于侦查领域,就具有了大数据侦查技术、大数据侦查思维、大数据侦查模式以及大数据侦查机制等多重含义。笔者通过对全国不同地区的侦查人员抽样访谈获悉,目前我国公安部正在大力推进"公安大数据战略",在战略引领下各省公安厅、市公安局高度重视大数据技术在侦查领域内的综合应用,技术革新已成为近几年来的主抓工程。[1] 我们有必要深入侦查实践,对大数据侦查的具体技术方法进行考察。

从技术层面看,大数据侦查实际上是一种对隐蔽痕迹、规律的侦查,区别于信息化侦查,它需要通过对于碎片式信息的深加工,从中发现对侦查有价值的线索抑或证据。也正因此,有学者认为在大数据时代应当更加依靠"电子轨迹"[2]来开展"轨迹侦查"[3]。在实践中,越来越多的侦查机关在侦查中采用数据搜索、数据碰撞、数据挖掘、数据画像等技术,帮助他们发现线索,更好地实现犯罪网络及犯罪热点的分析研判,做到提前预警和布控,争取侦查主动权。[4] 例如:在公安部统一部署开展的"清源行动"中,由于大部分犯罪行为人多采取网络化、电子化的运作方式,包括信息流、资金流等在内的一系列犯罪信息通过网络实现流转,这就需要借助大数据技术对网

---

[1] 参见本书附录一:《关于"大数据侦查法治化问题"的调研访谈记录》。
[2] 王羽佳:《"大数据"时代背景下电子轨迹在侦查工作中的应用研究》,《中国科技信息》2016年第13期。
[3] 李云鹏:《"大数据"时代背景下"轨迹"在毒品犯罪侦查工作中的应用研究》,《云南警官学院学报》2018年第5期。
[4] 参见王燃:《大数据侦查》,清华大学出版社2017年版,第109—153页。

络信息数据进行挖掘分析,根据犯罪高危地区的人员流动规律、资金流转信息甚至数据流量变化信息等的大数据计算,准确地获取涉嫌犯罪的嫌疑账号、嫌疑通讯号码以及嫌疑人员名单,从而打击掉一片电信网络诈骗团伙。再如:浙江省公安厅曾利用大数据计算出"伪基站"类犯罪行为人人员特征、行为特征、车辆特征、轨迹特征等,提前预测该类犯罪嫌疑人进入浙江省的作案活动范围、行进路线等,从而实时监测、持续跟踪、提前布控,提前预警各市公安局按照省厅统一指挥实施抓捕,从而让此类"伪基站"类案件数量呈现断崖式下降。由此可见,大数据侦查已经得到广泛的运用。在实践中,大数据侦查的技术方法大致可以概括为如下几种:数据搜索法、数据碰撞法、数据挖掘法、数据画像法等。

第一,数据搜索法是指依托于数据库、互联网、相关电子仪器设备及网络环境所存储的信息数据进行直接搜索,以获取有价值的侦查资源的一种方法。根据数据来源的不同,又可以分为数据库搜索、互联网搜索以及电子数据搜索。数据库搜索的关键在于数据库的丰富性,侦查实践中常用的数据库主要有侦查机关自建数据库、政府机构数据库、社会行业数据库以及专业的"数据超市"。近些年来,山东省、浙江省、贵州省、广东省、新疆维吾尔自治区等地区的公安机关纷纷尝试"警务云"建设,整合各类数据库以服务侦查工作的开展。在数据库搜索中,一个重要的技巧在于对"唯一识别性"条件的确定,以此来缩小数据查找的范围。互联网搜索相对于封闭的数据库搜索而言,其更具开放性和动态性,互联网数据数量巨大且非结构化数据居多,所以要在鱼龙混杂的网络信息数据中搜索有价值的案件线索,应当优化搜索技巧,通过选择权威的搜索引擎、尽可能设置多条件并列的高级搜索模式、注重关键词的合理设定等方式提高搜索效率。电子数据搜索则往往与电子取证紧密相关,除了需要对相关电子仪器设备(如网络服务器、电脑硬盘、智能手机、智能手环等)进行查封、扣押,再借助专业的电子取证设备进行相关数据信息的提取和搜索之外,目前还可以借助大数据技术实现网络现场勘查,对网络各分层数据进行提取分析;另外,还可以通过网络监控实时获取电子数据,进一步提升数据收集、提取与分析的效率。

第二,数据碰撞法也称"撞库法",是指侦查机关通过专门的计算机软件对两个或两个以上的数据库进行碰撞比对,并对由此产生的重合数据、差异数据进行深度分析的一种方法。数据碰撞法的运行流程大致为"明确目标对象—选定数据集合—进行碰撞比对—得出分析结论"。根据碰撞集合的不同,数据库碰撞法大致又可以分为手机数据碰撞、银行数据碰撞、网络轨迹碰撞、车辆轨迹碰撞、视频轨迹碰撞等。以手机数据碰撞为例,结合具体侦查目标,既要关注碰撞结果的"重复值",又要关注碰撞结果的"差异值"。比如,在某起杀人抛尸案件中,侦查人员可以借助手机基站数据情况,将杀人现场的手机基站数据与抛尸现场的手机基站数据进行碰撞,通过分析"重复值"来掌握了解在特定时间段都曾出现在两个现场的人员情况,从而缩小犯罪嫌疑人的目标范围。再比如,在一起贪腐案件中,侦查人员往往可以搜查扣押犯罪嫌疑人的通讯工具,然后可以调取查看相关手机话单数据情况,将手机自身存储的通话记录数据与电信部门所提供的通话记录数据进行碰撞,通过两份通讯数据的"差异值"分析,往往可以发现与犯罪嫌疑人存在非同一般关系的涉案敏感人员,从而找准案件新的突破口,打破此类犯罪案件的侦查僵局。

第三,数据挖掘法是大数据侦查的高级应用手段,需要综合运用统计学、运行算法以及人工智能等多种计算机技术来发现表象之下隐藏的信息和规律。这就需要对海量的数据进行高运转速率的收集、汇总、分析,通过关联性分析、分类分析、聚类分析、时序分析、异常分析等达到侦查的预期效果。目前侦查实践中,对手机数据进行挖掘是最常见也最具代表性的一类数据挖掘。区别于前文所述的一般手机数据搜索、手机数据碰撞,手机数据挖掘更关注对"元数据"的分析。通过对此类信息数据的挖掘分析,更容易找到案件的突破口,获取侦查目标人员的行为规律、兴趣爱好乃至性格特点等。例如,在一起毒品犯罪案件中,犯罪嫌疑人对其交易的地点及时间拒不交代,以往侦查只能通过其他犯罪嫌疑人的供述来确定其行为轨迹,还原案件发生经过。但是借助大数据挖掘技术,侦查机关对犯罪嫌疑人手机中恢复的给买家放置毒品的图片及视频开动脑筋,通过信息提取软件(exif 查看器)查看照片和视频的拍摄时间和坐标,再运用软件(photomap)按照时间顺序自动绘制出其贩卖毒品的行动轨迹。在客观证据面前,犯罪嫌疑人交代了自己的犯罪经过。本案中,侦查人员就是巧妙地挖掘出了图片、视频中所隐含的 GPS 位置信息等空天大数据资源,为案件的突破提供了有力支撑。[1]另外,以强奸杀人案为例,通过对遗留在现场的犯罪嫌疑人手机进行数据挖掘,除了获取其基本的内容数据信息外,侦查人员还可以通过对"元数据"的挖掘分析,了解其每天不同手机软件的使用时间频率、无线网络的连接场所、地理方位的活动轨迹以及与受害人通讯联系的密切程度等,从而缩小犯罪嫌疑人目标范围。

第四,数据画像法是传统犯罪心理画像在大数据时代的升级。犯罪心理画像原本是指侦查人员根据犯罪现场遗留的痕迹、物证等

---

[1] 参见唐万辉、刘笑臣:《空天大数据应用于检察机关自行侦查实践与探索》,《第二届新时代优秀检察成果·智慧检务建设论文集》2021 年 12 月。

信息,结合主观经验判断,来对犯罪嫌疑人的外形、身份、心理活动等进行描绘的过程。[1] 进入大数据时代,据以描绘犯罪嫌疑人的信息更加丰富,可以通过对涉案人员日常生活中留存的海量信息数据进行分析,更为全面、具体地了解其行为习惯、兴趣爱好、生活习惯乃至社交范围等情况,从而形成数据画像。数据画像是信息化、智能化时代大数据技术与侦查画像技术的有机结合,基于侦查对象的基本属性、行为特性、心理特征、社会标识等,收集相关的内外部系统数据和开源关联网络数据进行有针对性、系统性地分类与聚类、抽取与集成,最终形成侦查特定对象的标签卡,让侦查工作愈加技术化、便捷化、智能化。[2] 另外,通过综合利用社会化数据建立分析模型,以全方位获取情报信息开展侦查,抑或通过"微表情分析"在侦查讯问中突破犯罪嫌疑人心理防线的过程,也有学者将其称之为"数据人"项目。[3] 当前侦查实践中,数据画像法已经开始应用。以职务犯罪案件为例,据了解,福建省某市人民检察院依托"智慧检察大数据分析平台",将犯罪嫌疑人的大量碎片数据收集汇总,通过大数据智能挖掘以及人工分析研判,形成该犯罪嫌疑人的身份标签、行为标签、人际关系标签以及兴趣标签等,便于侦查人员对犯罪嫌疑人有更为深入全面的了解,进而帮助提出侦查假说、制定侦查方案、确定讯问策略等。[4] 可以说,只要具备充足的数据支撑,数据画像法可以使犯罪嫌疑人成为大数据笼罩之下的透明人。

---

[1] 参见李玫瑾:《侦查中犯罪心理画像的实质与价值》,《中国人民公安大学学报(社会科学版)》2007年第4期。

[2] 参见唐云阳、蔡艺生:《大数据侦查背景下数据画像的逻辑机理及其适用》,《福建警察学院学报》2021年第1期。

[3] 参见高斌:《大数据:让腐败无处藏身》,《检察日报》2014年12月2日,第5版。

[4] 参见李佳:《大数据背景下情报信息引导职务犯罪案件调查研究》,中国人民公安大学2019年博士学位论文。

第三节 大数据侦查的实践意义

随着大数据技术应用的渐趋成熟,推动"智慧侦查"建设,实现侦查理念、思维、模式以及机制等多维度转型升级,成为新时代推动公安事业跨越发展的必然选择。[1] 大数据技术的普及应用发展,让社会中的个体已经很难脱离数据而单独生存,大数据在侦查工作中将拥有越来越大的适用空间。正如有学者所言,除非犯罪嫌疑人拒绝网络、手机、信用卡等一切现代高新科技及产品,否则他(她)在案前、案中或案后的每一行为,都将无法摆脱各种数据采集分析系统有意识或无意识的捕捉、跟踪与监视。[2] 根据前文的分析也可以看出,大数据技术在侦查领域的适用已经相当普遍和成熟。可以预期的是,这必将带来侦查思维方式、侦查措施方法以及侦查运行机制等方面的重大革新。[3] 随着大数据技术的不断完善与深化应用,它不仅推进了传统侦查体系的创新发展,而且实现了现代侦查技术的智慧赋能,对侦查工作正在起到越来越重要的实践作用。

一、推进传统侦查体系创新发展

在大数据时代,大数据的广泛应用势必会对传统侦查体系产生影响。我国传统侦查理论的研究肇始于改革开放之后,经过40年的

---

[1] 参见翟海、江平:《大数据时代的智慧侦查:维度分析及实现路径》,《中国刑警学院学报》2018年第3期。
[2] 参见林美玉、沙贵君:《大数据背景下的侦查数据思维及实现方式》,《广西警察学院学报》2018年第5期。
[3] 参见郑群、周建达:《大数据侦查学若干问题研究》,《中国人民公安大学学报(社会科学版)》2018年第4期。

理论研究发展与实践经验总结,已经从无到有地搭建起一套较为完备的侦查理论体系。回首这一历程,大致又可以分为两个阶段:1979年至2009年,是刑事侦查学发展的基础理论奠基阶段;2010年至今,是刑事侦查学发展的创新发展阶段。之所以以2010年作为一个分界点,主要是基于两个方面的考虑:其一,2010年作为中国法治建设具有标志意义的一年,中国特色社会主义法律体系已经完成,以"两个证据规定"[1]为典型代表的法律规范对刑事诉讼(特别是刑事侦查)产生了深远影响;其二,便是伴随着大数据、云计算、人工智能等一系列高新技术的不断涌现,科技进步与社会转型对传统侦查产生了前所未有的直接影响。

通常情况下,侦查创新与犯罪升级存在紧密关联。犯罪与侦查的关系就像"魔"与"道"的关系,魔高一尺,道高一丈,"犯罪"在前面跑,"侦查"从后面追。特别是在技术层面上,犯罪分子对于高新技术的敏感度甚至要远高于侦查人员。换句话说,随着社会经济发展、科学技术进步,一系列高新技术往往首先成为犯罪分子利用的工具,抑或直接侵害的目标,导致侦查破案难度大幅提升,传统侦查措施遭遇适用瓶颈,难以有效突破案件,因此,形成了"犯罪手段升级倒逼侦查模式创新"的发展形态。不过,随着人们对于社会安定有序需求的日益增长、国家治理现代化的升级进步,传统侦查理念也正在朝着积极、主动、科技化、智能化的方向转型。

当前我们工作、生活的社会是一个数字化信息与数字化证据的客观生成机制相当完备并将更加完备的社会。[2] 犯罪、侦查与社会

---

[1] "两个证据规定"是指2010年5月,最高人民法院、最高人民检察院、公安部、国家安全部和司法部联合发布的《关于办理死刑案件审查判断证据若干问题的规定》和《关于办理刑事案件排除非法证据若干问题的规定》。

[2] 参见陈刚主编:《信息化侦查教程》,中国人民公安大学出版社2012年版,第1页。

经济发展的关系将越来越紧密。就我国情况而言,近几年来移动支付与网络社会日新月异,很多网络犯罪新形态出现,甚至是世界上独有的。当然与之相适应的侦查手段,在世界范围内也领先了一大步。[1] 这种创新发展首先体现在具体的侦查工作中,以犯罪现场取证为例,传统的现场勘查主要是在实体空间、物理空间中进行,通过对现场的相关人员进行调查访问,或者对犯罪现场的相关痕迹物证进行提取检验。而如今这种传统现场勘查手段已经不能满足对网络犯罪案件的破案需求,现场勘查所针对的空间开始向虚拟空间、数据空间延伸,更加强调对相关数据的收集、查询和分析,从而获取破案线索并固定有价值的电子数据。

整体而言,步入大数据时代之后,包括侦查理念、侦查思维、侦查程序、侦查模式、侦查措施等在内的传统侦查体系正在经历巨大变革。与此同时,有关侦查理论的学术研究也进入了发展的快车道,学界需要在持续提升研究质量的情况下,更加紧密地契合侦查实践的需要,为侦查制度的完善提供富有价值的学术营养。[2] 显然,这一次传统侦查体系的创新发展,是基于大数据作为原动力的技术驱动,实现了传统侦查体系的数字化转型。

二、实现侦查技术的"智慧赋能"

我国侦查创新发展不仅仅停留在技术措施的微观层面,在指导理念方面也有着显著变化,侦查机关更加积极主动地与时代接轨,开

---

[1] 公安部刑事侦查局张桂勇副巡视员在"大数据侦查与证据法发展"讲座沙龙(由何家弘教授主持)中提到,我国大数据侦查的发展有自身优势和客观需求。参见何家弘等:《大数据侦查给证据法带来的挑战》,《人民检察》2018年第1期。
[2] 参见梁坤、陈易璨:《数字化时代侦查学术研究的发展与前瞻:2016—2020年》,《中国人民公安大学学报(社会科学版)》2021年第2期。

始"向科技要警力",强调现代科学技术对侦查活动的智慧赋能,不仅要大力发展大数据侦查,还要实现其与云计算、人工智能、虚拟技术的深度融合。侦查机关相继提出了"科技强警""智慧公安""云上公安""侦查大数据建设"等口号。例如,2013 年,首都公安首先进行了"大数据警务"格局的战略部署。[1] 通过构建服务全局的基础数据池,尽可能地整合数据资源,从而实现信息一体化和情报来源多样化。近几年来,浙江公安不断探索大数据技术的综合运用,并将"云上公安,智能防控"作为全省公安系统的第一发展战略,积极建立立体化治安综合防控体系。除此之外,还有湖北省的"智慧警务"、山东省"大数据警务云计算"、寿光公安的"神眼"大数据系统、广州公安的犯罪拼图系统、苏州公安的 PPS 犯罪预测等,通过智能化犯罪热点预测,极大提升了预警分析的前瞻性和实效性。[2] 从整体来看,我国侦查机关已经充分认识到了技术革新所赋予侦查创新的生命力,从原来的"金盾工程"建设,到如今"天网工程""雪亮工程"的日益完善,传统被动型侦查正在朝向以数据为驱动力的主动型侦查发展,视频监控、网络监控等实时数据系统基本实现了"全域覆盖、全网共享、全时可用、全程可控"的目标,海量视频图像已经成为大数据时代公安机关侦查破案最重要的基础性资源。[3]

伴随着网络信息技术的高速发展和大数据时代的悄然而至,刑事侦查领域内更多的变化正在或者即将发生。我们必须清醒地认识到如今侦查背景、侦查对象、侦查实践三位一体的时代性变化特

---

[1] 参见《北京市公安局将打造大数据警务》,载中国网 http://www.china.org.cn/bjzt/chinese/2013-11/26/content_30706027.htm,访问日期:2021 年 12 月 25 日。

[2] 参见张兆端:《智慧公安:大数据时代的警务模式》,中国人民公安大学出版社 2015 年版,第 256、276、286 页。

[3] 参见吴跃文:《视频反侦查行为之突破路径——基于大数据背景的思考》,《北京警察学院学报》2018 年第 3 期。

征,从而进行系统性的侦查创新和整体重建,而非零碎、片面地修修补补。正如有学者所言,侦查学术创新需要考虑基础理论、知识体系、话语体系、概念范畴乃至教育教学等多个方面,它是一项系统性工程。[1] 近几年侦查学术创新的最大亮点非"大数据侦查"莫属,这是一个兼顾侦查理论与侦查实践的热议话题,同时又势必会对刑事诉讼整体构造形成冲击,其中蕴含着丰富的研究价值。这就为大数据侦查实践工作进一步指明了发展方向,与时俱进地借力高新技术手段,不断创新发展,实现智慧赋能。我们不妨结合几个典型案例深入感受一下,大数据侦查之于当前刑事犯罪综合治理的重要性:

案例1:我国DQB及犯罪拼图系统在打击团伙流窜作案中的应用[2]

在公安系统内部,"DQB"是公安大情报应用体系的简称,该体系以公安信息系统为依托,整合公安内外部相关情报信息资源,为综合情报部门和主要警种专业情报部门开展情报信息研判和处置提供一个工作系统和应用体系,在领导指挥、部门决策、基层实战等方面提供深层次、预警性的多种情报信息支持。此外,还有一些公安部门在此基础上自主研发了新型智能化情报研判平台,犯罪拼图系统就是其中之一。该系统是一个旨在整合多系统资源,全面搜集分散在多个系统内的情报碎片,全面吸收、利用在侦案件的信息资源,兼顾技术比对的可视化、智能化的超级情报研判平台。该系统实现了非结构数据的

---

[1] 参见郝宏奎:《大数据时代与侦查学术创新》,《中国人民公安大学学报(社会科学版)》2016年第6期。
[2] 参见陈刚主编:《现代侦查技战法论坛》(第三卷),中国人民公安大学出版社2017年版,第133、294页。

高度融合、逻辑化分析及案件信息标准化、线索关联可视化，进而构建了情报、侦查、技术一体化的刑侦工作管理平台及打击犯罪新机制。

近几年团伙性、地缘性、跨区域性的犯罪案件频发，在其中一起公安部督办的团伙诈骗犯罪案件中，犯罪拼图系统便发挥了决定性的作用。某市公安局接到报警信息，有务工人员段某某、马某某等人经应聘到某建筑工地工作，但是开工之后称自己为少数民族身份，便以伙食不符合其民族风俗习惯为由，要求工地单独聘请厨师开小灶，如果不满足其要求，就要求工地赔偿其来回路费以及其他损失。其目的是利用工地"多一事不如少一事"的心态进行敲诈勒索。经过研判，该类案件侵害对象为工地负责人，案件外在表现为劳务纠纷，但其本质上却是诈骗和敲诈勒索。经系统查询发现，辖区内此类案件虽然不多，但是该批人员的行踪轨迹却显示他们遍及全国，职业性、地域性犯罪特征突出，刑事案件立案少但是隐案多。为了严厉精准打击该类犯罪，研判人员对该类团伙的地域性、流窜性、团伙性特征进行了提取比对，利用犯罪拼图系统对同类人员同一时间的活动轨迹进行了批量战法分析。经分析发现，以"中铁二十四局架子工"身份在这个单位登记注册的有17人，而且登记时间一致，其中有12人与段某某、马某某为同一民族，符合该类团伙作案特点。对于这17名可疑人员开展进一步关系分析，利用同时间同住宿战法发现，还有其他关联人员有频繁活动轨迹，嫌疑程度升级。为实现人案关联，针对此类犯罪案件多选择工地为作案地的特点，研判人员提取了这批可疑人员工作地点"中铁二十四局工地"的关键词，全库搜索相关警情。通过警情查询发现，确实在他们登记暂住信息的前一天在该工地曾发生了一单"纠纷"警情。研判人员对警情进行深入回访,该单警情与"段某某、马某某涉嫌诈骗案"极为相似,工地被李某某等人以务工纠纷的方式骗走人民币 2 万元。至此,通过犯罪拼图系统发现了曾在另一地区活动的犯罪团伙,并成功挖出了一起隐案。侦查人员借助警情数据关联与案件数据关联,立即对李某某等人在暂住登记中的电话号码进行话单分析,同时调取李某某的电话对象清单。通过犯罪拼图系统的话单可视化关联分析,快速高效地挖掘出以段某某、马某某为首的犯罪团伙;以李某某、贺某某、余某某为首的犯罪团伙;以姜某某、杨某某为首的犯罪团伙;以丁某某、金某某为首的犯罪团伙。该案借助犯罪拼图系统的大数据分析,让流窜于江苏、浙江、山东、广东等地的犯罪团伙浮出水面,破获各地案件上百起,扩大战果成效显著。

案例 2:美国 RTCC 及英国犯罪预测软件的应用[1]

美国"9·11"恐怖袭击事件后,纽约市警察局成立了"实时打击犯罪中心"(RTCC—The Real Time Crime Center),该中心的犯罪数据库拥有 500 万笔犯罪与保释的相关记录,33000 万笔公开资料及 3100 万笔全国犯罪记录等。全年无休的关键数据库可以发挥实时分析功能,让纽约市警察得以快速地通过数据分析,缩短犯罪剖绘和追踪的时间。另外,结合纽约市警察局的另一套区域警示系统(DAS—Domain Awareness System),可以收集与分析来自纽约市 3000 只公共监视镜头、超过 200 个车牌辨识系统、2000 多个辐射传感器以及警察数据库里的信息,从

---

[1] 参见范立华:《大数据时代的警务变革》,中国人民公安大学出版社 2016 年版,第 50—51 页。

而为警方实时提供与犯罪嫌疑人有关的人、事、时、地、物等。

在英国,Accenture 公司研发了犯罪预测软件,利用英国警方的数据,包含曾经有过前科、登记在案的潜在危险分子,再加上"脸书""推特"与各大论坛、网站的言论做比对,通过关键词进行比对与分析,找出最有可能的犯罪动机。为了证明其准确度,英国警方针对伦敦 32 个行政区内的黑帮和走私犯、潜在危险人物进行跟踪和情资收集,再交由资深警察以经验来判断,指出哪些人可能具有高度犯罪动机。警察所列的名单与计算机预测的名单进行交叉比对,看看双方推论的潜在犯罪嫌疑人是否一致或吻合,最后的结果证实了这套大数据分析系统的犯罪预测相当准确。

可以预见,在大数据侦查的未来发展过程中,必将还有更多的高新技术手段相继涌现并与之融合。我们应当将视角逐步由技术层面转向理念与制度层面,特别要关注大数据侦查法治化问题。如果我们仅停留于大数据的技术层面来谈侦查创新,有可能陷入两个误区:一是无法回应"大数据侦查"质疑者提出的四个问题,不能实现大数据侦查的理论自洽;二是导致科学技术手段偏离"技术中立"定位,过度地为打击犯罪、追求破案实效而服务,出现权力恣意、权利保障不足的风险。而一旦我们跳出技术层面,从思维理念、制度模式的宏观视角审视大数据侦查发展过程中的问题,便可以更全面地引导大数据侦查的正确发展方向,确保高新技术对侦查活动的正向赋能。

综上所述,本书认为,对于大数据侦查应做广义理解,包括大数据侦查技术、大数据侦查措施、大数据侦查思维、大数据侦查模式以及大数据侦查机制等多重含义,是大数据"4V"特点在刑事侦查领域内的综合运用;大数据侦查既包括了立案后的犯罪侦查,也包括了立案前的犯罪防控。大数据侦查的概念之争仅是表象,本质问题在于它对传统侦查体系、刑事诉讼程序乃至整体法治运行环境造成的冲击和影响。因此,我们应当及时作出积极回应,从法治的视角审视大数据侦查的发展现状,探寻大数据侦查法治化的多维路径。

第二章
大数据侦查法治化的必要性

当前,大数据已经度过了幻灭期,步入稳定增长阶段,也就是低风险而高价值创造的时期。[1] 然而,这里所说的"低风险"是相对于大数据技术本身而言的,并不包括其所引发的新型法律风险。恰恰相反,当大数据技术本身日益成熟并被广泛运用于侦查实践的同时,包括中国在内的全球多数国家的刑事司法规范体系却均表现出严重滞后性,面对陌生的新型技术手段,法律规制滞后于技术发展、法学理论落后于司法实践的现象愈发突出。[2] 根据当前侦查实务的信息反馈,大数据侦查实践过程中由于偏重打击犯罪、提升侦查效能等因素的考虑,出现了包括隐私侵犯、权力恣意、程序规制缺失等在内的一系列问题、风险和实害,亟须实现大数据侦查的规范化和法治化。

第一节 大数据侦查的正当基础

"正当"一词往往是指一个人的行为、要求、愿望等符合社会的政策和行为规范的要求,或者符合社会发展的需要和人民的利益。

---

[1] 参见周涛、潘柱廷、杨婧等:《CCF 大专委 2017 年大数据发展趋势预测》,《大数据》2017 年第 1 期。
[2] 参见程雷:《大数据侦查的法律控制》,《中国社会科学》2018 年第 11 期。

当然在人文社科领域内,正当性所评价的对象并非只有行为,也包括权力、制度、法律、政策等内容,在很多情况下,正当性往往也被理解为合法性。但实际上二者是有区别的,正当性一词并不仅仅是指符合法律,还包括了经验及理性层面上的被广为接受和认可。因此,明确大数据侦查的正当基础,是讨论大数据侦查法治化的基本前提。在当前社会运行环境下,开展行之有效的大数据侦查有着广泛的现实性需求,同时其在防控犯罪与保障人权方面的高效性也使它获得了法律层面的认可和国家政策层面的青睐,具备坚实的正当基础。

一、大数据侦查的现实必要性

在大数据时代背景下,以网络犯罪为代表的一系列新兴犯罪形态不断异化,技术性与隐蔽性的提升导致侦查难度加大,传统侦查模式滞后于犯罪手段的升级,侦查破案压力不断加剧;与此同时,伴随着社会发展进步,公民对于安定秩序、犯罪防控的需求不断提高,社会治理模式朝向现代化发展。在现代化发展进程中,国家地区间的联系日益紧密,跨国、跨区域的涉数据犯罪不断攀升,国际刑事司法合作成为打击犯罪、维护世界和平稳定的必然要求。因此,开展大数据侦查活动非常紧迫和必要。

(一)犯罪形态升级

随着社会进步与技术发展,犯罪形态也日益复杂多变,并越来越呈现出技术性、智能性、隐蔽性、跨区域性等诸多特点。相较于传统犯罪案件,以高新技术为辅助手段的新兴犯罪案件危害性更大。以网络犯罪为例,"网络"已经在短短的时间内经历了由"犯罪对象"到"犯罪工具"再到"犯罪空间"的三个发展阶段,目前我国网络犯罪数量已占犯罪总数的三分之一,且每年以30%左右的幅度增加,可以说网络犯罪已经成为我国第一大犯罪类型。[1] 组织化、集团化是网络犯罪不断升级过程中的一大特点,特别是网络赌博、网络诈骗、网络传销等犯罪案件,犯罪分子常常形成了严密的犯罪组织,具有很强的反侦查意识。此外,网络犯罪类型还在不断更新升级,如网络恐怖主义、网络制毒贩毒、网络敲诈勒索、网络色情暴力、网络恶意攻击等等。[2] 由此带来的最直接的影响就是受害群体的扩大和经济损失的增加。根据全球知名网络安全技术公司McAfee与美国国际战略研究中心(CSIS)联合发布的《网路犯罪经济影响》显示:2017年全球网络犯罪造成的经济损失高达6000亿美元,相较于2014年同比增长20%,而且这种增长趋势还将进一步扩大。网络犯罪的危害不仅仅停留于经济层面,更严重地影响了社会的安定有序,诸如网络恐怖主义犯罪、网络信息数据泄露等犯罪,严重影响到国家网络空间安全,大大削弱了公民的社会安全感。

以网络犯罪为代表的高新技术犯罪还在不断升级,并且日益智能化、国际化和有组织化。其根本原因在于,社会技术进步的同时,犯罪准入门槛也在降低,借助高新技术谋取非法利益的犯罪成本低而获利收益高。不仅如此,随着经济发展和技术更迭,诸如云计算、大数据、区块链、人工智能等技术的普及,犯罪形态还将进一步升级。即使不是典型的网络犯罪行为,一系列传统犯罪活动也会借助

---

[1] 参见《网络犯罪已成为我国第一大犯罪类型》,载中国长安网 http://www.chinapeace.gov.cn/2016-10/15/content_11372981.htm,访问日期:2021年12月25日。
[2] 参见〔美〕查尔斯·R.史旺生、〔美〕列尔纳德·特里托、〔美〕罗伯特·W.泰勒:《警察行政管理:结构过程与行为(第7版)》,匡萃冶等译,中国人民公安大学出版社2013年版,第114页。

高新技术手段来逃避侦查,致使刑事侦查和犯罪防控将面临更大挑战。

(二)传统侦查滞后

进入大数据时代后,随着犯罪手段在不断升级,犯罪现场逐步向虚拟空间转移,原始现实空间内的案发现场证据越来越少,使得传统侦查模式面临着前所未有的调整和考验,仅仅依靠常规侦查手段实现破案的难度越来越大。[1] 如若侦查手段止步不前,势必会出现传统侦查适用局限、侦查僵局难以突破的现象,从而严重影响打击犯罪的效果。从本质上来看,侦查活动与审判活动有着显著差异,它具有向未来延展的形成性。所以要实现侦查效果就必须赋予侦查人员在选择适用侦查措施时的必要自由,以回应纷繁复杂的犯罪形态,这也就是侦查程序的自由形成原则。[2] 长期以来,我国传统侦查模式是一种经验依赖型、人力密集型、回溯被动型的侦查模式,存在主观经验性判断下的误差问题、案多人少情况下的侦查效益低下问题以及"由果溯因"对于犯罪防控的局限性问题。来自一线的侦查人员对此有着切身感触,指出大数据时代背景下,随着刑事犯罪手段不断翻新,特别是现场勘查、现场调查、案情分析等传统的刑事案件侦查模式受到挑战,数据的收集、分析和挖掘成为案件侦查常用的手段。[3]

鉴于传统侦查模式的局限性及其应对日益复杂的犯罪形态的无力感,采取以大数据为主导的新型侦查模式就变得相当迫切和必要。

---

[1] 参见郝宏奎:《论虚拟侦查》,《中国人民公安大学学报(社会科学版)》2008年第1期。
[2] 参见林钰雄:《干预保留与门槛理论——司法警察(官)一般调查权限之理论检讨》,《政大法学评论》2007年第96期。
[3] 参见倪北海:《"大数据"时代侦查(思维)模式初探》,《贵州警官职业学院学报》2016年第6期。

根据"洛卡德交换原理"[1],犯罪行为的实施过程中必然会发生物质间的交换,而且伴随着高新技术的发展,这种物质交换已经不再仅仅停留于物理空间的实物交换,信息网络时代的虚拟空间内同样适用,后者表现为一种信息化的物质交换,在此过程中自然会被数据记录和保存。不过,对于信息物质交换的发现,传统侦查模式显然捉襟见肘,由此迫切地需要将大数据技术运用于侦查实践。换言之,高新技术是一把双刃剑,为犯罪分子所用则为"犯罪工具",为侦查人员所用即为"正义利剑"。基于有效打击和防控犯罪的目的,将大数据运用于侦查实践活动,可谓犯罪学视角下的"平等武装"[2]之体现,旨在扭转犯罪升级与侦查滞后的失衡状态。

(三)社会治理需求

我国目前正处在国家高速发展的社会转型期,社会阶层分化,群体间的利益摩擦日渐增加,公民对于维护社会安定秩序有着强烈的需求。党的十九大报告中已经指出,中国特色社会主义进入新时代,我国社会主要矛盾已经转化为人民日益增长的美好生活需要和不平衡不充分的发展之间的矛盾。因此,我们应当加快国家治理体系和治理能力现代化建设,尤其是实现对于社会的综合治理,调解各种矛盾冲突,促进社会安定和谐。在此背景下,亟须提升社会治理的能力和水平,有效地应对犯罪问题。正如有学者所指出的,"犯罪行

---

[1] "洛卡德交换原理"是由20世纪初的法国侦查学家艾德蒙·洛卡德所提出,他认为"当两个客体接触时,总会使一些物质发生转移",因而又被称作"物质交换原理"。转引自刘品新:《论网络时代侦查制度的创新》,《暨南学报(哲学社会科学版)》2012年第11期。

[2] 本文此处所指的"平等武装"是以实现打击犯罪之效果为出发点,特指在犯罪形态不断异化导致侦查难度不断提升的背景下,作为打击犯罪重要武器的侦查技术手段也应当同步升级。

为方式的每一次嬗变,都必将引致国家在侦查方式上针锋相对的回应"[1]。在大数据时代,"风险社会"[2]中的人们对社会秩序有着更高的期待。特别是对于一些重大疑难案件,社会公众对于犯罪案件进展情况格外关注,此时破案时效便成为评价犯罪治理效果的重要考量因素。然而这一类案件通常情况下又比较复杂,侦查难度较大,运用传统侦查模式、侦查思维很有可能陷入"侦查僵局"[3]。诚如有学者所言,犯罪暴露程度和侦查整体能力决定侦查效果。[4] 在这方面,两起重大刑事案件侦查过程的鲜明对比能给我们以启示:一起是周克华系列杀人案;一起是吴谢宇弑母案。在周克华案的侦破过程中,南京警方曾经动用上百名警力花费数天时间来分析比对监控数据,研究犯罪嫌疑人的行动轨迹,但是由于错过时机导致犯罪嫌疑人逃脱;而在吴谢宇弑母案中,得益于大数据技术的成熟运用,犯罪嫌疑人在重庆江北机场露面时即被"天眼"系统自动捕捉识别,通过人脸识别进行了锁定确认,后续的抓捕过程总共不到十分钟。[5] 在笔者看来,犯罪治理的主要路径是提升侦查效能和提高犯罪成本,具体又可以从两方面着力:一是对犯罪行为的提前预警与实

---

[1] 谢佑平、万毅:《刑事侦查制度原理》,中国人民公安大学出版社2003年版,第271页。
[2] 1986年乌尔里希·贝克在德国出版了《风险社会》一书,"风险社会"一词走入人们视野,贝克认为"风险社会的概念指现代性一个阶段。随着该理论的发展,其内涵日渐丰富,包括了技术性风险和制度性风险。在这样的社会,新的需要越来越多,新的问题不断涌现"。因此,国外有些学者也把当代社会称为"风险社会",满足需要的方法引出新的需要,解决问题的方法引出更多的问题。
[3] 侦查僵局是指一个案件经过较长时间的侦查,在耗费大量侦查资源之后,已经掌握的侦查线索却被一一否定,或者原有的侦查线索突然中断、无法继续查证,或者在查人、查物、查事的过程中无法补充关键性证据,致使专案侦查与调查工作处于停滞状态的一种侦查情形。参见姜南:《侦查僵局与侦查情势研究》,《湖北警官学院学报》2004年第5期。
[4] 参见吴跃文:《视频反侦查行为之突破路径——基于大数据背景的思考》,《北京警察学院学报》2018年第3期。
[5] 参见本书附录一:《关于"大数据侦查法治化问题"的调研访谈记录》。

时监控,以实现早发现、早预防、早控制;二是对犯罪行为的事后惩罚,通过予以及时高效的严厉打击起到对于犯罪行为的震慑作用。将大数据运用于侦查,利用其数据驱动、人工智能、全时相关的特点,可以有效地提升侦查效能,从而为打破侦查僵局开辟新的路径,进而满足社会对惩治犯罪的迫切需求。另外还可以借助大数据监测与预警分析,实现犯罪治理的提前介入,加强社会治安,提升社会综合治理效果。

(四)国际合作趋势

以网络犯罪为代表的高科技犯罪,对传统侦查工作和犯罪治理都提出了新的挑战。这种挑战除了前文已经论及的技术手段层面的问题,还涉及国家法律适用层面的阻碍,而当前在国际司法运行中的最大阻碍即为管辖权之争议。由数据所引发的数据主权概念,将对不同国家、地区之间的刑事司法合作产生巨大影响。可以说,有关数据的刑事取证管辖已经借助网络空间便捷地跨越了传统意义上的国家疆界。[1] 以电信网络诈骗案件为例,这是公安机关目前面临的最难处理的犯罪类型之一,犯罪嫌疑人以及作案所需服务器、伪基站等设备往往都隐匿在国外,并会时常变动窝点,以此逃避侦查。这种跨国、跨区域性的犯罪除了因其自身反侦查意识所带来的技术难题,还会因为国家间、地域间的法律制度差异造成管辖权冲突,从而影响犯罪侦查的顺利进展。也正是基于这一问题的存在,国际社会目前已经出现了加强国际司法合作的趋势,诸如《联合国禁毒公约》《联合国反腐败公约》《网络犯罪公约》《联合国打击跨国有组织犯罪公约》等刑事司法合作框架正在被越来越多的国家认可。具体到刑事侦查协助领域,在国际侦查协作中充分借力大数据开展合作,这看似是

---

[1] 参见梁坤:《基于数据主权的国家刑事取证管辖模式》,《法学研究》2019年第2期。

一种挑战,但其实也是一种机遇,更是不可逆转的时代发展趋势。为此,在全球化浪潮下,积极推进大数据侦查的创新发展与制度构建,既顺应了国际合作的趋势,又将刑事侦查协助提升到新的高度。各国侦查机关之间可以通过网络平台和大数据技术,更为高效地实现资源对接和数据共享,进而消除因地域、文化、习俗等客观因素所造成的合作阻力。

二、大数据侦查的理论正当性

区别于大数据侦查的现实必要性分析,理论正当性的问题本质上是一种价值判断和道德评价,很大程度上取决于社会公众对于制度价值的追求倾向。首先,大数据运用于侦查具备实体正义理论的支撑,它可以更好地发现案件事实真相,有助于实现防控犯罪的目标追求,进而实现实体公正,确保有罪必诉、有罪必罚;其次,大数据运用于侦查具备程序正义理论的支撑,将高新技术引入诉讼程序有助于防范冤假错案的发生,是保障人权的客观需求;再次,大数据运用于侦查具备司法效率理论的支撑,迟到的正义非正义,借力大数据技术可以提高侦查效率,节约司法资源;最后,大数据运用于侦查还具备国家战略层面的政策支持,这也是我国顶层设计的制度价值在刑事侦查领域内的一次具体展现,为大数据侦查的未来发展提供了价值引领与制度保障。

(一)犯罪防控的目标追求

客观而言,将大数据运用于侦查实践既是时代发展的结果,也是历史的必然。[1]信息网络的普及以及新兴技术的涌现,为大数据收集、挖掘和分析提供了时代契机与技术保障,也为大数据在侦查领域

---

[1]参见杨婷:《论大数据时代我国刑事侦查模式的转型》,《法商研究》2018年第2期。

发挥作用奠定了基础。侦查作为刑事诉讼的子程序,其目标价值与刑事诉讼的理念相一致,兼具"打击犯罪"与"保障人权"双重属性。根据帕卡教授对于司法实践的观察,他将刑事诉讼分为"犯罪控制模式"与"正当程序模式"[1]。"犯罪控制模式"与"破窗理论"[2]在诸多方面有着紧密关联。"破窗理论"有两个核心思想:一是无序与犯罪之间存在相关性,二是对无序的干预可以降低犯罪的发生。[3]"犯罪控制"同样强调通过打击犯罪以维护社会秩序稳定的重要性。因此,为了更好地实现犯罪防控的目标追求,就要适度地赋予侦查机关相应的干预权力,大数据运用于侦查无疑就是一次"技术赋权"[4]的体现。在大数据时代的初始阶段,虚拟的数据空间尚未形成安全稳定的秩序,是一种无序秩序下易于诱发犯罪的外部环境。笔者根据调研访谈了解到,网络犯罪已经成为我国犯罪形态当中最为主要的一类,占到全部犯罪活动的近三分之一,给经济发展、社会秩序均造成了严重危害,因此公安部还专门部署了针对性的"净网2019"专项行动,此次打击网络犯罪的专项行动的前十个月就已经侦破案件45743余起,并抓获犯罪嫌疑人65832名。[5] 在"净网2019"专项行动中,大数据技术当之无愧地成为侦查破案的利器。由此可见,出于犯罪防控的目标,将大数据运用于侦查可以更好地实现对这种无序状态的干预,打击甚至遏制犯罪行为的发生,并防止这种虚拟空间内的无序状态向现实社会蔓延,真正发挥出维护"二元空间""双层社会"秩序稳定的作用,以更好地捍卫社会公共利益。

---

[1] Herbert Packer, Two Models of the Criminal Process, 113 *U. Pa. L. Rev.* 1 (1964).
[2] James Q. Wilson and George L. Kelling, Broken Windows: The Police and Neighborhood Safety, *The Atlantic Monthly,* vol.249, no. 3 (March1982), pp. 29-38.
[3] 参见李本森:《破窗理论与美国的犯罪控制》,《中国社会科学》2010年第5期。
[4] 郑永年:《技术赋权:中国的互联网、国家与社会》,东方出版社2014年版。
[5] 参见本书附录一:《关于"大数据侦查法治化问题"的调研访谈记录》。

（二）人权保障的客观需要

将大数据的相关技术及理念引入侦查领域，除了可以更好地打击犯罪以外，同样还起到了保障人权的重要作用。不同于传统侦查，大数据引导下的侦查工作更具精确性优势。[1] 这就可以让侦查人员借助科学技术手段更为客观地发现证据线索、查明案件事实，理性、客观、不带偏见地开展侦查工作，克服传统侦查"有罪推定"的弊端，进而减少冤假错案发生的可能性，起到保障人权作用。以证据收集为例，传统侦查取证由"口供中心主义"主导，强调"以供取证"，加之侦查讯问策略与刑事诉讼法所规定的"威胁、引诱、欺骗"界定模糊，势必存在非法讯问甚至刑讯逼供的高度风险；将大数据引入侦查，在"数据中心主义"的主导下开展取证工作，将更关注客观证据的发现和提取，实现向"由证到供"的转型，这也为后续公正审判起到助推作用。[2] 此外，将大数据技术引入侦查领域，不仅为打击犯罪提供了技术支撑，在侦查程序规范化方面也将发挥功效。结合当前侦查实务反馈信息来看，在公安大数据战略部署下，各地纷纷力推警用大数据平台，以×省公安厅的执法全流程智能平台为例，它整合了十七个警种、四十三个省部级业务系统，并将指挥中心、案管中心、办案中心、财物管理中心以及监所进行数据关联，实现"四中心一场所"的一体化。[3] 借助大数据技术支撑，公安执法的每一个活动、每一个环节也都会被数字化地记录下来，实际上对于警察执法工作而言是一种非常有效的监督，从而保证侦查活动、执法活动能够"管得

---

[1] 参见蔡一军：《大数据时代刑事侦查的方法演进与潜在风险——以美国的实践为借镜的研究》，《犯罪学论坛》（第三卷）2016年。
[2] 参见陈纯柱、黎盛夏：《大数据侦查在司法活动中的应用与制度构建》，《重庆邮电大学学报（社会科学版）》2018年第1期。
[3] 参见本书附录一：《关于"大数据侦查法治化问题"的调研访谈记录》。

住""看得见""算明白账",避免权力恣意侵害公民的个人合法权益。从这个层面来看,人权保障作为程序正义理论的应有之义,为大数据运用于侦查奠定了理论基础。

(三)司法效率的必要保障

迟到的正义非正义,司法公正的实现有赖于司法效率的保障。关于司法效率,其核心在于对司法资源的节约或对司法资源的有效利用。[1] 科技是第一生产力,也是第一侦查力。[2] 在打击犯罪的过程中,如果案件侦破时间过于冗长,实际上就是在降低犯罪成本,会助长犯罪行为的发生。因此,在打击犯罪的过程中,还应当格外关注侦查效率问题。从侦查实践层面来看,借助高新科技有利于实现人力、物力等侦查资源的节约,从而确保侦查效率的提升。[3] 在侦查过程中,大数据的应用极大丰富了可以利用的侦查资源,原有的侦查资源更多地局限于物质性资源,而在大数据视野之下可以发现更多数据信息资源,这将为拓宽情报线索、明确侦查方向、扩大侦查战果起到重要作用。根据来自一线办案机关的实证调研显示,该机关"实施大数据侦查以来,初查成案率由2013年的25%上升为2016年的85%;自行发现线索成案比例由2013年的17.8%上升为2016年的77.8%"[4]。此外,根据笔者调研获取的信息,仅2019年以来,×省公安机关借助大数据技术开启"命案必破"的重大刑事案件清零行动,通过整合各警种部门资源优势,成立了刑侦研判专班,以"大数据抄底"作为积案攻坚的突破口,进行全方位研判和精准

---

[1] 参见钱弘道:《论司法效率》,《中国法学》2002年第4期。
[2] 参见樊崇义、张自超:《大数据时代下职务犯罪侦查模式的变革探究》,《河南社会科学》2016年第12期。
[3] 参见蒋鹏飞:《高科技侦查之利弊权衡及其规制》,《法治研究》2012年第8期。
[4] 陈冰寒、陈文娟:《"大数据侦查"全面推进职侦工作》,《中国检察官》2017年第13期。

式打击,已经侦破命案积案共计105起,其中30年以上命案积案1起,25年至29年命案积案9起,20年至24年命案积案25起,15年至19年命案积案46起,10年至14年命案积案18起,10年以下命案积案6起。[1] 可见,大数据侦查对于及时有效发现案件线索、整合侦查资源、提升破案效率具有积极推动作用,进而也有助于司法效率、司法公正的实现,已经成为打击震慑犯罪、维护社会安定有序的重要保障。

(四)国家战略的具体体现

国家战略是根据具体社会发展情况,综合运用经济、政治、文化、科技、法律等资源促进国家进步,实现国家目标的总体方略。大数据侦查目前已经得到了国家战略层面的政策支持,这是我国顶层设计的制度价值在刑事侦查领域内的一次具体展现,能够为大数据侦查的未来发展提供价值引领与制度保障。目前,大数据已经入选国家重点基础研究计划("973"计划)[2],并上升至我国国家战略层面,其中"运用大数据提升国家治理现代化水平"就是一个非常重要的方面。结合地方大数据发展实践情况,截至2018年2月底,我国各地方政府对外公布了超过110份大数据相关政策文件,覆盖全国31个省级行政区划。[3] 总体来看,国家大数据战略正处于蓬勃发展期,"大数据侦查"即为在强调犯罪治理的刑事司法领域内的具体体现。特别是在2018年之后,为深入贯彻落实习近平总书记网络强国战略思想和全国网络安全和信息化工作会议精神,司法部决定运用云计算、大数据和人工智能等新技术开展"数字法治、智慧司法"信

---

[1] 参见本书附录一:《关于"大数据侦查法治化问题"的调研访谈记录》。
[2] 参见冯冠筹:《大数据时代背景下实施预测警务探究》,《公安研究》2013年第12期。
[3] 参见中国信息通讯研究院:《大数据白皮书(2018)》。

息化体系建设。回归到刑事司法范畴内,大数据在刑事诉讼(特别是刑事侦查环节)的运用同样获得了诸多法律政策与规范的支撑。在司法改革的趋势背景下,不管是"以审判为中心"的诉讼制度重构,还是"认罪认罚从宽制度"的确认,均是基于对司法公平与效率的追求。大数据侦查的开展不仅符合侦查阶段打击犯罪、预测防控的现实需求,而且有助于后续审查起诉、公平审判等诉讼环节的整体价值追求。具体到侦查领域,公安部近年来已经多次明确提出了"公安大数据战略",并在全国公安厅局长会议中进行了战略部署,强调科技兴警、智慧公安建设,大数据已经成为公安机关创新发展的引擎动力和战斗力生成的主要增长点。可以看出,大数据侦查已经成为公安机关主抓的"龙头工程",需要我们从国家战略层面进行全面认识,引起重视,从而实现我国侦查力量布局的跨越式发展。整体而言,不管是在国家战略层面,还是在法律制度层面,都已为大数据侦查的全面开展铺就了坚实的基础。

第二节 大数据侦查法治化的理论界说与现实动因

大数据侦查作为一种新技术、新模式、新机制,对刑事侦查带来的影响是多方面的,既包括了侦查理论层面又包括了侦查实践层面。在肯定了大数据侦查现实必要性与理论正当性的基础上,还应当进一步明确大数据侦查法治化的基本涵义,分析大数据侦查法治化的现实动因,并将程序法治作为开展大数据侦查的前提,保证大数据侦查正向效能的释放,有序推进大数据侦查法治化建设。

一、大数据侦查法治化的理论界说

大数据侦查法治化,简而言之,就是大数据侦查技术、活动和程序的法治化。

法治是相对人治而言的一种规范模式,是国家治理现代化的基本表征,其核心要义是"良法善治"[1]。其中"良法"是指一项好的制度,应当综合考量公正、效率、秩序、人权、和谐等基本价值要素;"善治"则是指一种治理的方式、方法,包含以人为本、依法治理、公共治理的基本特质,强调公权力行使的正当性、规范化与法治化。

有学者指出,刑事侦查法治化,是指职业化的侦查主体在实施侦查活动时,严格遵循现代化的法治理念,在法律框架内依法侦查,从而达到发现案件事实真相,实现公平正义的法治化运行状态。[2] 据此,大数据侦查法治化,实际上就是在综合考虑了打击犯罪与保障人权、提升破案效率与追求实体公正等价值要素的基础上,同步跟进大数据技术运用的发展趋势,搭建起一套相对完善而合理的法律规制框架,各诉讼主体运用法治思维依法开展侦查活动、监督活动、审查活动抑或权利救济活动,从而保证大数据侦查始终处于法治化的运行状态中。

伴随着信息革命的又一次飞跃,大数据时代国家治理现代化同步跟进,这集中体现于国家公权力与公民私权利的互动关系中,这种基于信息数据的良性互动关系,有赖于法治化的程序规范。大数据运用于侦查,是一把双刃剑。一方面可以有利于提高侦查破案、防控犯罪的效率提升;但从另一方面来看,其也加剧了侦查权力恣意的风

---

[1] 张文显:《法治与国家治理现代化》,《中国法学》2014 年第 4 期。
[2] 参见刘伟:《如何实现刑事侦查的法治化》,《政法论丛》2017 年第 4 期。

险。不管是在以事实真相为依托的犯罪控制层面,还是在以人权保障为依托的程序正当层面,都带来了深刻的影响。由此看来,因大数据侦查而引发的"有关技术的权力"与"有关数据的权利"张力更加明显。此时程序法治就要发挥出其作为"权力抑制器"与"权利稳定器"[1]的重要作用。就目前学界研究来看,前者更侧重于强调个人信息大数据在强化犯罪控制方面所蕴含的巨大潜力[2];后者则更关注大数据侦查过程中对公民基本权利所造成的冲击风险,这种关注的思考集中表现在对知情权、隐私权、个人信息控制权等实体性权利的保护,而在实现以上权利保护的过程中对于程序的法律规制显然必不可少,积极推动大数据侦查法治化,意义重大。

总而言之,对大数据侦查法治化路径的探寻,需要以现代法治理念、程序正义理论为指导,顺应信息数据革命的发展趋势,通过完善程序法律制度、优化诉讼实践流程、营造程序法治环境,实现大数据侦查的规范化,最大限度地降低侦查过程中的技术权力恣意风险,切实保障数据主体的相关权利,最终实现打击犯罪与保障人权的诉讼目的。

二、大数据侦查法治化的现实动因

与传统侦查相比,大数据侦查作为一项新兴的侦查技术、侦查活动、侦查模式,在对数据资源的利用过程中存在着高度的侵犯风

---

[1] 〔美〕E.博登海默:《法理学:法律哲学与法律方法》,邓正来译,中国政法大学出版社 2004年版,第293页。

[2] See Ric Simmons, Quantifying Criminal Procedure: How to Unlock the Potential of Big Data in Our Criminal Justice System, *Mich. St. L. Rev*, 2016, pp. 947-1017.

险,且在法律规制方面存在巨大盲区。数据不仅关乎记忆,更关涉权力。[1] 大数据侦查的开展如若没有程序法治作为保障,便犹如脱缰野马,不仅容易迷失方向,使侦查效能减损,还很有可能出现对于公民个人权利,尤其是数据信息权的肆意践踏,成为大数据时代新型冤假错案的始作俑者。因此,实现大数据侦查法治化,是侦查机关借助大数据技术开展侦查活动的基础前提,是在开展大数据侦查过程中保障基本人权的重要根基,是大数据时代侦查程序乃至整个刑事诉讼程序的必然要求,更是法律在面对技术进步时所应当具备的一种积极理性的规范作用。

首先,从权力运行的角度来看,开展大数据侦查是行使侦查权的一种表现形式,特别是在侦查单轨制的制度背景下,权力主体有且只有国家侦查机关,国家侦查行为本质上拥有的是在特定情况下一种合法侵犯公民权利的、具有天然暴力倾向的强大公权力,因此它的行使必须受到严格的程序法律约束,防范权力恣意,保证合法性与正当性。否则,一旦出现因权力滥用而导致的冤假错案,将会大大折损国家机关在公民心目中的权威、公正形象。已有学者指出,在大数据时代背景下,围绕数据展开的基础设施建设和第三方网络平台对于数据的实际控制呈现出了侦查权的显性扩张;此外,因为大数据带来的立案程序虚化、数据收集目的错位以及分散式立法与模糊性授权等问题,实际上也显现出了侦查权的隐性扩张脉络。[2] 所以说实现大数据侦查法治化,实际上是在发挥程序法治"权力抑制器"的作用,在大数据侦查活动中可以降低技术权力恣意的风险。

---

[1] See Alessandro Mantelero, The EU Proposal for a General Data Protection Regulation and the roots of the "right to he forgotten", Computer Law & Security Review, June 2013, pp. 230-234.

[2] 参见胡铭、张传玺:《大数据时代侦查权的扩张与规制》,《法学论坛》2021年第3期。

其次,从权利保障的角度来看,大数据侦查过程中犯罪嫌疑人的基本权利将受到尤为明显的影响,包括知情权、隐私权、个人信息权等,在缺少法律规制的"权力+技术"组合面前,原本就已处于弱势防御状态下的犯罪嫌疑人将更无还手之力,沦为权力恣意之鱼肉,一系列人权保障问题势必接踵而至。另外,伴随着大数据、区块链、云计算等技术的广泛使用,删除权、被遗忘权、算法解释权等一系列新型权利步入公众视野。上述权利保障并非仅仅针对犯罪嫌疑人而言,还包括案外人员。由于虚拟空间内的数据信息多数情况下是混杂的数据集合,所以如何确保与案无关的普通公民的基本权利不受侵犯同样非常重要。因此,实现大数据侦查法治化,既能够让以人为本、无罪推定等基本人权理念更好地落实到侦查实践中,从而保障犯罪嫌疑人在公权力面前亦能实现基本权利;又能够让每一个普通公民的合法权利在网络时代背景下有所延展并得以保障。从此意义上来看,实现大数据侦查法治化,实际上是在发挥程序法治"权利稳定器"的功效,在大数据侦查活动中保障每个权利主体的合法权益不受非法侵犯。

再次,大数据侦查活动对侦查程序乃至整个刑事诉讼程序都带来了变革式的影响,侦查作为刑事诉讼的一个子程序,需要秉承"程序正义"与"实体正义"的双重目标,往返于打击犯罪与保障人权之间进行价值权衡。保证大数据侦查在程序法治框架体系内运行,是实现司法公正的必然要求。正如有学者所言:鉴于社会信息化的总体趋势,要想调和这些冲突,需要以信息革命引发的"权力—权利"二元互动关系变革为出发点,寻求犯罪控制与保障人权两项刑事司法基本价值之间的新平衡点,并对具体的程序规则进行修正。[1] 可

---

[1] 参见裴炜:《个人信息大数据与刑事正当程序的冲突及其调和》,《法学研究》2018年第2期。

见,实现大数据侦查法治化,亦是侦查活动乃至诉讼活动价值平衡的内在需求,程序法治是保证大数据侦查实体效果与程序效果协调统一的关键,需要从法治效果、社会效益等多个方面予以综合考量。

最后,纵观整个法治社会发展历程,我们要顺应时代发展潮流与法治文明之趋势,积极推进大数据侦查法治化建设,此乃大势所趋。科技进步需要法律及时作出积极回应,法治发展虽不像技术更迭那样日新月异,但有其自身一以贯之的路径选择,即对新兴技术加以刚性规制与柔性引导,从而驱除技术滥用所可能造成的风险,尽可能地发挥其对司法进步与社会发展的最大价值。整体而言,当前大数据侦查实践中已经出现了权力触角扩张、个人权利空间限缩等危及司法公正的风险和实害,为了趋利避害确保大数据侦查更好地发挥其正向价值,亟须对其进行合理规制,实现大数据侦查法治化,确保侦查权力在正确规范的法治轨道上健康运行。

第三章
大数据侦查法治化的基本要素

大数据侦查法治化是一项系统工程,涉及大数据侦查的主体、对象、活动、程序以及机制等方方面面。法治作为大数据侦查的"权力抑制器"和"权利稳定器",需要在实践中调和"权力—权利"互动中的矛盾冲突,不断地寻求各种竞争性价值之间的平衡。在这一过程中,"权利保障""权力制衡""利益衡量"成为大数据侦查法治化需要重点考虑的三个要素,抑或称之为大数据侦查法治化的三大基石。

第一节 权利保障要素

权利是法律赋予公民个人维护自身利益的一种力量。没有保障的权利形同虚设,难以由"名义上的权利"变为"实在的权利"[1]。大数据侦查过程中,权利保障的实现需遵循程序正当原则,树立人权观念,坚持以人为本,实行无罪推定,进而明确程序参与主体的知情权、隐私权、个人信息权等基本权利体系,并通过大数据侦查的"有限

---

[1] 杨立新:《侦查程序中的权利保障机制研究》,《国家检察官学院学报》2002年第3期。

公开",促进该权利体系的切实保障。

一、大数据侦查的人权保障观念

纵览世界各国法治发展史可以得出这样一个结论:程序法治的发展历程与人权观念的演进[1]同步而行。人权作为人类启蒙观念的反映[2],从本体论内涵意义上来看,是一种"人皆有之"且"人该有之"的基本权利,它既包括了基于人之自然本性生而有之的权利,即人的自然权利,也包括了随着人类文明发展进步而不断衍生出的各种新兴权利,即历史发展形成的社会权利。不管是哪一种权利,作为人权形式而存在的权利,其都具有普遍性与应然性的特点。[3] 正因如此,人权保障已经成为法治发展的基石,为世界各国所公认。具体到刑事诉讼领域,特别是侦查程序中,"人权与法治"的问题向来都是被关注的焦点,因为"侦查与国民的人权紧密关联",所以必须注意"侦查时不得非法侵犯人权"[4]。在大数据侦查过程中,作为公权力的侦查权与作为私权利的人权之间的碰撞势必会更加激烈,因此为了保证合法权利不受侵犯、侦查行为公正进行、维护司法纯洁,正当程序成为关键。[5] 在积极构建大数据侦查正当程序过程中,实现大数据侦查法治化,应当始终秉持以人为本和无罪推定的人权保障观念。

---

[1] 参见齐延平:《人权观念的演进》,山东大学出版社2015年版。
[2] 参见〔瑞士〕托马斯·弗莱纳:《人权是什么》,谢鹏程译,中国社会科学出版社2000年版,第5页。
[3] 参见〔德〕雅科布斯:《敌人刑法与市民刑法》,徐育安译,载许玉秀主编:《刑事法之基础与界限——洪福增教授纪念专辑》,学林文化事业有限公司2003年版,第21页。
[4] 〔日〕田口守一:《刑事诉讼法》,刘迪等译,法律出版社2000年版,第27页。
[5] 参见〔英〕丹宁勋爵:《法律的正当程序》,李克强、杨百揆、刘庸安译,法律出版社2015年版,第2页。

(一)以人为本

"所有的侦查措施都会不同程度地损害公民的人权。"[1]这样一种论断并非危言耸听,侦查行为自身的权力属性使其天然具备扩张性,一旦缺失了外界约束很容易突破合法限度。也正因此,推进大数据侦查法治建设应以人权保障为逻辑起点,也即以人为本。

溯源人本思想的发展历程,从古希腊传统程序正义观念的觉醒,到古罗马自然正义原则的确立,历经中世纪欧陆的程序观念演进,最终于近现代英美法形成较为完备的正当程序思想,"以人为本"的观念跨越千年、贯穿始终。以近现代正当法律程序思想为例,其最早起源于1215年"英国大宪章"关于陪审制度及人身保护令之规定。美国受英国法影响,于1791年联邦宪法增修条文第5条规定:"任何人……非经任何正当法律程序(Due process of Law),不应受生命、自由或财产之剥夺",通称为"正当程序条款"。所谓正当法律程序,其核心概念系为"自然正义"与"公平",而目的则在于防止国家滥权,以"正当"之"法律"程序对国家权力加以限制,借以保障人民基本权利。[2] 由此可见,正当程序思想在本质上即为一种人本思想,以法律程序为手段,以防止滥权为目的,以实现人权保障为归宿。人本思想的核心是尊重人的生命和价值,强调人的主体地位,要求以人为中心对社会的政治、经济和文化进行全方位的塑造,建立起充分肯定人的价值和尊严的社会秩序。[3] 它是建立在对人的生命、地位、尊严、价值以及权利的充分认知基础之上,将人之个体作为目的

---

[1] 〔德〕魏根特:《德国现代侦查程序与人权保护》,刘莹译,载孙长永主编:《现代侦查取证程序》,中国检察出版社2005年版,第339页。
[2] 参见傅美惠:《侦查法学》,中国检察出版社2016年版,第54页。
[3] 参见吕世伦、张学超:《"以人为本"与社会主义法治——一种法哲学上的阐释》,《法制与社会发展》2005年第1期。

归宿,而非实现目的的工具,突出强调了人在社会活动中的主体性与意志自由性。目前,以保护人权为核心的法治体系构建已成为基本共识:在任何时候,都应当将人"同样看作是目的,永远不能只看作是手段"[1]。

进入大数据时代,侦查活动中"以人为本"的诉讼理念又将被赋予新的内涵。在《世界人权宣言》中,明确规定了生命权、人身权、财产权以及隐私权等基本权利,并且关于约束侦查强制措施的程序性规定占了不少比重。在我国第四次《宪法修正案》中,明确提出了"国家尊重和保障人权",以根本大法的形式彰显了人本思想,为侦查程序正当奠定了坚实的法律根基。然而,除了将以上这些概括性的"宣誓条款"作为指导理念,我们还应该关注新时代背景下"人"与"权"的变迁,唯有如此才能真正确保程序法治的实现。具体到大数据侦查中,这里的"人"理应是一个多元化的概念,既包括传统意义上的犯罪嫌疑人,又应包括被害人、辩护人、证人以及其他相关诉讼参与主体,当然还包括本身与案件本无关联但却因为数据牵连而产生影响的普通公民,尊重他们每一个人的自由意志。故大数据侦查中的"权(利)"相应发生改变,一些传统意义上的基本权利正在受到前所未有的冲击,如知情权、隐私权等,都将被赋予新的时代内涵;而与此同时,相关新型权利正在形成,如信息控制权、删除权、被遗忘权、算法解释权等等。可见,"人权"这一概念在大数据侦查领域内又有新的发展,但最终落脚点始终如一,那就是"以人为本"。

总之,人本精神是历史发展、人类文明的必然产物,在法律层面已经成为程序法治的精髓,指导着侦查法治秩序的制度构建和实践

---

[1] 〔美〕E. 博登海默:《法理学:法律哲学与法律方法》,邓正来译,中国政法大学出版社2004年版,第77页。

运作。[1] 我们在明确其核心地位的同时,也要与时俱进地去丰富它的内涵,赋予更多新时代背景下的具体解读。唯有如此,"以人为本"才能真正落地生根,贯彻执行于大数据侦查的实践运行过程中,避免口号化的错误倾向,从而保证大数据侦查在正当程序的轨道上对于合法权利的有效保障。

(二) 无罪推定

众所周知,刑事法治有两大基石:一为刑法的罪刑法定原则,二为刑事诉讼法的无罪推定原则。[2] 其中,"无罪推定"又被誉为刑事法治领域的一颗王冠明珠,是现代法治国家所通行的一项基本刑事司法准则,也是国际公约所确认和保护的基本人权。[3]

早在古罗马时期,"有疑,为被告人的利益"和"一切主张在未证明前推定其不成立"的原则主张,孕育出了无罪推定理念的雏形。进入到启蒙运动时期,"天赋人权""自由平等"等法治启蒙思想逐步盛行,贝卡利亚更是在其《论犯罪与刑罚》中详细地阐释道:"在法官判决之前,一个人是不能被称为罪犯的。只要还不能断定他已经侵犯了给予他公共保护的契约,社会就不能取消对他的公共保护。"[4] 无罪推定的思想逐步得到广泛的认同,并慢慢上升为一项准则被写入法律之中。最早通过法律确定这一准则的是法国 1789 年《人权宣言》,该法第 9 条明确规定:"任何人在宣判有罪之前应当视为无罪。"后来在"二战"结束之后,联合国大会于 1948 年通过了《世界人

---

[1] 参见倪铁:《侦查程序的人本精神微探——兼论侦查程序正当化建设》,《犯罪研究》2006 年第 3 期。

[2] 参见樊崇义、刘涛:《无罪推定原则渗透下侦查程序之架构》,《社会科学研究》2003 年第 2 期。

[3] 参见陈光中、张佳华、肖沛权:《论无罪推定原则及其在中国的适用》,《法学杂志》2013 年第 10 期。

[4] [意] 切萨雷·贝卡利亚:《论犯罪与刑罚》,黄风译,中国法制出版社 2005 年版,第 37 页。

权宣言》,在第 11 条第 1 款再次明确了无罪推定原则的法律地位:"凡受刑事控告者,在未经依法公开审判证实有罪前,应视为无罪,审判时必须予以行使辩护权所需之一切保障。"[1]我国 1996 年《刑事诉讼法》修改之后的条文中明确提出:"未经人民法院依法判决,对任何人都不得确定有罪。"后又在 2012 年《刑事诉讼法》修改时加入了"不得强迫任何人证实自己有罪",这为无罪推定原则之实现进一步提供了程序法治路径,从而让犯罪嫌疑人的权利保障由"应然"走向"实然"[2]。

无罪推定作为正当程序的构成要素,是对犯罪嫌疑人的一种程序保障,重点解决的是犯罪嫌疑人在未经认定有罪之前应当被如何对待的问题。[3] 因此,在侦查程序中,无罪推定具备重大意义。首先,它明确了犯罪嫌疑人乃"无罪之人"而非"罪犯"的主体地位,有利于犯罪嫌疑人获得更平等的对待,基本权利得到有效保障;其次,无罪推定让沉默权的行使具备了制度空间,在举证责任方面犯罪嫌疑人不承担证明自己有罪的责任,可以更好地实现控辩双方的力量均衡,有利于引导侦查取证由"以供取证"向"以证取供"转型;最后,无罪推定作为一项程序法治的核心思想,还有利于防止冤假错案的发生,提升刑事司法公信力,推动法治国家建设。无罪推定的积极法治意义在大数据侦查中可以得到更好的发挥,大数据技术将有助于提升客观证据的收集能力,从而大大降低以侦查讯问为代表的侦查取证行为不规范的风险。所以,大数据侦查须将无罪推定理念作为指导,以保证侦查启动程序之前移、侦查技术之使用均以人权观念

---

[1] 《世界人权宣言》第 11 条第 1 款(英文版):"Everyone charged with a penal offence has the right to be presumed innocent until proved guilty according to law in a public trial at which he has had all the guarantees necessary for his defence."
[2] 彭俊磊:《论侦查讯问中的犯罪嫌疑人权利保障——基于审判中心诉讼制度改革的再思考》,《法学论坛》2018 年第 4 期。
[3] 参见易延友:《论无罪推定的涵义与刑事诉讼法的完善》,《政法论坛》2012 年第 1 期。

为前提。整体而言,基于数据的客观性、可靠性,将大数据运用于侦查实践,有利于无罪推定原则的贯彻执行。只不过同样也要警惕大数据成为"有罪推定"的帮凶。这就需要明确开展大数据侦查的目标,是在于获取更多的案件线索或者证据材料,以发现和证明案件事实;而非基于主观对案件事实先入为主的预判,通过大数据技术选择性地提取证据材料从而证实有罪的假设。唯有如此,才能真正发挥无罪推定原则的内在价值。显然,大数据侦查背景下的无罪推定理念同样被赋予了新的内涵。

二、大数据侦查的权利制约体系

具备了人本思想以及无罪推定等基本人权观念,大数据侦查的权利制约体系也就明确了指导方向。在刑事侦查领域,对被追诉人防御权的制度性保障逐渐成为各国刑事侦查程序现代化与法治化的基础坐标。[1] 在大数据侦查法治化的基本权利要素中,知情权、隐私权、个人信息权成为大数据侦查过程中所要重点关注的几种权利类型,对它们予以明确和保障,是大数据侦查法治化的要求。

(一)知情权

知情权(right to know),也称知悉权或了解权。广义的知情权,是指寻求、接受和传递信息的自由,是从官方或非官方获知有关情况的权利;狭义的知情权,则仅指知悉官方有关情况的权利。[2] 知情权的出现根植于人权观念的发展,是实现公民自由与权利的基础。从类型上划分,通常又可以分为政治知情权、社会知情权、司法知情权

---

[1] 参见林喜芬:《论侦查程序中的权利告知及其法律效力》,《中国刑事法杂志》2008年第6期。
[2] 参见张庆福、吕艳滨:《论知情权》,《江苏行政学院学报》2002年第1期。

以及个人信息知情权等。在侦查程序中,犯罪嫌疑人的知情权主要属于司法知情权。当然,随着大数据技术的广泛适用并被引入刑事侦查领域,因而也增添了个人信息知情权的因素于其中。

在刑事侦查过程中,犯罪嫌疑人的知情权包括但不限于以下几个方面:一是获取案件性质、涉嫌罪名等基本案情信息;二是自己在侦查活动乃至整体诉讼程序中的应有合法权利及法律地位;三是公权力机关赋予其自身的权利救济途径和法律保障方式。[1] 出于程序法治的思考,犯罪嫌疑人的知情权在诉讼程序中具有多重价值。首先,从根本上讲,它是刑事程序正义的内在要求,正义不仅要实现,还要以看得见的方式实现,而"知情"恰是"看得见"的前提。其次,知情权还与犯罪嫌疑人诉讼主体地位紧密相关,是犯罪嫌疑人作为防御主体而行使程序主体权利的基础。再次,知情权是监督公权力、制衡公权力的基础。最后,犯罪嫌疑人知情权是对刑事诉讼"底线正义"的具体贯彻。[2] 目前,犯罪嫌疑人的知情权已经被世界大多数国家确认,最具代表性的当属美国的米兰达规则[3],该项规则主要是以侦查机关"权利告知"的形式来确保犯罪嫌疑人知情权的实现。这种知情权的实现路径也逐步得到了诸多国家的借鉴,如英国在《警察与刑事证据法》中也规定:"犯罪嫌疑人应当受到口头或书

---

[1] 参见钱育之:《知情权:犯罪嫌疑人的基本权利》,《求索》2007年第8期。
[2] 参见蔡国芹:《程序正义视野下的犯罪嫌疑人知情权》,《中国刑事法杂志》2008年第2期。
[3] 米兰达规则具体指米兰达警告(Miranda Warning),或称米兰达权利(Miranda Rights),是美国刑事诉讼中关于犯罪嫌疑人保持沉默的权利,起源于1966年美国最高法院"米兰达诉亚利桑那州案(Miranda v. Arizona, 384 U.S. 436 (1966)"中由美国首席大法官厄尔·沃伦(Earl Warren)所撰写的判决书,其内容为:"你有权保持沉默。如果你不保持沉默,那么你所说的一切都能够用作为你的呈堂证供。你有权在受审时请一位律师。如果你付不起律师费的话,我们可以给你请一位。你是否完全了解你的上述权利?"实务中如果警察在审讯时没有预先作出以上警告,那么,被讯问人的供词一律不得作为证据进入司法程序。

面的权利告知";法国《刑事诉讼法》第 116 条,德国《刑事诉讼法》第 114、115 条,日本《刑事诉讼法》第 61、76、77 条也都规定了类似的权利告知义务,以保障犯罪嫌疑人的知情权。

随着我国法治建设的不断推进、刑事诉讼法的日臻完善,侦查中犯罪嫌疑人的知情权问题日益受到关注。在大数据侦查过程中,知情权还将被赋予更多信息技术时代的新内涵,如对信息数据被收集分析程度的知情权、对大数据基础之上智能算法客观性的知情权、对涉及与案情无关之个人隐私数据销毁情况的知情权等。上述知情权的实现需要突破"黑箱效应"的局限。在大数据侦查过程中,由于科技手段的创新性、隐蔽性,多数情况下相关权利主体并不能及时察觉到自身已经被进行了有关个人信息的数据分析,因而知情权的保护与救济也就无从谈起。因此,在进行大数据侦查时应当明确侦查主体的告知义务,在不影响案件正常侦办的前提下及时告知相关权利主体本次大数据分析的数据来源、数据类型以及算法原理等内容,从而确保其知情权的实现。可以预见,犯罪嫌疑人知情权的涵义将被进一步扩充,其在大数据侦查法治化进程中所发挥的权利制约作用也将更为重要。

(二)隐私权

隐私权是一种"不受他人打扰的权利"。最早由美国著名法学家萨缪尔·D. 沃伦和路易斯·D. 布兰戴斯于 1890 年提出。西方学者对于隐私权的涵义判断大致提出了如下几种理论:个人独处理论、限制接触理论、秘密理论、个人信息的自我控制理论、人格权理论与亲密关系理论等。在我国,隐私权一般被视为"法律赋予自然人的私人生活安宁不被他人非法侵犯和私人信息秘密不被非法获知的权利"[1]或者

---

[1] 张新宝:《隐私权的法律保护》(第 2 版),群众出版社 2004 年版,第 12 页。

"自然人对于私人生活安宁和私人信息安全所享有的权利"[1]。经过一百多年的发展,个人隐私权已经从普通侵权法范畴提升到了宪法基本权利保护的层面,受到了越来越多的重视。虽然目前各国对于隐私权的理解仍然存在分歧,侧重点也有所不同(如英美法系更加强调隐私权中的信息隐私和自决隐私,大陆法系则更侧重人格尊严和人的发展),但是二者殊途同归,最终的落脚点和归宿均为实现人的自决自治。[2]

隐私权不是一个固化的概念,随着社会发展,隐私权的内涵在不断丰富,保护的侧重点也发生着变化。以美国为例,美国《宪法第四修正案》确立了公民不受政府不合理搜查扣押的权利,这项权利最早保护的主要是人身权、财产权,其关注的重点是对财产权利的侵犯和物理空间的侵入。后来随着科技进步改变生活,法治进程也在不断推进,美国司法领域对于第四修正案的解读也在发生变化,最具标杆性的一个判例是1967年的卡茨诉美国案(Katz v. United States)[3],联邦最高法

---

[1] 王利明:《隐私权的新发展》,《人大法律评论》2009年版第1期。
[2] 参见李岩:《侦查程序中之隐私权保护——从中美比较的角度》,中国政法大学2009年硕士学位论文。
[3] 1967年"卡茨诉美国"一案中,美国联邦最高法院推翻以往判例,采用新的理论解释第四修正案。本案中,警察未申请令状,在公共电话亭外安装窃听器,获得了卡茨的电话录音作为证据,卡茨因此被判有罪。检控方认为该证据是合法取得的,因为警察没有进入该电话亭,所以不存在搜查。主审大法官认为,《宪法第四修正案》保护的是人民的隐私权。在本案中,窃听器安装在公用电话亭的外面,警察也没有实际进入该电话亭,但卡茨进入电话亭后,他期待的是一种隐私,他不会预料到自己的谈话被监听,同时他希望自己与别人的通话不被公众知悉,这种期待是合理的,因此,警察的监听行为构成搜查。警察对卡茨的电话交谈进行录音构成扣押。声音虽不是可触摸的物体,对无形物体也可以理解为第四修正案扣押的对象。检控方辩称,公用电话亭是用玻璃制造的,从电话亭外可以清楚地看到卡茨的举动。主审大法官认为,卡茨进入电话亭,关上电话亭的门,他希望他的电话交谈不被外面的人听到,而不是他本人不被看见。不能仅仅因为使用公用电话亭就认为通话人不享有隐私权。另一位大法官认为,电话亭同住所一样是封闭空间而不是开放场所。使用电话亭的人关上门之后就应享有宪法所保障的隐私权,在没有搜查令的情况下,对电话亭进行监听,就跟闯入住(转下页)

院认为《宪法第四修正案》保护的是人民的隐私权而非单纯的人身权、财产权,"隐私合理期待理论"也自此确立。这种开放式的理论体系,扩大了《宪法第四修正案》的适用范围,弥补了因为信息科学技术改变生活状态而出现的法律空白,让隐私权保护变得更具可操作性,因而有学者将其称之为"可随身携带的隐私权"[1]。

从人身权、财产权到隐私权这种权利保护侧重点的变迁,从客观上反映了时代发展的进步,而这种进步从未停止过。隐私权作为一项"私权利",是保护个体合法权益的一种防御权,而侦查权则是一种具有强制性、扩张性、侵入性的"公权力",二者之间的紧张关系成为侦查程序中的核心矛盾。[2] 在大数据时代,我们的社会正在逐步变成一个"大数据监控社会"(Big Data Surveillance),无论我们在公众场所多么小心翼翼,仍会被大数据监控技术所记载。[3] 在此背景下,对隐私的侵犯正在打破传统的空间限制,无处不在的碎片化信息数据得以用来重组分析,从而还原一个人在私密状态下的面貌,物理空间已经难以遮挡私密信息,这是一种"从质到量"的变化。虽然这些碎片化的信息数据单独使用时无关隐私,但当其数量足够多,汇聚在一起经过重组分析却可以形成数据画像进而影响隐私状态,这是传统隐私法无法规制的。[4] 换句话说,在大数据时代,传统意义

(接上页)所一样侵犯了被告人的宪法权利,《宪法第四修正案》保护的是人而非地方。当一个人主观上有隐私权的期待,这种期待又被社会认为是合理的,(如果一个人在公共场所高声谈话,即使他个人希望不被人听到,这种期待被认为是不合理的)那么这种隐私权就属于《宪法第四修正案》的保护范围。See Katz v. U.S 389 U.S. 347 (1967).

[1] [美]罗纳尔多·V. 戴尔卡门:《美国刑事诉讼——法律和实践》,张鸿巍等译,武汉大学出版社2006年版,第345页。
[2] 参见李岩:《侦查程序中之隐私权保护——从中美比较的角度》,中国政法大学2009年硕士学位论文。
[3] 参见王利明:《隐私权概念的再界定》,《法学家》2012年第1期。
[4] See Kevin Miller, Total Surveillance, Big Data, and Predictive Crime Technology: Privacy's Perfect Storm. *Journal of Technology Law & Policy*, 2014 (1), pp.105-146.

上的"隐私"已经不再仅仅停留于"隐"(隐匿,不被知晓)与"私"(私密,个人事务)的字面含义,宪法赋予公民的隐私权正在遭遇前所未有的挑战。在大数据时代,应当基于新的、动态发展的眼光重新审视、反思隐私权的涵义。大数据时代的隐私不再被纯粹地当作一种秘密,而是一种介于秘密与完全公开之间的状态,就此意义而言,隐私权不是一种绝对的权利,而是一种相对的权利,"是一种信息管理的规则"[1]。由此可以看出,隐私权的内在涵义并非一成不变,而是随着社会发展趋势不断更新。在大数据时代,隐私权正在朝向个人信息权演进发展。

(三)个人信息权

信息不同于"数据"和"知识"。信息是经过加工且有意义的数据,知识则是发展成熟且真实的信息。[2] 也正因此,有学者将信息的定义抽象为一组公式:"信息＝数据＋意义"[3]。就权利主体而言,数据以及在数据基础上形成的信息,其权属并不清晰。[4] 关于个人信息[5]属于财产权、人格权抑或混合型新型权利的争论,随着网络革命的深入而愈演愈烈。[6]

个人信息,是指与一个身份已经被识别或者身份可以被识别的

---

[1] 徐明:《大数据时代的隐私危机及其侵权法应对》,《中国法学》2017年第1期。
[2] See Luciano Floridi, *Information: A Very Short Introduction*, Oxford University Press, 2010, pp.21-25.
[3] 裴炜:《个人信息大数据与刑事正当程序的冲突及其调和》,《法学研究》2018年第2期。
[4] 参见龙卫球:《数据新型财产权构建及其体系研究》,《政法论坛》2017年第4期。
[5] 也有学者使用个人数据、个人资料、信息隐私等称谓,但研究对象和内容并无本质区别。本书遵从目前学界和实务界共识,采"个人信息"称谓,与"个人数据"意义相同。
[6] 这种争论尤其体现在民法总则制定过程中对"个人信息"的权利安置及表述上。参见《民法总则立法背景与观点全集》编写组编:《民法总则立法背景与观点全集》,法律出版社2017年版,第9页、第18页、第24页、第53页、第89页。

自然人相关的任何信息。[1] 包括个人姓名、住址、出生日期、身份证号码、医疗记录、人事记录、照片等单独或与其他信息对照可以识别特定的个人的信息。[2] 根据定义可以看出,个人信息与个人隐私必然会存在多重交叉,二者存在着诸多相似性,但又具有各自独特的表征,很难用一种包含与被包含的关系去概括。这主要是因为,大数据时代随着信息数据的爆发式增长和可获取途径的多元化,信息自身的公开程度、敏感程度也有着千差万别,不能再一概而论。如果说传统隐私权保护还是更多以权利主体利益为出发点,那么个人信息权的法治保护,所要衡量的利益将更为复杂。因为此时国家不再单纯以超然利益关系的治理者身份出现,它同时也是最大的个人信息收集、处理、储存的利用者;更重要的是,信息业者(即从事个人信息收集、处理、储存、传输和利用等相关活动的自然人、法人和其他组织,比较有代表性的就是大型网络服务提供商)作为独立的主体出现。[3]

目前,世界各国普遍关注到了"个人信息权"这一新兴权利的重要性,并分别采取了不同法治保护措施,如欧盟采取的是"'指令'[4]+成员国立法"的"国家主导模式",美国则采取了"补充已有法律(主要是隐私权保护法律)+行业自律"的模式。我国自 2000 年《关于维护互联网安全的决定》的出台,到《关于加强网络信息保护的决定》,再

---

[1] See《General Data Protection Regulation》, Article 4.
[2] 参见《中华人民共和国个人信息保护法(专家建议稿)》第 9 条,转引自周汉华:《〈中华人民共和国个人信息保护法(专家建议稿)〉及立法研究报告》,法律出版社 2006 年版,第 3 页。
[3] 参见张新宝:《从隐私到个人信息:利益再衡量的理论与制度安排》,《中国法学》2015 年第 3 期。
[4] See Directive 95/46/EC(《个人数据保护指令》,2012 年 11 月修订为 General Data Protection Regulation《欧盟数据保护规则》,简称"GDPR");Directive 2000/31/EC(《电子商务指令》);Directive 2002/58/EC(《隐私与电子通讯指令》);Directive 2006/24/EC(《数据留存指令》)。

到《刑法修正案》(五)、(七)、(九)关于"公民个人信息保护"的日渐加强,发展到2021年《数据安全法》《个人信息保护法》等最新立法颁布实施,个人信息权已经发展成为大数据时代背景下,公民个人基本权利体系中最具特色的一项新兴权利。

个人信息权,相对于隐私权所强调的"自决自治"以外,还包括了与经济、社会紧密相关的商业价值,以及与"数字社会""数据治理"相契合的公共管理价值。这也就意味着不管是前文提到的信息业者还是政府机关,都更期待获取足够多的信息数据以实现自身商业运营抑或社会治理的目标。具体到刑事司法领域内,大数据侦查的出现就成为一种必然。所以说,在开展大数据侦查的活动过程中,将会围绕"信息数据"形成一种"(个人)信息权利者—(公司)信息经营者—(国家)信息权力者"新的三角格局。除了内在价值衡量方面的复杂性,个人信息与个人隐私在权利属性、权利客体、权利内容、保护方式等方面也存在明显独立价值[1]:个人信息权区别于隐私权消极防御的属性,更具主动性,是一种对于个人数据信息的控制权,在这一过程中它将更多地涉及信息披露、商业价值与国家安全,所以对它的保护往往更侧重于提前预防,而非事后救济。总之,在大数据时代的刑事司法领域,大数据侦查活动的"权利干预风险"将更为集中地体现在个人信息权的保护过程中,应当尽快明确个人信息权在推动大数据侦查法治化进程中的重要地位。

三、大数据侦查活动的有限公开

法谚有云:"正义不仅要实现,而且要以人们看得见的方式实

---

[1] 参见王利明:《论个人信息权的法律保护——以个人信息权与隐私权的界分为中心》,《当代法学》2013年第4期。

现。"[1]（Justice must not only be done, but must be seen to be done.）因此，"公开"自然便成为"看得见"的重要前提,这也是程序正义价值的内在要求。在刑事司法领域，"公开"实际上经历了一个"由诉讼不公开向诉讼公开、由审判公开向侦查公开"[2]的发展历程。当然对于侦查公开而言，我们也不能过于激进看待，而应当根据实际情况审慎对待，侦查工作有其自身特殊性，需要综合考虑公共安全利益与信息公开的价值权衡，把握好大数据侦查公开的合理限度。

从传统意义上来看，侦查不公开作为原则，其主要是基于多重目的考虑：一是为了保证侦查效率，防止因侦查内容外泄而导致证据灭失、勾串或伪证等；二是为了保护当事人及利害关系人的人格、名誉、尊严、隐私等不因泄露而受损；三是为了避免造成媒体审判，确保法官独立审判，不受侦查案情影响。[3] 这种观点主要还是受刑事诉讼职权主义模式的影响，因而多数大陆法系国家或者地区都确定了侦查秘密原则，例如法国《刑事诉讼法》第 11 条[4]、德国《刑事诉讼法》第 147 条[5]、意大利《刑事诉讼法》第 329 条[6]都有关相关表述。但是随着《国际刑事法院规约（罗马规约）》《欧盟刑事法典》以

---

[1] 陈瑞华：《看得见的正义》（第二版），北京大学出版社 2013 年版，第 3 页。

[2] 周长军、彭俊磊、韩晗：《刑事庭审实质化研究——以诉讼公开为视角》，《山东审判》2017 年第 5 期。

[3] 参见林钰雄：《刑事诉讼法（下册·各论编）》，元照出版有限公司 2010 年版，第 498—499 页；傅美惠：《侦查法学》，中国检察出版社 2016 年版，第 65 页。

[4] 法国《刑事诉讼法》第 11 条规定："除法律另有规定的外，侦查和预审程序一律秘密进行，并不得损害犯罪嫌疑人的权利。"参见余叔通、谢朝华译：《法国刑事诉讼法典》，中国政法大学出版社 1997 年版，第 13 页。

[5] 德国《刑事诉讼法》第 147 条规定："如果查阅可能使侦查目的受到影响的，可以拒绝辩护人查阅案卷、个别案卷文件或查看官方保管的证据。"参见李昌柯译：《德国刑事诉讼法典》，中国政法大学出版社 1995 年版，第 69 页。

[6] 意大利《刑事诉讼法》第 329 条规定："由公诉人和司法警察进行侦查活动应当保密，直至被告人能够了解之时。"参见黄风译：《意大利刑事诉讼法典》，中国政法大学出版社 1994 年版，第 117 页。

及《欧洲人权公约》等法律文件的签署、生效以及在实践中的良好应用,欧洲各国刑事诉讼人权保障的重心开始前移到侦查阶段,出现了"参与式侦查模式",被告人较早地参与侦查程序,形成更为开放、更具有沟通性的侦查程序。[1]

随着现代法治建设的不断推进,英美法系国家的当事人主义模式与大陆法系国家的职权主义模式渐趋交融、相互借鉴,在增强侦查程序透明度和公开性方面正在形成共识。侦查程序公开标志着刑事侦查尊重公民个人尊严,重视保障人权。侦查程序公开为侦查程序主体之间提供了参与和对抗的机会。侦查程序公开能够使人们更加仰赖程序信用。但是基于现阶段实际情况,我们不应激进地将侦查公开理解为"绝对公开",而应视作一种"相对公开""有限公开"。侦查活动在刑事诉讼实践中长期保持着其神秘色彩,侦查机关侦办案件的过程一般不会公之于众。从理论上分析,侦查活动保持一定的秘密性是有必要的。这不仅是侦查工作规律的必然要求,也是提高侦查效率的客观需要;不仅有助于侦查活动的顺畅运行,而且有助于减少犯罪嫌疑人在侦查程序中的停留时间和羁押期间,从而客观上有利于保障犯罪嫌疑人的人权。所以侦查程序中的"有限公开"需要综合考虑公开的内容、性质、时机、手段等因素,根据实际情况向不同的对象进行公开。侦查有限公开应当坚持以向犯罪嫌疑人及其辩护人公开为主,向社会公众公开为辅的原则;在公开与不公开之间进行价值衡量时,应当充分贯彻比例原则,既要确保侦查活动的顺利进行,也要保障犯罪嫌疑人的合法权益,将侵害侦查秘密性与犯罪嫌疑人人权的可能风险降到最低。尤其是在大数据侦查过程中,因为技

---

[1] 参见陈卫东、刘计划、程雷:《德国刑事司法制度的现状与未来——中国人民大学诉讼制度与司法改革研究中心赴欧洲考察报告之二》,《人民检察》2004年第11期。

术手段的特殊性,其涉及的个人信息数据涵盖面更广,更应该关注知情权、隐私权、个人信息权等基本权利与国家机密、商业秘密、数据安全等公共利益之间的综合考量,切实把握好"有限公开"的适度性。

第二节 权力制衡要素

作为法律人,我们经常会提及"要将权力关进制度的笼子里",这是因为"权力"作为一种强制力、支配力,天然具有侵犯性和扩张性。因此,在考虑权力制衡要素的时候,既要考虑权力自身内部的"谦抑性",实现内部自律;又需要考虑来自其他权力的外部约束力,通过他律得以制衡。"谦抑",最早是刑法领域常用的一个概念,主要是指压缩或缩减。在社会治理、打击违法犯罪行为时,应当力求少用或不用刑罚,获取最大的社会效益,突出刑法的补充性、经济性、紧缩性。[1] 而随着社会发展进步,大数据时代的到来,刑法谦抑性理论也在发生着相应的变化,正在由"限定的处罚"向"妥当的处罚"演进。[2] 依笔者理解,这里的"妥当"是一种合理与正当,蕴含着程序正当与实体正义相协调的意蕴,具体到刑事司法的第一个实质性阶段,也即侦查权力之谦抑。从根本上说,追究犯罪、惩罚犯罪的刑事司法活动实质上是发生于个人与国家间的一种权益冲突。[3] 在这种博弈对抗下,仅仅依靠正当程序中的权利制约是远远不够的,还需要权力内部的谦抑自律与权力外部的他律约束,才能实现理想状态下对权力的一种制衡。

---

[1] 参见陈兴良:《刑法谦抑的价值蕴含》,《现代法学》1996年第3期。
[2] 参见张明楷:《网络时代的刑法理念——以刑法的谦抑性为中心》,《人民检察》2014年第9期。
[3] 参见陈光中:《诉讼法理论与实践·刑事诉讼卷》,人民法院出版社2001年版,第10页。

第三章 大数据侦查法治化的基本要素

在社会治理语境下,权力的概念总是涉及权力行使者与权力行使对象,以描述两者之间的一种特殊关系。[1] 通过行使权力,权力对象的行为可能向着更符合权力主体所欲之方向或效果发展。所以说权力亦是一把双刃剑,用得好引领发展方向,用不好导向歧途。在侦查程序中,理想的状态应该是"权力—权利"的协调统一。然而现实情况却往往呈现出"大权力"与"小权利"的失衡状态,侦查权自身具有扩张性与外溢性,更容易造成对犯罪嫌疑人私权利空间的挤压。特别是当大数据运用于侦查,在"侦查+技术"这对强势组合之下,更要格外关注侦查权力自身的谦抑性。这是因为技术本身虽然具有中立属性,但是当其被运用于具体的侦查领域时便会自然地受到权力主体的主观影响。在理想与现实之间,"技术"很难中立地立足于"权力"与"权利"之间,它更容易被"权力"所俘获,而使"权利"更加被动。因此,在实现大数据侦查法治化的过程中,除了要关注大数据侦查中的权利保障,还要注意权力制衡的重要作用。

在数字化的大数据时代,数据作为信息资源的载体,信息资源已成为一种重要的社会资源,它可以促成"权力关系的非对称性"[2]。可以说数据信息正在改变着"权力构造",成为社会权力的又一重要来源,因此有学者将其与强制、奖励、正当性、专业性、集体参照等五种权力基础并列,视为社会权力的第六种基础。[3] 在大数据侦查中,海量的数据信息同样使侦查权力来源得到扩充,成为强势侦查权

---

[1] See Robert A. Dahl, The Concept of Power, *Behavioral Science,* 1957, pp. 202-204.
[2] See Dannies H. Wrong, *Power: Its Forms, Bases, and Uses,* Transaction Publishers, 1995, pp. x-xiii.
[3] See B. H. Raven, Power and Social Influence, in Ivan Dale Steiner & Martin Fishbein (eds.), *Current Studies in Social Psychology,* Holt, Rinehart and Winston, 1965, pp. 127-145.

运行的重要来源。一方面,大数据侦查自身前瞻性的犯罪预防特点,会使侦查权的发动起始点提前,在时间轴上导致侦查权的扩张。另一方面,数据信息作为虚拟空间的产物,打破了传统物理空间的束缚,使得侦查权在立体空间内得以延展。除此之外,不同群体、个人之间受制于信息接收能力抑或信息收集、汇总、分析能力的不同,"信息不对称"天然存在,这也就进一步导致了原本强势的侦查权力机关可以通过接触更多的信息数据,以增强自身的权力优势,而且权力机关可以通过对数据进行选择性收集、筛选、拼组以形成信息,从而在此基础上强化其说服权力行使对象的能力。[1]

所以说,在大数据侦查过程中,侦查权力恣意的风险将进一步加大,为了保证程序法治的实现,关照犯罪嫌疑人的基本权利,必须实现有效的权力制衡,也即自身谦抑与外部约束。恰如孟德斯鸠所言,一切权力都容易导致滥用,权力的运行必须受到必要的制约,破解控权难题的最佳选择就是用权力来制约权力。[2] 笔者认为,大数据侦查语境下的权力制衡内生三个方面的基本要求:一是侦查措施的合理使用,要严格贯彻比例原则;二是侦查程序的审慎发动,要加强司法审查;三是侦查权力违法行使的程序性制裁,形成后置约束力。

一、大数据侦查的合比例性

当信息被定义为权力基础而作用于社会时,其产生的效果不仅是规则体系发生变化,更在于原先以宪法为核心而构建的基本权利

---

[1] 参见裴炜:《个人信息大数据与刑事正当程序的冲突及其调和》,《法学研究》2018年第2期。

[2] 参见〔法〕孟德斯鸠:《论法的精神》,商务印书馆1982年版,第3页。

体系以及相应原则出现适用上的困难。[1] 当大数据这项新的技术被运用于侦查实践,无形之中让"数据信息"成为侦查权力的又一来源,以此为背景强调比例原则在大数据侦查中的重要地位,显得极为必要,也将发挥出侦查权力自身谦抑的作用。

关于比例原则,目前学界对其研究多集中于行政法领域。但实际上,该项原则最早就是源起刑事侦查中的警察权力,然后才逐渐向行政法领域延伸,并逐步发展成为行政法中的一项基本原则。比例原则设立的初衷是限制警察权力恣意,强调警察权力行使的前提是尽可能降低对公民权利侵犯的风险。[2] 如此看来,在侦查程序法治的视角下重新审视比例原则的重要性,实际上并非他山之石拿来借鉴,而是一种对源起领域的回归。客观而言,不管是行政法领域也好,刑事法领域也罢,比例原则都无疑是作为一种"公法领域的软化剂"[3],旨在强调国家公权力与公民私权利之间的一种均衡状态,并协调好国家权力行使过程中手段与目的的适度关系。从概念上来看,侦查中的比例原则主要是指:侦查权力主体在开展侦查措施时应以刑事案件实际情况为标准,注意侦查措施类型的选择、实施的方式及程度,不得超过必要的限度而对侦查行为相对人的财产、自由等方面的权利造成非合理性侵犯和非必要性利益损害。[4] 因此,大数据侦查活动的开展应遵循比例原则,满足适当性原则、必要性原则和狭义比例原则三项子原则的要求。

---

[1] See Sandra Braman, *Change of State: Information, Policy, and Power*, The MIT Press, 2006, p. 39.
[2] 参见黄学贤:《行政法中的比例原则研究》,《法律科学(西北政法大学学报)》2001年第1期。
[3] 姜昕:《比例原则研究——一个宪政的的视角》,法律出版社2008年版,第16页。
[4] 参见韩德明:《侦查比例原则论》,《山东警察学院学报》2007年第2期。

(一)适当性原则

适当性原则作为比例原则的首要子原则,也是基础性原则,要求侦查机关在开展侦查措施时,应当将侦查措施的具体行为手段与实现侦查目的相适当,其落脚点在于"手段—目的"二元关系的对等性。所以说,侦查比例原则中的适当性原则主要调整的是侦查行为方式与侦查预期目的之间的关系,这种关系应该是适宜的、妥当的、合理的,而超出目的效果之外的措施手段将被视为超出了限度,应当被排除在侦查措施可供选择的空间之外。以大数据侦查取证手段为例,前文述及大数据侦查的几种基本方法,如数据搜索、数据碰撞、数据挖掘、数据画像等,以上四种行为手段在技术难度以及隐私侵犯风险两个层面都是一种递进关系。所以说,如果根据案情分析,通过数据搜索就可以基本确定犯罪嫌疑人并获取相关证据线索,从而达到侦查破案的目的,那么就没有必要再采取其他三种更高位阶的技术手段进行数据库碰撞、深度挖掘或形成数据画像去分析犯罪嫌疑人的性格特点、生活规律、家庭成员情况等案外信息。否则,这种大数据侦查手段引发的技术风险很有可能会消解侦查目的之实现。

(二)必要性原则

必要性原则又被称作"任意性原则"或"最小侵害原则",它是在解决了"手段—目的"二元关系适当性的基础上,对"手段"内部又做进一步细分,着重强调手段之选择是否属确实必要、确为最佳。众所周知,刑事侦查往往可以区分为任意性侦查与强制性侦查两种,任意性侦查作为一种权利侵犯风险率较低的侦查行为,在开展刑事侦查时应为首选,也即"任意性侦查为主、强制性侦查为辅"的原则。即使确有必要进行强制性侦查,在侦查措施的选择上也应坚持最小侵害原则,坚持"一般侦查措施为主、技术侦查措施为辅"的原则。以上原则在法治国家刑事诉讼法的规定中均有体现,比如讯问的适用条件要比询问的适用条件严苛得多,技术侦查措施的适用范围要比一般侦查措施的适用范围限缩得多。具体到大数据侦查措施的选择上,承接前文提到的"数据搜索"措施的选择适用问题,即便此时已经满足了适当性原则(也即"手段—目的"相适当),但是在搜索数据时还应该进一步对数据来源进行区分。在大数据侦查技术方法部分已经做过介绍,数据搜索手段又可以细分为互联网搜索、数据库搜索以及电子数据搜索,结合具体案件情况,如果所需案件信息通过简单的、公开的互联网搜索就可以查询到,那么则没有必要进一步深度搜索相对不公开的数据库信息,也便更无必要通过特殊技术手段对电子设备的相关数据进行提取搜寻,此乃大数据侦查手段比例适用的必要性原则要求。

(三)狭义比例原则

狭义比例原则也称"均衡性原则",如果说前述两项子原则关注的是"手段实现目的"以及"手段自身选择"这一"过程"的合理性,那么狭义比例原则则是更加关注"结果"的合理性,它要求侦查措施对行为对象所造成的侵害损失必须小于该措施可能实现的价值效果[1],是基于一种"功利主义"视角来综合评判侦查行为的合理性问题。也正因此,出于狭义比例原则的利益考量要求,需要我们在侦查手段适用时对侦查结果与社会效果的协调统一有一定预判性。因此,在适用大数据侦查手段时贯彻狭义比例原则,也就意味着即使满足了适当性原则以及必要性原则,也要尽可能地去规避利益侵害风险以降低侦查成本,对涉案数据信息的收集、提取、分析乃至呈现过程都应当尽可能地减少对于合法权益的不当侵害,比如通过控制数

---

[1] 参见陈永生:《侦查程序原理论》,中国政法大学2002年博士学位论文。

据库的访问、限制敏感信息的利用以及相关涉案身份信息加密匿名处理等。[1] 所以说,采用大数据侦查手段时,我们不仅要考虑适当性与必要性问题,还要从"成本—收益"分析的法经济学视角综合考虑可能获得的价值效果,以实现损害利益发生的最小可能性,从而确保大数据侦查整体收益的最大化。

二、大数据侦查的司法审查

大数据时代,诉讼当事人权利受侵害的可能进一步加大,正在由"已知的实害"向"未知的风险"转变。所以在实现侦查的权力制衡过程中,以"令状制度"为典型代表的司法审查制度成为防患于未然的重要举措。在大数据侦查过程中,侦查机关往往借助权力优势与技术优势处于主导地位,此时犯罪嫌疑人则只能处在相对被动的境地,这种失衡的状态如果没有中立第三方的介入,很难通过彼此双方的自然调整回归平衡。通过纵览刑事诉讼的整体发展脉络,我们可以归纳出诉讼理念由注重打击犯罪向强调保障人权转变的发展趋势,表现在诉讼构造上也自然出现了由"权力行使型"向"权力抑制型"的转型。[2] 这种诉讼构造转型的趋势,最突出的表现于各国对于侦查权的司法审查上。

追本溯源,司法审查制度孕育产生于霍布斯、洛克、卢梭与孟德斯鸠等人开创的自然法学派思想,将"正当程序"作为逻辑起点,强调程序法治与程序正义。司法审查目前已经成为法治发达国家一项基本的法律制度,它本质上是通过独立的司法权对其他国家权力机关的权力行使活动进行审查,并在发现违法行为时予以纠正,给受到损

---

[1] 参见刘铭:《大数据反恐应用中的法律问题分析》,《河北法学》2015年第2期。
[2] 参见〔日〕田口守一:《刑事诉讼法》,刘迪等译,法律出版社2000年版,第6页。

害的权利个体以救济途径。[1] 从本质上而言,它表现为制度层面的分权制衡、权利保障层面的救济途径、程序运行层面的正当要求(也即合目的性与合法性的统一)。但就程序运行层面而言,侦查程序中的司法审查,其关注的不是犯罪嫌疑人有罪抑或无罪的实体问题,而是要实现中立、权威的司法权对整个侦查程序的全程监督与控制,是对侦查行为合法与否的审查。[2]

之所以对侦查活动特别是强制侦查措施的实施进行司法审查,是因为侦查程序作为刑事诉讼这座大厦的根基,如果其本身构造不合理、不坚固,那么整座大厦就有可能倾覆;一旦侦查程序出现偏差,犯罪嫌疑人的基本权利将无从保障,冤错案发生的概率将大大提升。[3] 司法审查就是为了防止这种偏差的产生,通过中立第三方(一般是法院)对侦查权进行必要的限制和引导。在英国,主要是由治安法官或者其他法官对侦查机关将要实施的一系列侦查措施进行事先批准;美国则主要是依据《宪法第四修正案》法律程序正当的要求进行严格审批,在实施搜查、扣押、逮捕、窃听等具体侦查措施之前都必须以获得法官签发的司法令状为前提;法国的侦查程序分为初查和预审两个阶段,规定了在初查阶段一般不使用强制措施,在预审时则由预审法官主导,严格按照司法审查原则进行;德国《刑事诉讼法》更是规定了凡是公民基本权利受到侦查权力干预的行为,都必须经由法院进行严格的司法审查,由法官决定是否签发搜查令、扣押令、逮捕令等一系列侦查措施令状。[4] 可见,不管是英美法系还是

---

[1] 参见罗豪才:《中国司法审查制度》,北京大学出版社1993年版,第1页。
[2] 参见邱飞:《侦查程序中的司法审查机制研究》,南京师范大学2007年博士学位论文。
[3] 参见李心鉴:《刑事诉讼构造论》,中国政法大学出版社1997年版,第79页。
[4] 参见陈光中、张小玲:《中国刑事强制措施制度的改革与完善》,《政法论坛》2003年第5期。

大陆法系都已建立起比较完备的司法审查制度,并通过令状制度对侦查程序中侦查权力的行使作出了严格的限制,这在本质上讲是对侦查权的一种"他律"。在程序运行状态方面,司法审查更加注重通过"令状"对侦查行为进行事前的严格控制。有学者也将其称之为"侦查令状主义",旨在通过司法权控制侦查权以保障人权。[1] 从此意义上来看,实际上就是由司法裁判机关对侦查机关进行监督和约束,从而确保其处于控辩双方之间的中立地位,以尽可能实现打击犯罪与保障人权的均衡。

然而在我国,目前尚未构建起较为完备的司法审查制度。现阶段,我国对于侦查权的外部监督主要来自检察机关。根据我国《宪法》及《刑事诉讼法》的相关规定,检察机关被定位为我国的法律监督机关,由它负责整个刑事诉讼活动的法律监督工作,包括立案监督、侦查监督、审判监督以及执行监督等。进入侦查程序,检察机关有权决定是否批准逮捕,以此来约束侦查权的规范行使。然而司法实践的反馈是,这种运行于"流水线型"诉讼结构中的检察监督模式,对于侦查权的制约作用是非常有限的。侦查机关"做饭"、检察机关"端饭"、审判机关"吃饭",在这种被戏称为"大公安、小法院、可有可无检察院"的实践运行状况下,检察监督对于侦查权力的约束制衡非常有限。因此,有学者提出了检察监督与司法审查互为补充的举措,检察监督更加关注侦查程序中的任意性侦查措施,而强制性侦查措施则主要由法院进行审查。[2] 这是基于具体实践运行层面,对建立司法审查制度必要性的一种论证。实际上从整个国家司法权力配置的角度来看,建立对于强制侦查措施的司法审查制度,对于调整审

---

[1] 参见孙长永、高峰:《刑事侦查中的司法令状制度探析》,《广东社会科学》2006年第2期。
[2] 参见徐美君:《侦查权的司法审查制度研究》,《法学论坛》2008年第5期。

判权与侦查权的相互关系、健全宪法权利的程序保障机制意义重大,更是一种宏观制度层面的战略需要。[1] 可以说,建立强制侦查的司法审查制度,势在必行。[2]

建立针对侦查的司法审查制度,在大数据侦查出现的新形势下变得更为迫切。大数据侦查作为一种新的侦查行为模式出现,目前在法律规定上尚无清晰的属性定位。它既具有对一般信息数据普通查询搜索的功能,也具备对于核心私密信息通过技术手段获取分析的能力;它既具备犯罪行为发生之后追击犯罪嫌疑人、固定证据的作用,也可以出于犯罪防控、社会治理之目的而发挥提前监控预警的功效。可以说大数据侦查是一种结合了任意侦查与强制侦查、事后侦查与事前预警的新型复合型侦查举措,在程序法律规制上依然处于相对空白的阶段。所以当前大数据侦查的开展,要么是由侦查机关参照相关技术侦查的法律规定经过审批后适用,要么是参照常规侦查手段甚至任意性侦查措施直接灵活适用。总之,不管是哪种实践运行情况,大数据侦查对犯罪嫌疑人权利干预的风险都是有增无减,再加上审查监督的缺失,势必会让控辩失衡状态进一步加剧,侦查程序正当的价值目标将难以实现。因此,在大数据时代背景下,侦查程序中必须尽快建立并完善司法审查制度,通过客观中立的司法权实现对于"侦查权+新技术"的有效外部制约,以达到侦查权力制衡、程序法治保障的基本要求,确保大数据侦查法治化的实现。

三、违法开展的大数据侦查程序性制裁

程序性制裁,实际上是司法审查制度的延伸,是赋予司法机关在

---

[1] 参见孙长永:《强制侦查的法律控制与司法审查》,《现代法学》2005年第5期。
[2] 参见龙宗智:《强制侦查司法审查制度的完善》,《中国法学》2011年第6期。

发现程序性违法行为之后,开展司法救济的一项重要举措。关于程序性制裁的基本涵义,不同学者有着各自不一样的解读,当前有关程序性制裁的主流观点是:这是一种针对诉讼违法行为的惩罚性举措,当在侦查人员、检察人员以及法官等在诉讼程序中出现违法行为时,他们需要对这种程序违法行为承受消极的法律后果。[1] 这种程序性制裁理论的提出,是以程序的独立价值作为前提和研究起点的,具有维护程序法独立价值、发挥司法守护正义功能、促使司法人员遵守法律规则等方面的功能。[2] 而关于刑事程序制裁的具体表现方式,有学者也对此进行了精练化的概括,称之为以宣告无效为基本特征的"四要素五构成"定型化模式。[3] 总而言之,程序性制裁针对的是违反正当程序的法律行为,本质上是在发挥控制公权力并提供权利救济的作用。

具体到侦查领域,程序性制裁所针对的也即侦查违法行为。侦查违法行为与侦查合法行为相对,主要是指侦查主体违反侦查程序,可能侵犯公民或犯罪嫌疑人实体权利或程序权利的行为。[4] 之所以会出现侦查违法行为,主要还是与侦查权自身固有的扩张性有关,再加之外界缺少必要的审批约束条件,在"重实体轻程序"的思想观念引导下很容易出现侦查权突破行使边界的现象。更进一步剖析,为什么侦查权自带扩张性?为什么缺乏外部规制的侦查权更容易恣意侵权?又为什么会出现"重实体轻程序"的主导思想?归根结底是源于:需求造就动机,动机决定行为。在缺少了程序法治思想的

---

[1] 参见陈瑞华:《程序性制裁理论》(第二版),中国法制出版社2010年版,第105页。
[2] 参见陈瑞华:《程序性制裁制度的法理学分析》,《中国法学》2005年第6期。
[3] 参见马永平:《刑事程序性法律后果研究》,中国社会科学院研究生院2017年博士学位论文。
[4] 参见何军:《侦查违法行为的性质及其制约措施》,《江苏警官学院学报》2009年第6期。

侦查活动中,侦查工作过于强调打击犯罪、侦查破案的时效性,在此需求下充分发挥侦查权力优势调动各种资源,以尽可能发现案件事实真相也便成为决定侦查行为的直接动机,所以表现出来的就是一种权力的扩张性和对私权利的侵犯风险性。因此,对于侦查行为必须进行有效的规范约束,除了前文提到的人本精神、无罪推定等内在思想的引导,还必须切断出现了违法侦查行为之后的利益链条,剥夺侦查机关通过违法行为所得的不正当利益,从而以程序性制裁的方式对违法侦查行为形成强有力的震慑。如果从经济学的视角对程序性制裁进行分析,就是通过提高侦查违法行为的成本,以降低违法侦查行为所获得的不正当收益,从而改变侦查行为的选择。

对违法侦查行为进行程序性制裁,最典型的举措当属非法证据排除。这是一项最早起源于19世纪英美法系的证据规则,以遏制警察权力、限制政府的违法行为、保护公民个人权利作为基本理念,其目的旨在保证侦查取证手段的开展以公民宪法性权利不受侵犯为前提,从而实现限制权力恣意、保障人权的最优价值平衡。[1] 非法证据排除表面上看排除的是证据材料,实际上排除的是非法取证行为的不正当收益,目的在于形成对于非法取证行为的有力震慑,倒逼侦查取证法治化。非法证据排除对于非法取证行为的程序性制裁效果在诸多典型判例中均有体现。以美国联邦法院对于科技手段运用于侦查行为的判决为例,在2012年著名的Jones案[2]中,美国联邦最

---

[1] 参见彭俊磊:《价值平衡:基于公民宪法性权利保护视域下的非法证据排除》,《广州大学学报(社会科学版)》2017年第1期。
[2] 该案被告人Jones因涉嫌毒品犯罪,被联邦调查局和华盛顿特区警察采用监听、录像等技术侦查手段进行监控。根据使用上述手段收集到的信息,政府向法官申请对其妻子的汽车使用GPS跟踪设备,法院批准申请并签发令状。根据令状,政(转下页)

高法院认为:警察未按要求在私人汽车上安装 GPS 定位装置,以此获取的相关证据材料,应当被视作非法证据予以排除。即使在该案中,警察在安装地理定位设备之前已经向法院申请了令状,但是由于具体侦查活动并没有按照令状要求进行,所以还是应当被认定为一种非法侦查行为。该案之所以著名,就在于它引发了关于 GPS、监听等高新科技手段运用于侦查时是否构成《宪法第四修正案》搜查扣押的讨论,并以此为基础进一步探讨是否是一种超出法律规制的非法取证行为,进而决定是否进行证据排除的程序性制裁。随着技术进步与法治发展,我们应当认识到,诸如监听、监控、定位追踪等技术手段在大数据时代背景下对公民私权利的侵犯风险只会愈演愈烈,我们必须引起高度重视,并对其作出严格限制。其中,进行程序性制裁,排除非法侦查行为所获取的非法证据便是一项有效的限制手段。[1] 可见,非法证据排除作为一项随着时代发展而不断丰富扩充的程序性制裁措施,从 1967 年 katz 案到 2012 年 Jones 案,围绕非法侦查行为的认定标准一直都在争论之中。这种基于技术进步而引发的有关基本权利保护与非法证据排除的讨论,将会随着大数据侦查的实践应用变得更为激烈。

因此,在对大数据侦查行为进行外部规制时,除通过事前严格审批的司法审查手段外,还要结合以非法证据排除为代表的后置程序性制裁举措。鉴于施以程序性制裁的前提是能够发现非法侦查行

(接上页)府只能在华盛顿特区给该汽车安装 GPS 装置,且使用该装置的期限为 10 天,但警察直至第 11 日才在马里兰州给该汽车安装了 GPS,并对其进行了长达 28 天的追踪,最终得到其从事毒品犯罪的证据。控辩双方的核心争议点在于,政府方以违反令状规定的方式对被告人进行 GPS 追踪是否侵犯了其《宪法第四修正案》权利,相应的是否应当适用第四修正案排除规则排除该证据? See United States v. Jones, 565 U. S. (2012)-U.S. Supreme Court.

[1] 参见郑曦、刘玫:《非法证据排除规则在监听证据中的运用——以美国法为蓝本的考察》,《证据科学》2012 年第 6 期。

为,所以对于大数据侦查行为何为"非法"、何为"合法"的认定同样至关重要,亟须厘清标准。此外,由于大数据侦查是一个概括性的行为概念,其中必然包含了很多不同层级的具体行为举措,所以谈及大数据侦查法治化的问题,还应当将其聚焦到个案当中具体问题具体分析,综合衡量各项利益诉求。

第三节 利益衡量要素

在大数据侦查法治化路径的探寻过程中,上述权利保障体系与权力制衡体系作为法治框架内的两大主要组成部分,二者殊途同归,最终落位于对最佳法治效果的追求。然而,要想真正实现大数据侦查的最佳法治效果,还需要综合考量多方面的利益因素。尤其是在法治化过程中,当出现利益冲突时,究竟应该如何权衡利弊作出选择,对于实现个案正义尤为重要。最佳效益作为人类行为的重要原则,是解决法的价值冲突的重要目标。在法的价值冲突中以最佳效益原则来解决冲突,无疑是相当重要的。[1] 面对大数据侦查过程中的价值冲突,力图实现最佳法治效果的综合考量和平衡,就是大数据侦查法治化的利益衡量要素。

大数据侦查过程中的利益衡量本质上就是侦查效益评估的过程。"效益"一词从字面意思来看,是指"效果"与"收益",侦查效益即为侦查效果与侦查收益,它反应的是侦查投入和侦查产出之间复杂的动态关系,内在地包含了侦查的经济效益与社会效益两个方

---

[1] 参见卓泽渊:《法的价值总论》,中国社会科学院研究生院2000年博士学位论文。

面。[1] 侦查的经济效益主要是从侦查经济成本与侦查经济收益进行评估分析;侦查的社会效益则主要是从侦查的权力成本与侦查的社会收益来进行综合考量。所以在法治化的大数据侦查活动中,除了要对正当程序之下的权利保障、权力制衡予以密切关注外,还要基于一种宏观、综合的视角对侦查效益进行衡量。

强调大数据侦查中的综合利益衡量,很大程度上是受法律经济分析法学的影响。在20世纪六七十年代,经济学分析方法被引入法学研究领域。在波斯纳看来,"法律制度的基本取向在于效益","正义的第二个含义,简单的说就是效益。"[2] 经济分析的思路对法学研究产生了巨大影响,利益衡量的观念由此被越来越多地运用于法学领域,其中自然也包括了关于刑事侦查程序的研究。在侦查法治的语境下对"利益衡量"展开分析,需要综合衡量公正与效率的关系,既不能只追求效率而罔顾正当程序之约束,亦不能只顾实体公正而漠视了程序正义的效率要求,追求侦查效益应使二者相均衡。同时,侦查资源作为一种稀缺司法资源,是国家在进行打击、防控犯罪以及实现社会秩序稳定这一社会治理目标时的投入成本,应当被合理配置与利用,尽可能避免侦查资源浪费,保障最大社会收益成果。

在大数据侦查中进行利益衡量,应当坚持侦查经济效益评价标准与侦查社会效益评价标准相统一的原则。如前所述,在对违法侦查行为进行程序性制裁的过程中,"自由裁量"是一个非常重要的环节。同样以非法证据排除为例,美国采取的是一种强制排除加例外的证据规则体系,英国则主要表现为以裁量排除为基本特征;在德国,其主要是通过衡量违法取证手段违反公共利益的程度来决定是

---

[1] 参见任惠华:《法治视野下的侦查效益问题研究》,西南政法大学2008年博士学位论文。
[2] Richard A. Posner, *Economic Analysis of Law*, Little Brown and Lompany, 1973, p.1.

否予以排除;而在日本,对非法侦查行为所获取的证据通常坚持有限排除的原则。因此,有学者将非法证据排除规则体系归纳为绝对排除加例外模式、裁量排除模式、权衡排除模式以及限制排除模式。[1]从我国《刑事诉讼法》以及"两个证据规定"(《关于办理死刑案件审查判断证据若干问题的规定》和《关于办理刑事案件排除非法证据若干问题的规定》)的相关条文来看,非法证据排除采取的是"对非法言词证据绝对排除与对非法实物证据裁量排除"相结合的方式。实际上不管是哪种具体排除模式,究其根本,都是基于综合利益衡量的表现。美国对于高新技术在侦查监听取证行为中的运用态度可以很好地印证这一点,正如有学者指出的,美国联邦最高法院一直试图通过非法证据排除规则实现公权力与私权利之间的动态平衡,而这也将是未来相当长一段时间内大法官们在这一问题上努力的基本方向。[2]具体而言,就是将排除规则视作平衡公权力与私权利冲突的砝码,在打击犯罪与保障人权两种价值取向的徘徊中予以灵活适用,根据社会发展稳定形势、人权保障需求态势来决定对非法证据排除规则的扩张适用抑或收紧适用。这种价值取向的判断,本质上就是对侦查效益综合权衡后的选择。

我们应当有所预期,在大数据侦查的发展适用过程中,利益衡量理论的作用将逐步凸显,以个人信息权为突出代表的私权利保障诉求与以技术驱动为代表的侦查权力扩张趋势之间的紧张关系将日益加剧,如何找到"权力—权利"的利益平衡点,以舒缓二者之间的张力,是大数据侦查法治化的重要使命。笔者认为,从法治的角度着眼,目前大数据侦查中的利益衡量应当特别关注两个方面:一是对技

---

[1] 参见张智辉:《刑事非法证据排除规则研究》,北京大学出版社2006年版,第24—25页。
[2] 参见郑曦、刘玫:《非法证据排除规则在监听证据中的运用——以美国法为蓝本的考察》,《证据科学》2012年第6期。

术中立原则的准确理解,二是对个案裁量模式的灵活应用。

一、大数据侦查的技术中立原则

在侦查实践中,以大数据为代表的高新技术对"权利—权力"的二元关系造成了冲击,并且正在逐步向"权利—技术—权力"的三方构造转变。如果说蕴含巨大侦查能量的大数据技术不能在权利与权力之间保持一种审慎、中立、客观的立场,就势必影响到二者之间的平衡关系,程序法治对于侦查程序中控辩平等的要求也将难以实现。

大数据侦查中的利益衡量本质上是侦查博弈的过程。其中,"均衡"作为博弈的一个至关重要的构成要素,要求侦查中的参与者(包括侦查主体、犯罪嫌疑人、被害人、利害关系人以及社会组织群体等)之间均处于一种最优策略选择,相互作用、相互平衡,以使收益或效用最大化,实现优势策略均衡。[1] 在大数据侦查中,必须做好技术侵犯个人信息隐私风险性的评估以及技术打击防控犯罪实效性的评估,在侦查效果与侦查效率的动态平衡中实现大数据侦查的最大收益。因此,大数据作为一项新型技术被引入刑事侦查领域中,应当秉持技术中立的原则,尽可能地维护刑事诉讼双重价值目标的平衡。

技术中立原则最早适用于知识产权领域,对于推动技术进步起到了积极的作用。自"快播案"[2]被告人及其辩护人提出"技术无罪""菜刀理论"的辩护理由之后,"技术中立"原则已经在我国刑事

---

[1] 参见李双其:《侦查博弈论》,中国人民公安大学出版社2013年版,第28页。
[2] 深圳市快播科技有限公司(以下简称快播公司)主要为网络用户提供网络视频方面的特殊服务,该公司利用 QSI 软件(QVOD 资源服务器的程序)或者 QVODPLAYER(快播的播放器程序)的形式,方便网民下载内容和提高下载的网速。该公司的一些功能是存储淫秽视频,并且有些内容根据网民的登录、下载、播放的数目会自动进行存储,使网民更方便、快速地下载、观看、传播视频。2014年4月,全国"扫黄打非"办公室协调北京、广东等地多个行政、司法机关联合对该公司传播淫(转下页)

司法领域引起广泛关注。如今面对高新技术的不断更迭,刑事司法不能成为高新技术发展的绊脚石,阻碍技术发展。当然,网络技术也理应造福于人类,我们不应该也不能让其成为犯罪的挡箭牌。[1] 具体到侦查领域,道理是一样的,既不能让程序法律规制成为侦查技术创新的阻碍,影响到打击犯罪效果的实现;也不能让以大数据为代表的新型技术手段成为侦查权力恣意行使的帮凶,对公民权利造成更大的侵害。

有学者在分析既有文献对技术中立的三种含义定位(即功能中立、责任中立和价值中立)的基础上,认为技术中立是一个最低限度的分析概念,在涉及技术的法律问题时应当先对技术进行专业的定性,并且技术中立的基本内涵中不应该包括价值中立,因为那会阻断技术价值与法律价值的碰撞与互动,但是技术中立的概念却可以在价值论辩中发挥作用。[2] 笔者认同这种对技术中立内涵的解读,在大数据侦查中,技术中立更多的是指功能中立,而不涉及责任中立与价值中立。因为当大数据技术被运用于侦查实践,中立性的保证更

(接上页)秽色情视频行为进行了查处。2014年6月26日,深圳市市场监督管理局(知识产权局)向快播公司送达《行政处罚决定书》,决定书认为,快播公司对著作权人的正当利益存在严重的侵犯,对网络视频版权的市场秩序进行破坏,对公共利益是一种损害,依据我国的有关法律法规规定予以行政处罚2.6亿元。同年9月,快播公司法定代表人王欣等5人被移送检察机关审查起诉。警方称,他们利用其公司研发的快播软件,以只做技术,不问内容为借口,放任大量淫秽色情和侵犯他人著作权的视频广泛传播,通过收取会员费和广告费等牟利,经营额达数亿元,非法获利数额巨大。2016年1月7日,北京市海淀区人民法院刑事审判庭连续两天公开审理了这起案件。多达百万人在线观看了这起审判。辩护方提出"技术无罪""菜刀理论"及"避风港理论"等,控诉方被驳得体无完肤。2016年9月13日,北京市海淀区人民法院宣布一审判决,被告深圳市快播科技有限公司犯传播淫秽物品牟利罪……"快播案"暂时落下帷幕。

[1] 参见陈兴良:《在技术与法律之间:评快播案一审判决》,《人民法院报》2016年9月14日,第003版。
[2] 参见郑玉双:《破解技术中立难题——法律与科技之关系的法理学再思》,《华东政法大学学报》2018年第1期。

多的还是通过客观的技术功能予以体现,涉及责任抑或价值的评判很难施行。这种客观功能层面的技术中立,主要表现为对大数据的搜索、分析、提取,既要涉及有罪证据线索的收集,又要涉及无罪证据线索的收集,是基于一种客观理性的立场去探寻与案件相关的一切数据信息。

二、大数据侦查的个案裁量模式

以技术中立原则作为前提,在对侦查效益进行权衡时还要注意原则与例外、一般与特殊的关系,而不应该用一种僵化的、"一刀切"式的标准去评价大数据侦查的效果。具体而言,应从每一个具体案件情况的性质着手,进行个案评判,决定是否适用大数据侦查,适用何种程度的大数据侦查,以及通过大数据侦查又是否取得了预期侦查效果。这种根据案件具体情况进行利益衡量的过程可以称之为大数据侦查的个案裁量模式。

裁量权的运作是法律适用活动必然衍生的社会现象,相较于相对固化的立法规则,裁量更具灵活性。社会生活的丰富性、复杂性、变化发展性等特点都决定了任何一种法治的理想与现实,都不得不留给司法人员一定的裁量空间,以便其能够具体情况具体处理,在追求一般正义、普遍正义的过程中,兼顾具体正义、个别正义的实现。[1] 在大数据侦查过程中,通过对于个案的具体裁量,更有利于效率、正义、人道以及刑事政策等价值的实现。当然对于裁量与权衡的过程应当客观理性对待,毕竟其也有可能伴随着引发负面效应的风险,如因裁量主体法治观念落后而会对平等原则造成破坏,进而弱

---

[1] 参见周长军:《刑事裁量论——在划一性与个别化之间》,中国人民公安大学出版社2006年版,第10页。

化对犯罪嫌疑人权利的保障;或者仅因裁量主体专业认知偏差出现对案情的误判,导致放纵犯罪分子;抑或享有裁量权者权力寻租,出现司法腐败现象等。因此,对于侦查中大数据技术的用或不用、适用何种层级的大数据侦查手段方法以及大数据侦查行为合法与否的定性等问题,都需进行综合利益权衡与裁量,而这种裁量同样需要得到合理有效的控制,以确保正向价值的最大化、负向价值的最小化,进而在实质正义与形式正义、个体性正义与比较性正义之间保持平衡。对于裁量的控制,除了一般规范性制约外,再者就是程序性控制,要求坚持以人为本的正当程序原则,裁量过程具有公开性、参与性、平等性、说理性等。

虽然裁量本身是侦查程序运行的一部分,但是裁量过程中所要形成"内心确信"的依据则既涉及程序价值又涉及实体价值。当这种综合裁量模式具体到个案中,表现为对一般原则与例外情况的选择适用。恰如有学者所言"有原则即有例外",合理的例外不仅可以缓解原则的僵硬程度,而且还可以扩展制度的整体效能。[1] 这里的"例外"主要是指出现了"特殊情形""紧急情况""国家安全""社会利益"等实体利益的特殊保护需求时,相关程序性利益的适度让与,这些都是综合利益衡量的结果。例如,在某些情况下,要求搜查扣押必须持有令状将会造成社会无法承受的执法成本和危险后果,此时即可进行无证搜查和扣押。再比如,在进行未经权利告知的取证行为时,该行为所取得的证据并非一律排除,在紧急情形下,出于整体社会公共利益安全的迫切需求,未经权利告知而取得的证

---

[1] 参见林喜芬:《论侦查程序中的权利告知及其法律效力》,《中国刑事法杂志》2008年第6期。

据,经事后补正可以不予排除。[1] 这都体现出法律不是教条主义,而是要实现"良法善治"。

进入二十一世纪之后,随着恐怖主义犯罪、网络犯罪的不断升级,"权利—权力"的二元关系已经开始复杂化。一方面,围绕个人信息保护形成了包括被遗忘权在内的一系列新兴新型权利;另一方面,为实现打击犯罪、实现有效社会治理之目标,强化国家权力的呼声也在日渐高涨。尤其是伴随着大数据时代的到来,当信息质变为权力基础,国家权力与公民权利的二元互动将日益紧张而又相互依存,围绕国家数据网络安全公共利益与个人信息保护私人利益的冲突将进一步加剧。[2] 所以在开展大数据侦查的过程中,应当严格限定"例外""特殊"原则适用的具体情形,谨防"例外规定一般化"的法治漏洞出现。在综合利益衡量的过程中,一定要始终坚持"以事实为依据、以法律为准绳"的基本原则,对于每一个将要开展大数据侦查的案件进行综合分析,将权力、权利、效果、效率、技术、规则等法治要素纳入考量范围,[3] 从而采取最佳的侦查措施。

---

[1] See Wayne R. LaFave, Jerold H. Israel & Nancy J. King, *Criminal Procedure*, West Group Co. 2000, p. 317.
[2] 参见裴炜:《个人信息大数据与刑事正当程序的冲突及其调和》,《法学研究》2018 年第 2 期。
[3] 参见刘伟:《如何实现刑事侦查的法治化》,《政法论丛》2017 年第 4 期。

第四章
大数据侦查法治化的现实困境

法治不同于人治,强调国家运用法律思维进行社会治理;法治也不同于法制,强调社会治理是一个动态的系统性工程,除法律与制度,还涉及政策方针、实践方法以及理论思想等。大数据时代背景下,科学技术的进步推动着法治发展的新面向;与此同时,法治发展水平的提高也将为技术革新提供健康有序的社会环境,科技与法律辩证统一,协同发展。大数据侦查不仅仅是侦查的技术化,更应实现技术的法治化。特别是在推进国家治理体系和治理能力现代化的改革目标指引,以及2018年《宪法修正案》将"健全社会主义法制"修改为"健全社会主义法治"的制度背景下,我们更要着力推进大数据侦查法治建设,勇于直面法治化进程中的现实阻碍,从法律规范困境、诉讼实践困境以及社会制衡困境三个维度逐层分析,看见问题,攻坚克难。

第一节 大数据侦查的法律规范困境

法律规范是构成法律体系的基本单元,是法治运行的"子细胞"。所谓法律规范,就是法律规定行为人在具体条件下如何行为,及其该行为会受到如何对待的尺度或标准。[1] 然而在大数据侦查过程中,现行法律体系表现出严重滞后性。笔者通过对侦查实务工作人员的访谈了解到,在适用大数据侦查手段时,法律的约束性并不明晰,导致在不同地区、不同人员针对不同案件,开展大数据侦查的标准尺度不一,法制统一性无从把握。由此可见,当前在大数据侦查的法律规范层面依然面临诸多现实性阻碍,具体表现为对大数据侦查措施的法律属性界定模糊,对大数据侦查程序的启动条件不够明确,对大数据侦查办案的判断标准未能统一,对大数据侦查技术的算法规制严重缺失等。

一、措施属性模糊

大数据侦查在法律规范层面面临的首要问题就是属性界定模糊。大数据作为一种新型技术被运用于侦查实践,带来一系列革新。然而遗憾的是,法律制度却未能及时跟进,究竟应当将其定性为常规侦查技术还是特殊技术侦查,目前法律规范中没有予以明确定义,侦查实务工作者对此也存在不一致的观点。依笔者看,技术侦查和侦查技术本质上是两个不同层级的概念,二者既有重合,亦有差异。如若将大数据侦查界定为技术侦查,那么在现行法律体系内便有着明确的适用条件,理应受到明确且严格的限制;如若将大数据侦查仅仅视作一种常规侦查技术,那么其便跳脱出了技术侦查的规制范围,对权力的制约程度将会明显降低。因此,有必要将大数据侦查与技术侦查、侦查技术展开对比分析。

(一)技术侦查

技术侦查是一个法定概念,在我国 2012 年修改后的《刑事诉讼

---

[1] 参见吴玉章:《论法律体系》,《中外法学》2017 年第 5 期。

法》第二编第二章第八节用五个条文对"技术侦查"作出了专门规定。技术侦查在概念上有广义、狭义之分,我国刑事诉讼法采用的是广义说,即将狭义技术侦查、乔装侦查、控制下交付统一纳入"技术侦查"的法律规制范畴中。但是关于技术侦查的具体表现形态、手段类型,刑事诉讼法中并没有详细列举,这就导致出现了侦查机关自我解释技术手段属性的空间。如此一来,相关技术手段完全可以绕开刑事诉讼法有关技术侦查措施的法律规定,无须经过严格审批程序便可以启动适用,这无疑对人权保障工作提出巨大挑战。[1] 随着大数据技术在侦查实践中的广泛应用,上述担忧已然成为现实,但是大数据侦查究竟是否属于技术侦查依然存在争议。笔者认为,要想在争议中达成共识并在法律规范中予以明确,则必须要厘清技术侦查的基本内涵与外延。

实际上有关"技术侦查"的争论自其出现之日起就从未停止过,至今也还存在多种学说。对于"技术侦查""秘密侦查"以及"特殊侦查"这三个概念,很多学者有着不同的理解和看法。有学者认为技术侦查可以等同于秘密侦查,因为在开展秘密侦查时往往需要借助高新技术手段,从而伪装侦查主体身份或隐瞒侦查手段,在不被侦查对象察觉的情况下了解案情、收集线索、固定证据、缉捕犯罪嫌疑人,从此意义上来看技术侦查就是秘密侦查。[2] 也有学者认为技术侦查与秘密侦查是一种交叉关系,不能将二者完全等同,技术侦查是指利用现代科学知识、方法和技术的各种侦查手段的总称,除了包括秘密且具备强制性的侦查措施,还包含了一些公开的任意性侦查行为。[3] 还有学者认

---

[1] 参见艾明:《我国技术侦查措施法律规制的缺陷与完善》,《甘肃政法学院学报》2013年第6期。
[2] 参见何家弘:《秘密侦查立法之我见》,《法学杂志》2004年第6期。
[3] 参见宋英辉:《刑事程序中的技术侦查研究》,《法学研究》2000年第3期。

为,技术侦查从属于秘密侦查,强调侦查手段的技术性,与跟踪、守候监视、刑事特情等秘密侦查行为并列,单从广义上而言,技术侦查与秘密侦查均属于技术侦查措施。[1] 当然,也有学者将技术侦查与秘密侦查统称为"特殊侦查","特殊"是相对于传统侦查手段或常规侦查手段而言,是一种新型侦查手段。由此看来,"技术侦查"概念的模糊将导致其外延的不确定性。笔者认为,应当狭义去理解技术侦查,特殊侦查涵盖范围最大,其次是秘密侦查,再次是技术侦查。

狭义的技术侦查是指:在办理刑事案件中,侦查机关(部门)依法运用特定的科学技术以秘密的方式收集证据、查明案情的主动性侦查措施。[2] 这样一种定位更符合技术侦查技术性、秘密性、强制性以及易侵权性的基本特点。技术性主要是指技术侦查措施的开展与高新技术运用紧密关联,依赖科技手段提供技术支撑;秘密性是技术侦查与公开侦查方式最大的区别,通常都是在当事人不知情的前提下开展的;强制性是技术侦查作为强制侦查措施的基本属性,与其他任意性侦查措施相区别;易侵权性是技术侦查中程序法治视角下最应予以关注的一个方面,这种强制、秘密且技术化的侦查措施对公民基本权利造成的侵入风险远远大于常规侦查行为,也正因此才更需要加以严格的限制。从侦查实务的角度去理解,狭义的技术侦查措施一般是由专门的技侦部门行使的,其审批程序较为严格。在公安系统中,技侦支队是一个相对独立的部门,通常情况只有市级以上公安机关才有权设立,公安部设立技侦局,各地省级公安厅里设立技侦总队,市级公安局设立技侦支队,技侦部门在设置上往往需要一定的技术设备和专业侦查人员,在具体侦查活动中,经常采用监听、监控、

---

[1] 参见兰跃军:《比较法视野中的技术侦查措施》,《中国刑事法杂志》2013 年第 1 期。
[2] 参见王东:《技术侦查的法律规制》,《中国法学》2014 年第 5 期。

第四章 大数据侦查法治化的现实困境

邮检等技术手段。[1] 近些年来,随着网络的普及应用,上述技术手段也都有所更新,如网络通讯监听、平台大数据监控等。可见,即使从狭义去理解技术侦查,它也并非一成不变的,会随着科学技术的日新月异而不断变化发展。

如此看来,大数据侦查与技术侦查之间存在千丝万缕的关联,但并不能完全将两者等同起来。首先,大数据时代背景下的技术侦查工作将越来越依赖网络信息技术,特别是伴随着一系列网络犯罪、高智能犯罪的新形态,侦查破案对电子取证的依赖度越来越高,大数据技术的运用也势必会愈加普遍。对于与技术侦查相重合的这部分大数据侦查而言,它完全可以适用有关技术侦查的法律规范,也即应当受到我国《刑事诉讼法》第150—152条[2]的约束。其次,在大数据

---

[1] 参见本书附录一:《关于"大数据侦查法治化问题"的调研访谈记录》。
[2] 第一百五十条 【技术侦查措施实施原则】公安机关在立案后,对于危害国家安全犯罪、恐怖活动犯罪、黑社会性质的组织犯罪、重大毒品犯罪或者其他严重危害社会的犯罪案件,根据侦查犯罪的需要,经过严格的批准手续,可以采取技术侦查措施。
人民检察院在立案后,对于利用职权实施的严重侵犯公民人身权利的重大犯罪案件,根据侦查犯罪的需要,经过严格的批准手续,可以采取技术侦查措施,按照规定交有关机关执行。
追捕被通缉或者批准、决定逮捕的在逃的犯罪嫌疑人、被告人,经过批准,可以采取追捕所必需的技术侦查措施。
第一百五十一条 【技术侦查措施决定的期限规定】批准决定应当根据侦查犯罪的需要,确定采取技术侦查措施的种类和适用对象。批准决定自签发之日起三个月以内有效。对于不需要继续采取技术侦查措施的,应当及时解除;对于复杂、疑难案件,期限届满仍有必要继续采取技术侦查措施的,经过批准,有效期可以延长,每次不得超过三个月。
第一百五十二条 【技术侦查措施的实施要求】采取技术侦查措施,必须严格按照批准的措施种类、适用对象和期限执行。
侦查人员对采取技术侦查措施过程中知悉的国家秘密、商业秘密和个人隐私,应当保密;对采取技术侦查措施获取的与案件无关的材料,必须及时销毁。
采取技术侦查措施获取的材料,只能用于对犯罪的侦查、起诉和审判,不得用于其他用途。
公安机关依法采取技术侦查措施,有关单位和个人应当配合,并对有关情况予以保密。

侦查过程中,有很多方面又是技术侦查所不能涵盖的,我国刑事诉讼法规定了严格的技术侦查适用条件,其开展主要针对重大疑难类案件,如危害国家安全犯罪、恐怖活动犯罪、黑社会性质组织犯罪、重大毒品犯罪以及重大贪污贿赂犯罪等案件,对于普通刑事案件则不可以滥用技术侦查手段;而大数据侦查在侦查实践中却不仅仅局限于以上重罪案件类型,其适用范围要宽泛得多。可以预料,如果"一刀切"式地将其全部界定为技术侦查,大数据侦查也便失去了广泛运用、预警防控的实际价值。另外,根据实证调研的信息反馈来看,当前侦查实务工作中,很多侦查人员习惯将视频侦查、网络侦查、刑事侦查与技术侦查并称为"四大侦查技术"[1]。但是随着大数据侦查在侦查实践中的广泛应用,这种界分正在被大数据侦查的技术手段所消融,因为不管是视频侦查还是网络侦查,不管是常规刑事侦查还是特殊技术侦查,数据信息都将对侦查结果起到决定性作用,大数据侦查也便担当起了"元侦查"的角色。所以从这个角度来看,我们不能简单地将大数据侦查与技术侦查完全割裂开,抑或直接认定为从属关系,二者是一种存在联系与区别的交织关系。

(二)侦查技术

侦查技术与技术侦查不同,它并非一个法定概念。《犯罪学大辞书》认为,侦查技术,又称刑事技术,是侦查机关为了发现、提取、固定、检验物证和防范控制犯罪而采用的各种科学技术手段的总称。[2]《法学大辞典》认为,犯罪侦查技术又称刑事科学技术,是在创造性地运用其他科学技术原理和方法的基础上,结合刑事侦查实

---

[1] 参见本书附录一:《关于"大数据侦查法治化问题"的调研访谈记录》。
[2] 参见康树华等主编:《犯罪学大辞书》,甘肃人民出版社1995年版。

际研究出来的专门技术方法。[1] 以上两种定义都认为侦查技术是一种科学技术手段,但是从字面意义来看,前者的定义过于狭隘,后者的概念又极易与技术侦查相混淆。因此有学者在此基础上又对"侦查技术"的概念作了进一步阐释,认为"侦查技术,即侦查机关在侦查活动中,为完成侦查任务而依法采用的各种科学技术的总称"[2]。可见侦查技术的外延要比技术侦查宽泛得多,或者可以说技术侦查是一类特殊的侦查技术,它既包括了网络通讯监听、音视频监控、互联网监控、GPS定位监控等技术侦查手段,也包括测谎技术、电子取证、DNA数据比对、微量物证分析等非技术侦查手段。

大数据侦查作为一个系统性的概念,即使具体到技术层面,大数据侦查也包含了数据搜索、数据碰撞、数据挖掘、数据画像等多种具体侦查行为,这些技术的运用既有可能涉及电子监控、音视频监控,又有可能仅是作为常规侦查的辅助技术手段。但有一点可以明确,大数据技术作为大数据侦查的核心组成部分,是一个充分融合了现代通信技术、传感技术、人工智能技术等的科学技术体系。因此,从技术层面来看,大数据侦查是一类非常典型的侦查技术,是侦查机关在侦查活动中,为完成侦查任务而依法采用的一种科学技术手段。所以从此角度看,大数据侦查是现代侦查技术的重要组成部分,为侦查技术的创新发展提供着重要的技术支持。

大数据侦查的定性问题关乎如何进行有效的外部立法规制以及如何实现内部自律的科层控制。如果将大数据侦查视作技术侦查措施,那么它理应受到我国《刑事诉讼法》第150—152条以及《公安机关

---

[1] 参见邹瑜、顾明:《法学大辞典》,中国政法大学出版社1991年版。
[2] 张慧明:《技术侦查相关概念辨析》,《中国刑警学院学报》2012年第4期。

办理刑事案件程序规定》第 263—270 条[1]等相关条文的严格规制。

---

[1] 第二百六十三条 公安机关在立案后,根据侦查犯罪的需要,可以对下列严重危害社会的犯罪案件采取技术侦查措施:
（一）危害国家安全犯罪、恐怖活动犯罪、黑社会性质的组织犯罪、重大毒品犯罪案件;
（二）故意杀人、故意伤害致人重伤或者死亡、强奸、抢劫、绑架、放火、爆炸、投放危险物质等严重暴力犯罪案件;
（三）集团性、系列性、跨区域性重大犯罪案件;
（四）利用电信、计算机网络、寄递渠道等实施的重大犯罪案件,以及针对计算机网络实施的重大犯罪案件;
（五）其他严重危害社会的犯罪案件,依法可能判处七年以上有期徒刑的。
公安机关追捕被通缉或者批准、决定逮捕的在逃的犯罪嫌疑人、被告人,可以采取追捕所必需的技术侦查措施。
第二百六十四条 技术侦查措施是指由设区的市一级以上公安机关负责技术侦查的部门实施的记录监控、行踪监控、通信监控、场所监控等措施。
技术侦查措施的适用对象是犯罪嫌疑人、被告人以及与犯罪活动直接关联的人员。
第二百六十五条 需要采取技术侦查措施的,应当制作呈请采取技术侦查措施报告书,报设区的市一级以上公安机关负责人批准,制作采取技术侦查措施决定书。
人民检察院等部门决定采取技术侦查措施,交公安机关执行的,由设区的市一级以上公安机关按照规定办理相关手续后,交负责技术侦查的部门执行,并将执行情况通知人民检察院等部门。
第二百六十六条 批准采取技术侦查措施的决定自签发之日起三个月以内有效。
在有效期限内,对不需要继续采取技术侦查措施的,办案部门应当立即书面通知负责技术侦查的部门解除技术侦查措施;负责技术侦查的部门认为需要解除技术侦查措施的,报批准机关负责人批准,制作解除技术侦查措施决定书,并及时通知办案部门。
对复杂、疑难案件,采取技术侦查措施的有效期限届满仍需要继续采取技术侦查措施的,经负责技术侦查的部门审核后,报批准机关负责人批准,制作延长技术侦查措施期限决定书。批准延长期限,每次不得超过三个月。
有效期限届满,负责技术侦查的部门应当立即解除技术侦查措施。
第二百六十七条 采取技术侦查措施,必须严格按照批准的措施种类、适用对象和期限执行。
在有效期限内,需要变更技术侦查措施种类或者适用对象的,应当按照本规定第二百六十五条规定重新办理批准手续。
第二百六十八条 采取技术侦查措施收集的材料在刑事诉讼中可以作为证据使用。使用技术侦查措施收集的材料作为证据时,可能危及有关人员的人身安全,或者可能产生其他严重后果的,应当采取不暴露有关人员身份和使用的技术设备、侦查方法等保护措施。（转下页）

而如果将大数据侦查视作普通的侦查技术,那么对它还需要进行进一步的辨析。在传统侦查措施分类中,侦查技术又可以分为任意性侦查措施与强制性侦查措施,有学者认为大数据挖掘技术符合学界对强制侦查措施划分的法理要求,即使信息由相关人员自愿提供,也不能否定其强制侦查措施的性质,因此应将其归于强制侦查措施而非任意侦查措施。[1] 而从侦查实务工作人员的角度来看,他们则倾向于认为,大数据侦查不应该受到立案程序的限制,否则预测性侦查、主动型侦查的优势将难以发挥,在犯罪防控过程中的一些社会治安问题也就很难有效遏制。在笔者看来,理论学界的上述有关判断主要是针对大数据侦查中的数据挖掘技术而言的,显然并不能覆盖除此之外的其他大数据侦查行为。如果将大数据侦查统一界定为强制侦查措施,有以偏概全之嫌,也不符合当前大数据侦查的实践运用情况,这也是为什么前文一再强调大数据侦查过程中"个案裁量"的重要性。因此,要实现大数据侦查法治化目标,需要首先明确:大数据侦查究竟是技术侦查还是侦查技术?究竟属于强制性侦查措施还是任意性侦查措施?笔者认为,在定性问题上,大数据侦查因其技术性特点可以被视作侦查技术的一种,但是却不能直接将其与技术侦

(接上页)
　　采取技术侦查措施收集的材料作为证据使用的,采取技术侦查措施决定书应当附卷。
　第二百六十九条　采取技术侦查措施收集的材料,应当严格依照有关规定存放,只能用于对犯罪的侦查、起诉和审判,不得用于其他用途。
　　采取技术侦查措施收集的与案件无关的材料,必须及时销毁,并制作销毁记录。
　第二百七十条　侦查人员对采取技术侦查措施过程中知悉的国家秘密、商业秘密和个人隐私,应当保密。
　　公安机关依法采取技术侦查措施,有关单位和个人应当配合,并对有关情况予以保密。
[1] 参见欧阳爱辉:《侦查中的大数据挖掘技术法律属性辨析》,《青岛科技大学学报(社会科学版)》2015年第2期。

查相等同,二者之间既有交叉重合亦有实质差异。在具体案件适用过程中需要视"权利干预程度"来判断它属于任意性侦查措施还是强制性侦查措施。出于人权保障目的的考虑,通常情况下应当将其视作强制性侦查措施加以严格规制,但是也要关注个别案件的特殊性质以及当前社会治安的现实需求。可以说,大数据侦查对公民个人信息以及隐私权的干预是广泛而深刻的,而这一过程却鲜为公民所知悉。

目前,根据公安部《公安机关执法细则(第三版)》的相关条文可以看出,"查询、检索、比对数据"不同于传统的调取、搜查、技术侦查,其被单列为一种新型侦查措施。这样一种文本表述可以从侧面反映出当前侦查机关对大数据侦查的属性定位,大数据侦查显然具备其自身特殊性、独立性,它与刑事诉讼法中规定的传统侦查行为存在差异且有单独予以规范的必要性。[1] 这样一种分析与笔者实证调研得到的结论不谋而合,绝大多数侦查实务人员认为,大数据侦查是一种新型复合侦查措施,不能完全照搬技术侦查的法律规制条款。[2] 比较遗憾的是,《公安机关执法细则(第三版)》毕竟属于公安机关内部的规范性文件,其法律效力有限,所以在刑事诉讼法层面来看,当前对于大数据侦查的定性和约束依旧相对模糊、相对滞后,这种法律规范上的缺位将会导致实践中大数据侦查的无序状态,成为实现大数据侦查法治化的阻碍。

二、启动条件不明

大数据侦查的启动条件不明确,是法律规范层面存在的又一现实困境。通常情况下,侦查行为相对于犯罪行为具有滞后性,它的启

---

[1] 参见程雷:《大数据侦查的法律控制》,《中国社会科学》2018年第11期。
[2] 参见本书附录一:《关于"大数据侦查法治化问题"的调研访谈记录》。

动以已发案件事实为前提,也即事后的犯罪侦查。但是,随着公民对公共安全需求的不断增加,出于保障社会安定有序的因素考量,犯罪预防成为必然,应当有一支值得信任、纪律严明的警察队伍可以在犯罪发生前阻止其发生。[1] 这实际上就涉及侦查程序启动的时间节点问题。在立法层面,法律有着明确的规定,强制性侦查活动必须在立案之后才得以进行,这主要是为了防止侦查权力恣意,对其进行适用条件的必要限缩。但是在侦查实践工作中,为了判断是否构成刑事立案标准,立案之前的初查行为普遍存在。不难看出,侦查权力的行使与立案的时间节点限制是一个现实存在的矛盾冲突。尤其是进入信息时代,大数据运用于侦查实践后,预测型侦查对立案时间节点的突破变得更为显著。这种提前式的预测型侦查的实效价值与当前立法规定的程序法律约束之间究竟该如何协调,是大数据侦查法治化进程中将面临的又一现实难题。

(一) 现行立案程序

刑事诉讼中的立案,是指公安机关、人民检察院、人民法院对报案、控告、举报、自首等方面的材料,依照管辖范围进行审查,以判明是否确有犯罪事实存在和应否追究刑事责任,并依法决定是否作为刑事案件进行侦查或审判的一种诉讼活动。根据最新《刑事诉讼法》第 115 条关于侦查的一般规定要求,公安机关应当对已经立案的刑事案件进行侦查,"立案"是"侦查"的一个基础性前提。立案是办理刑事案件必须经过的一个诉讼程序,只有在遇到诸如现行犯或重大嫌疑分子等紧急情况时,才可以在立案前采取必要的强制措施。在刑事案件中,特别是侦查启动阶段强调立案程序的重要性,不仅有利

---

[1] 参见〔英〕丹宁勋爵:《法律的正当程序》,李克强等译,法律出版社 2016 年版,第 119 页。

于及时有力地揭露、证实和惩罚犯罪,还有利于保障无辜公民的合法权益不受任意侵犯。除此之外,立案还有利于加强犯罪预防和社会治安综合治理。[1] 在立案过程中,侦查机关可以通过及时统计分析各个时期的刑事案件情况,研究和分析犯罪活动的特点和趋势,从而为制定相应侦查防控对策提供信息依据,实现社会综合治理。随着大数据侦查的全面铺开,立案程序之于侦查活动这种综合治理防控的功能将更加凸显。特别是当前基于大数据技术的实时监视,更是为侦查机关主动发现犯罪事实、控制犯罪嫌疑人提供了契机。

不过,目前我国的侦查启动模式主要还是程序型启动模式与被动型启动模式结合的产物,现行立法并没有设置一套针对主动侦查模式的程序规制。我国有关立案程序的法律规范主要是《刑事诉讼法》第109—114条、《公安机关办理刑事案件程序规定》第178—185条以及《公安机关执法细则(第三版)》第三章关于"立案"的相关具体规定等。从中可以看出,案件"接收"是侦查启动的一个时间节点,这对于以大数据侦查为代表的主动侦查模式而言,很难准确把握,存在着适用局限。从上述法律文本表述也不难看出,当前我国在法律规范层面尚未建立起针对主动侦查的规范体系,这种立法规制缺失的现状不管是对于权力主体而言,还是对于权利个体而言,均造成了极大风险。一方面,由于缺乏明确的法律规范指导,侦查机关在借助大数据技术开展侦查措施时,有可能出于规避责任风险的考虑而怠于进行事前的犯罪防控,从而贻误时机,不能及时有效避免犯罪危害后果的发生;另一方面,同样是由于外部法律约束的缺失,侦查权力恣意风险进一步加剧,包括犯罪嫌疑人在内的相关诉讼主体的

---

[1] 参见孙长永主编:《刑事诉讼法学》,法律出版社2012年版,第206页。

个人合法权益无从保障,会严重损害侦查质量。[1] 上述关于立案程序的思考,是大数据在侦查实践运用中必须要面对的问题,"有犯罪事实发生,需要追究刑事责任"的立案标准正在经受犯罪形态变迁、侦查技术手段升级、侦查模式转型所带来的挑战。面对这种挑战,需要我们重新思考和审视传统立案程序的有关规定,并结合大数据侦查实践特点对刑事初查问题做进一步分析。

(二)刑事初查实践

在侦查实践中,侦查机关往往需要对情报线索和案件材料进行初步审核,通过案情调查来认定是否达到立案标准,再决定是否采取立案后的强制侦查措施,这一过程被称为"刑事初查"。虽然实践中刑事初查几乎成为立案程序的必经阶段,但是我国现行刑事诉讼法中尚无关于"刑事初查"的明确规定。当前对于初查行为主要是通过侦查机关内部规定的方式进行约束和规范,如《公安机关办理刑事案件程序规定》第174条[2]关于初查的规定,明确了初查行为实质上是一种"调查核实",不得采取强制措施或查封、扣押、冻结等措施限制被调查对象的人身自由和财产权利,更不得进行技术侦查。然而,一旦落实到侦查实践当中,上述有关"不得限制人身、财产权利"的限制性规定却很难发挥出约束效果。这主要是因为当前法律规范对于"刑事初查"的性质定位不清,甚至与立案程序规定有所冲突。

---

[1] 参见张根平、蔡艺生:《论我国主动侦查启动程序的理性进路》,《江西警察学院学报》2018年第1期。
[2] 第一百七十四条 对接受的案件,或者发现的犯罪线索,公安机关应当迅速进行审查。发现案件事实或者线索不明的,必要时,经办案部门负责人批准,可以进行调查核实。调查核实过程中,公安机关可以依照有关法律和规定采取询问、查询、勘验、鉴定和调取证据材料等不限制被调查对象人身、财产权利的措施。但是,不得对被调查对象采取强制措施,不得查封、扣押、冻结被调查对象的财产,不得采取技术侦查措施。

一方面,初查的时间节点是在立案之前,侦查程序尚未进入实质启动阶段;另一方面,初查措施与侦查强制措施在本质上有着紧密关系,实践中很难完全切断牵连。

伴随着大数据时代的到来,主动侦查的效果日益突出,高新技术在初查中的运用也越来越广泛。大数据侦查不再是传统的侦查模式,实现了由"被动型侦查"向"主动型侦查",由"事后型侦查"向"预测型侦查"的转型。这种改变最突出地体现于"技术"对于"规则"的一种突破。根据当前大数据侦查实践情况来看,我们可以作出一些判断:立案前的高新技术手段适用普遍,而且在一些重大疑难案件中具有显著的技术侦查的特征。而我国《刑事诉讼法》规定,技术侦查措施必须在立案之后进入到侦查程序才能启动,这种限制已经不能完全适应大数据时代的侦查需求。因此,有学者认为:出于提高犯罪治理效果的考虑,司法机关对于采取这种侦查手段的授权和控制,可以延伸到立案前,以保证高科技在犯罪控制方面得以充分、正确地应用。[1] 这种观点实际上也佐证了大数据侦查可以在立案前的刑事初查中进行适用,只不过必须要经过严格的司法控制。因此,在法律规范层面对刑事初查予以确认变得格外重要。否则,大数据刑事初查很容易成为法律规制的盲区。

通过对上述问题的梳理分析,可以看出,大数据侦查的前瞻性、预测性使得侦查活动的启动节点必然前移,进而影响到刑事诉讼启动标准的变化[2];当前我国刑事诉讼法规定以立案为侦查活动开展的前提,并没有涉及刑事初查的具体表述;在我国"两高一部"出台的《关于办理刑事案件收集提取和审查判断电子数据若干问题的规定》

---

[1] 参见何家弘等:《大数据侦查给证据法带来的挑战》,《人民检察》2018年第1期。
[2] See Andrew Guthrie Ferguson, Big Data and Predictive Reasonable Suspicion, 163 (2) *University of Pennsylvania Law Review* 327-410 (2015).

以及公安机关内部《公安机关办理刑事案件程序规定》等法律文本中,均明确了刑事初查过程中可以对电子数据等证据材料进行收集、提取,甚至作为证据使用;尤其是在一些网络犯罪案件侦办过程中,根据《关于办理网络犯罪案件适用刑事诉讼程序若干问题的意见》,以电子取证为代表的侦查活动已经由立案阶段提前至刑事初查,甚至行政执法阶段。申言之,在开展大数据侦查过程中,对于数据的收集与分析先于侦查人员对犯罪事实及刑事责任的认知而进行,这或许将成为常态,强制侦查措施先于立案行使的情况恐难以避免[1],与之相随,在此过程中,公权力对于公民个人信息的干预也将难以避免。[2] 对于这一法律规制困境,笔者认为有必要在大数据侦查过程中对犯罪预测预警阶段、刑事初查阶段以及立案侦查阶段加以区分,从而改变法律规范面对侦查实践多种样态时左支右绌的局面。

以犯罪预测预警阶段为例,传统的侦查阵地控制伴随着大数据技术的应用而爆发出新的能量。在信息网络时代背景下,侦查阵地控制是指侦查主体为了发现、查缉、控制犯罪所采取的通过有效的技术支撑对虚拟和现实社会活动进行重点与分散相结合、常态与不定期相结合、动态与静态相结合、公开与秘密相结合的一种犯罪前预警信息收集、犯罪中信息及时获取、犯罪后信息快速搜索的专门信息控制技术、手段、方法和理念。[3] 预测型侦查极大地提升了侦查实效,通过充分利用大数据不仅可以优化侦查资源配置,还有利于实现

---

[1] 参见龙宗智:《寻求有效取证与保证权利的平衡——评"两高一部"电子数据证据规定》,《法学》2016年第11期。
[2] 参见裴炜:《个人信息大数据与刑事正当程序的冲突及其调和》,《法学研究》2018年第2期。
[3] 参见马跃忠:《"互联网+"背景下的侦查阵地控制模式创新研究》,西南政法大学2017年硕士学位论文。

对犯罪行为的提前预判,从而防患于未然,减少犯罪行为引发的危害后果,确保公众合法权益免受非法侵犯。[1] 不过,以上预测型侦查的重要价值判断是相对于事后打击型侦查而言的,其判断标准是基于犯罪控制的逻辑起点。然而根据帕克(Herbert Packer)教授所提出的已经被广泛认可的"两种诉讼模式理论"[2]来看,"犯罪控制模式"与"程序正当模式"并非对立关系,并不存在一方完全排斥另一方的情况,而是在彼此借鉴中不断优化。当前我国刑事诉讼同样将"打击犯罪"与"保障人权"共同作为价值目标,因而对于预测型侦查的价值评析,不能仅仅着眼于大数据之于打击犯罪、预防犯罪的效果价值,还应综合考量"实现犯罪控制"与"遵循正当程序"之间的衡平。如何将这种抽象的价值理念通过法律规范进一步制度化、强制化,是大数据侦查法治化面临的又一现实挑战。

三、判断标准分化

在传统侦查办案机制下,"破案"一直是刑事办案程序中的重要环节,也是衡量侦查工作绩效的重要评价指标,要求"犯罪事实已有证据证明;有证据证明犯罪事实是犯罪嫌疑人实施的;犯罪嫌疑人或者主要犯罪嫌疑人已经归案"。随着侦查法治化的不断推进,公安机关关于"破案"的程序规定逐步取消,与刑事诉讼法明文规定的"侦查终结"相对接,实现了由"抓人破案"向"证据定案"的目标转

---

[1] 参见杨婷:《论大数据时代我国刑事侦查模式的转型》,《法商研究》2018年第2期。
[2] 帕克教授首次提出和论析了犯罪控制与正当程序两种诉讼模式,他认为二者的区别在于价值取向与事实认定机制。犯罪控制模式追求抑制犯罪的整体社会效果,关注速度、效率,其运作偏向于行政"流水线"式的管理;正当程序模式,则追求个人权利的保护,诉讼程序类似于以限制国家权力为目标的"障碍跑"。Herbert Packer, Two Models of the Criminal Process, 13 (1) *University of Pennsylvania Law Review*, 6 (1964).

变。[1] 根据最新《刑事诉讼法》以及《公安机关办理刑事案件程序规定》的条文表述,案件侦查终结需要达到"犯罪事实清楚,证据确实、充分"的要求。通过对比侦查破案标准与侦查终结标准的法律规定可以看出,一直没有发生改变的核心关键点有两个:"犯罪事实"与"证据"。这里的"犯罪事实"并不能完全等同于客观事实,而是侦查机关通过已经掌握的证据材料尽可能还原、接近案件事实真相的一种法律事实。在法律事实与客观事实之间,需要基于证据材料的桥梁连接,证据越确实、充分,犯罪事实就越清楚。质言之,法律事实是对客观事实的认识和反映。[2] 当然这种"认识和反映"的过程又必然会受到侦查技术与认知局限等因素的影响。[3] 所以,在大数据侦查这种新型侦查技术出现,并在侦查运行机制内引发重大变革的前提下,传统的侦查思维、逻辑推演正在发生改变,在对于案情的分析判断过程中,相关关系与因果关系如何协调配合,客观标准与主观标准究竟谁占主导,侦查实践中出现了适用标准分化的问题。

(一)相关关系与因果关系

基于大数据的出现,围绕"相关性"与"因果性"联系与区别的探讨也越来越多。"相关性"往往是从统计概率的角度进行的一种相关关系的分析,而"因果性"则更侧重于从逻辑演绎的角度展开因果关系的推敲。关于相关关系与因果关系,二者之间的关系可以一言以蔽之:因果关系是相关关系的充分不必要条件,即相关关系不一定是因果关系,但因果关系必然是相关关系。在大数据侦查过程中对相

---

[1] 参见胡兰:《"破案"问题研究——以〈公安机关办理刑事案件程序规定〉修订为视角》,《山东警察学院学报》2013年第3期。
[2] 参见孔祥俊:《论法律事实与客观事实》,《政法论坛》2002年第5期。
[3] 参见张晓冉:《案件事实为何疑难?——认知局限、事实冲突和证据形成》,《北京警察学院学报》2019年第3期。

关关系的强调,将为案件因果分析提供强有力的支撑。不过具体到侦查实践中,围绕相关关系与因果关系谁占主导作用的问题却产生了不小的争议,进而造成了大数据侦查的适用阻碍。

大数据侦查实践中,侦查人员往往可以利用数据信息的相关性寻找到很多与案件有关的变量线索,并运用到对于案情的因果分析当中。其实从逻辑上来看,相关关系更侧重于通过一系列关联数据来完成对于"是什么"的回答,进而向纵深层次去剖析"为什么"的追问。大数据让更多"相关关系"的发现成为可能。甚至有学者认为,在大数据时代背景下,"相关关系"的价值已经远远超过"因果关系",所以在著名的《大数据时代》一书中有这样一种论断:知道"是什么"就够了,没必要知道"为什么",在大数据时代,我们不必非得知道现象背后的原因,而是要让数据自己"发声"[1]。相关关系的运用,主要是通过与目标对象存在关联的相关事物来分析一种现象,而非通过揭示其内部运行机理去解释某一现象,这也就导致了在相关关系中并不存在绝对性,而只是提供了更多的可能性。目前,大数据的这种基于相关关系的分析预测技术已经被广泛运用于商业运营、医疗救护等多个领域,并取得了卓有成效的结果,如亚马逊的个性化推荐系统、早产儿大数据监测系统、各种平台信息的精准化推送等。不过,在刑事司法领域,特别是涉及每个公民基本权利的犯罪侦查领域内,这种并不够精确的"相关关系"是否同样具备超过甚至替代"因果关系"的价值,尚待进一步观察。

长期以来,在侦查实务中,我们都习惯用因果关系去分析现象、研判案情,认为唯有如此才具备经得起推敲的逻辑链条。不过有时

---

[1] 〔英〕维克托·迈尔-舍恩伯格、〔英〕肯尼思·库克耶:《大数据时代:生活、工作与思维的大变革》,盛杨燕、周涛译,浙江人民出版社2013年版,第67页。

也会因为因果关系单一逻辑链条的中断,而导致案件突破陷入僵局;抑或为了刻意形成一种因果关系而导致了冤假错案的发生。大数据技术的运用,为发现更多与案情相关的线索信息抑或证据材料提供了可能。如此看来,在大数据侦查中,我们在依赖因果关系发现案件真相的同时,相关关系也将发挥越来越大的作用,或者说因果关系本身就是一种特殊的相关关系。以电子证据的搜集、提取为例,侦查人员完全可以首先从相关关系出发,通过数据挖掘寻找到一些重要的信息线索,在形成初步证据链条之后,再依据传统证据收集模式开展证据调查。换言之,大数据侦查对于相关关系的强调,并非对传统因果关系的颠覆抑或取代,恰恰相反,而是提供了更多因果分析的选择路径,从这个角度来看,显然应该把两者结合起来而非对立起来。

在大数据侦查中,相关性思维特征表现为建立在数理关系上的间接相关性、弱相关性,其关注结果"是什么",而非过程"为什么"。但是,司法证明的相关性则是建立在小数据时代因果关系的认知基础之上的,强调主观经验上的直接相关性、强相关性以及过程的可追溯性,在溯因推理的模式下,不断对假设进行因果验证。[1] 由此可见,二者存在显著的差异性,前者是基于客观的数理关系,后者则基于经验的因果关系,因而也有学者将前者称为"弱相关关系",而后者则是一种"强相关关系"[2]。二者间的适用差异,在大数据侦查预测预警阶段体现得最为突出。预测分析作为大数据侦查的重要特征,主要是基于海量的数据集合,通过不同变量之间的相关程度对事态发展进行预测,这种判断在本质上是一种盖然性的预测,并不能对事物发展方向做到百分之百的准确预测,有时甚至不能揭示其中的

---

[1] 参见〔美〕特伦斯·安德森、〔美〕戴维·舒姆、〔美〕威廉·特文宁:《证据分析(第二版)》,张保生等译,中国人民大学出版社2012年版,第127页。
[2] 刘品新:《电子证据的关联性》,《法学研究》2016年第6期。

因果关系。在借助大数据进行预测预警时,不同于常规数据的收集比对,需要对海量数据进行深加工,挖掘出数据背后潜藏的规律,因此也更强调数据间的关联性,这种处理方式是无法通过人的经验和理性完成的。[1] 在多数情况下,大数据更加强调实验性,与统计分析所强调的精确性不同,它往往是不设预期地进行数据分析,从而获取有价值的信息。实际上,相关性的价值并不在于它本身,而是其背后的逻辑理由,那才是新知识或新发现。[2] 比如在侦查情报收集过程中,可能一些数据表面看来与案件并没有直接因果关系,但是当其与其他数据整合在一起进行关联分析后,便有可能找到了情报挖掘的金钥匙。[3]

即使在犯罪侦查阶段,大数据自身强调相关性的特征,也对强调传统因果关系的习惯造成冲击。"在当前信息化的发展过程中,信息的数据化使得传统意义上抽象的因果关系量化为具体变量之间的相关关系,因果关系与相关关系错综交织使得在获得关系强度和正负性质的同时,丧失了原有的必然性和方向性。"[4] 大数据侦查基于相关性思维的指导,对于碎片化、隐蔽性证据的收集,势必会对传统侦查方向乃至侦查模式的要求造成冲击。传统侦查主要依赖因果关系进行回溯式的溯因侦查,因而找到犯罪事实的发生原因成为侦查破案的关键。具体到侦查"由案及人"的侦查流程上通常表现为:"发现犯罪事实—确定犯罪嫌疑人—查明犯罪行为的原因和过程—固定

---

[1] 参见赵峰:《大数据侦查模式之下相关性关系的证明浅议》,《贵州警官职业学院学报》2016年第6期。
[2] 参见张威:《大数据时代犯罪防控困境及出路探讨》,《铁道警察学院学报》2018年第1期。
[3] 参见江俞蓉、张天明:《大数据时代情报学面临的挑战和机遇》,《现代情报》2013年第8期。
[4] 王天思:《大数据中的因果关系及其哲学内涵》,《中国社会科学》2016年第5期。

证据—侦查破案。"之所以在传统侦查中,这种"由果溯因"的侦查模式被广泛适用,其中"大量的数据收集难、成本高"是一个非常重要的因素。不过,随着当前社会已经开始步入大数据时代,接触并运用海量的数据集合进行分析成为可能。与此同时,信息数据的复杂性、断裂性、多因性也对"因果关系"提出了严峻挑战。显然在大数据的价值信息提取过程中,如何正确地看待数据利用的过程,如何实现关注点由因果关系向相关关系的转变,正在成为主宰这场游戏的关键。[1]当前,越来越多的侦查活动已经开始注重事物相关性的运用,从而作出合适的预测性安排。[2]越来越多的学者注意到了相关关系在现代侦查中的重要作用,这实际涉及了侦查思维的转型与发展。不过在转型发展的过程中,我们必须清醒意识到相关关系与因果关系并非对立、割裂的关系,二者相辅相成,统一于追求案件事实真相这一共同目标。由此可见,法律规范层面上要求"犯罪事实清楚,证据确实、充分"的标准不再仅仅依赖于传统因果关系,大数据思维引领下的相关关系正在起到越来越重要的作用,二者究竟如何消除分歧、协调配合还须做进一步思考。

(二)主观标准与客观标准

大数据侦查过程中相关关系与因果关系的矛盾统一,进一步影响到侦查"主观标准"向"客观标准"的转型。关于信息与数据的关系,有学者给出过精辟的概括:"数据是信息的载体,信息是有背景的数据。"[3]具体到刑事侦查领域,犯罪信息同样蕴藏于海量的数据集

---

[1] 参见〔英〕维克托·迈尔-舍恩伯格、〔英〕肯尼思·库克耶:《大数据时代:生活、工作与思维的大变革》,盛杨燕、周涛译,浙江人民出版社2013年版,第20页。
[2] 参见杨婷:《论大数据时代我国刑事侦查模式的转型》,《法商研究》2018年第2期。
[3] 涂子沛:《数据之巅:大数据革命,历史、现实与未来》,中信出版社2014年版,第256页。

合之中,一些潜藏的、隐蔽性的、碎片式的数据,成为一个个记录犯罪行为的"基因片段",通过对它们的重组分析,便可以读取到其中的犯罪信息以尽可能地接近犯罪案件事实。在具体案件中,由于犯罪类型的不同,犯罪信息也会以不同形态散落于每一个犯罪行为痕迹当中,并通过因果关系实现碎片信息间的串联,从而为案情研判奠定前提,推动侦查活动顺利进行。[1] 大数据运用于侦查实践,对发现侦破案件所必需的犯罪信息提供了强有力的保障,通过对于犯罪行为相关遗留痕迹的收集、提取、分析和呈现,大大提高了侦查破案的效率,并提升了对案件真相还原的可靠性。越来越多客观痕迹证据的发现,可以大大降低传统侦查对于主观证据的依赖。在传统侦查模式下,受"重实体、轻程序"诉讼习惯的影响,"侦查中心主义"之下衍生出"口供中心主义",侦查人员办案往往倾向于依赖"主观标准",注重从侦查讯问中找到案情突破口。特别是在贪污贿赂案件当中,由于此类案件往往并没有特定的受害人,也很少存在具体的案发现场,因此获取口供成为发现犯罪事实的最主要途径。侦查人员为了侦破案件,通常从主观标准出发,采用有针对性的侦查讯问策略对犯罪嫌疑人心理进行干预,从而获取有价值的犯罪嫌疑人供述。[2] 但是在这种"口供中心主义"引导之下,极易出现非法取供行为,不利于犯罪嫌疑人的权利保障;与此同时,由于侦查破案过于依赖口供,而其他客观证据薄弱,如果犯罪嫌疑人当庭翻供,侦查失败的风险剧增。[3] 大数据侦查的出现,使更多隐藏的客观证据线索可以被发现、利用,从而实现了对传统侦查所坚持的经验依赖型"主观标准"

---

〔1〕 参见任惠华主编:《侦查学原理》,法律出版社2012年版,第244页。
〔2〕 参见廖东明:《职务犯罪新视野》,中国法制出版社2012年版,第35页。
〔3〕 参见樊崇义、张自超:《大数据时代下职务犯罪侦查模式的变革探究》,《河南社会科学》2016年第12期。

的纠偏。[1] 从证据法学角度来看,言词证据主观性较大有可能影响公正司法的风险,正在因为客观数据技术的出现得到消解。

不过在大数据侦查的实践运行中,主观经验标准与客观技术标准的协调性,也出现了一些新的适用阻碍。侦查机关在"科技强警"背景之下,应当避免陷入"科技决定论"的认识误区。大数据、互联网、云计算、人工智能等高频词汇的出现,彰显着信息科技的高速发展。但技术进步的同时,还需要关注其对法律带来的挑战和对社会带来的风险。虽然这些挑战与风险是伴随科技进步与生俱来的,但也正因如此,才更需要深入思考究竟如何通过法律规范来降低风险,尽可能消除技术进步所带来的负面影响,而不是迷信科技或者唯技术论。在犯罪侦查实践中,技术侦查的"高效性"已经得到实务界(特别是侦查机关)的认可与青睐,乃至一度出现"科技决定论"的思维导向。不可否认,一系列高新技术(如监听、监控、测谎以及微信、微博等移动通讯设施中电子数据的获取技术等),在侦查活动中极大地提升了发现案件线索、固定证据、缉捕犯罪嫌疑人、突破受审人员心理防御壁垒等方面的效率。但是过犹不及,一旦陷入"科技决定论"的漩涡,侦查过程中公民权利的保障将面临严重的冲击,法律的权威形象将受到侵害。正如有学者指出的,我们的司法不应当被现代科技带着走,而是要顺应科技的发展趋势,运用科学技术的手段,为司法所用。[2] 应当从"大数据+侦查""互联网+侦查""科技+侦查"的表述向"侦查+大数据""侦查+互联网""侦查+科技"调

---

[1] 参见于阳、魏俊斌:《冲突与弥合:大数据侦查监控模式下的个人信息保护》,《情报杂志》2018 年第 12 期。
[2] 参见《法治与改革国际高端论坛(2017)举行:王泽鉴、王敏远、季卫东等大咖演讲实录全文发布》,载搜狐网 https://www.sohu.com/a/203884808_662101,访问日期:2020 年 9 月 28 日。

整,这不仅仅是一种语言表达的转变,更是要真正确保在办理刑事案件过程中,作为法律概念的"侦查"始终居于主导地位,而大数据、互联网、云计算、人工智能等科技手段的运用则是辅助性的,技术是为侦查服务的。前者把握的是方向,后者是在明确正确方向之后的助推力。只有首先确定"侦查"这一法治概念、程序意涵的主导地位,科技手段才可能会在法律框架体系内得到严格规范、依法适用。否则,只讲"技术"而不讲"规则",只看"数据"而不看"证据",只重"结果"而不重"程序",那么侦查中的技术手段同样很有可能成为大数据时代新型冤假错案的始作俑者。所以说在开展大数据侦查过程中,也要厘清"客观"技术与"主观"侦查的主导权问题。大数据作为一项客观中立的技术,其价值的发挥需要适用主体的实际运用,因此也就离不开逻辑思维与感性经验。在笔者看来,主观标准与客观标准二者缺一不可,共同铸就了大数据侦查的"内脑"与"外脑",唯有将侦查理念的主观能动性与大数据技术发现客观事实的能力有机结合起来,才能最终破解法律规范适用标准分化的困局。因此,为了尽可能减少大数据对法律规范及司法解释体系产生的负面影响,我们对于大数据侦查结果的客观性和可预测性也不能一味盲信,还是应当发挥逻辑判断在法律体系中的重要价值,这永远不能被算法所取代。[1] 据了解,当前不少公安机关内部有专门的"科信"部门,主要负责大数据平台的系统维护、算法编写以及数据分析等工作,其人员构成既有编制内的侦查人员,又有合作技术公司的外聘工程师。[2] 工程师基于自身专业优势,在技术上往往占据绝对主导,此时就更加需要侦查人员在案情研判、数据分析结果的运用过程中充分发挥经

---

[1] See Caryn Devins, Teppo Felin, Stuart Kauffman and Roger Koppl, The Law and Big Data, 27 CORNELL J. L. & PUBLIC POLICY 2017, pp. 357-414.
[2] 参见本文附录一:《关于"大数据侦查法治化问题"的调研访谈记录》。

验优势,将主观经验判断与客观技术分析有机结合,梳理明确"侦查"与"技术"的关系。但就目前侦查实践反馈的信息情况看,侦查人员对于"相关关系"与"因果关系","主观标准"与"客观标准"协调统一性尚未完全把握清楚,依然存在大数据侦查适用标准分化的问题,进而会影响其法治化建设。

四、算法规制缺失

近年来,随着大数据等高新技术不断向纵深发展,传统公民权利也发生着天翻地覆的变化。在权利内容与权利属性变化的同时,也催生出诸多新兴公民权利,促使虚拟社会不再是实体社会的附属产物,而具有了自身独特性。可以说,虚拟交互行为正在向现实型过渡,并具有越来越强的现实性社会意义。[1] 当然这种社会意义的实现,同样是一个循序渐进的过程,技术与法律是社会进步的基础和保障。在开展大数据侦查的过程中,同样也面临着由于技术问题所导致的法律规范困境。以算法为核心的大数据分析技术正在表现出越来越强的权力化趋向,再加之算法本身的黑箱效应与偏见存在,当其嵌入相对不公开的侦查程序时,法律规制缺失的问题进一步凸显。算法技术的权力化趋势,实际上也是一种走向"算法未知"[2]的失控趋势,由于非专业技术人员对该技术的认知理解难度进一步加大,大数据侦查的透明度则会随之降低,进而对法治化进程形成阻力。

算法,一般是指为解决某一特定问题而采取的有限且明确的操

---

[1] 参见汤强:《信息化背景下侦查权能的扩张与转型》,《净月学刊》2014年第2期。
[2] Zeynep Tufekci, Algorithmic Harms beyond Facebook and Google: Emergent Challenges of Computational Agency, 13 *COLO. TECH. L. J.* 2015, pp. 203-218.

作步骤。[1] 从本质上讲,算法是一种模式化的操作步骤抑或运算方法,是一个由输入数据到输出结果的转化过程。进入大数据时代,随着信息数据指数级增长,要在海量的数据集合中分析出有价值的信息结果,有限的人工计算能力已经远不能满足。因此,在大数据分析过程中,智能算法的重要性越来越突出。当然,在算法越来越智能化的过程中,其工具属性正在随之消减,而权力属性则得以彰显。智能算法通过对海量数据的接触、计算、分析得出结果,并对社会运行或者公民个体行为产生直接影响,从而形成了一种对于社会资源的支配力,技术权力化倾向明显,出现了"算力即权力"的新现象。[2] 这种算法权力化的现象虽然是信息技术进步带来的必然结果,但是如果不在法律规范层面及时加以约束,将导致权力异化的负面影响,甚至有学者将其喻为"数学杀伤性武器"[3],认为其危害性很大。其中,不透明性和自主性是导致上述问题的主要原因,使得智能算法正在跳脱出"工具范畴"而转向"权力异化"。[4] 之所以出现技术权力异化的风险,从根源上来看是由于当前算法的法律规制局限性所造成的。算法本身极强的技术专业性,为大数据分析过程披上了摆脱法律约束的隔离层,从而形成了相对密闭的"算法黑箱"。

"算法黑箱"的提法肇始于"黑箱效应"(black box),早先即有国外学者用"黑箱效应"来形容大数据决策机制,其意指大数据运行、决策过程的不透明,也就是说,人们只看到数据的输入和输出结果,而

---

[1] 参见〔美〕科尔曼等:《算法导论(原书第3版)》,殷建平等译,机械工业出版社2012年版,第3页。
[2] 参见郑戈:《算法的法律与法律的算法》,《中国法律评论》2018年第2期。
[3] 〔美〕凯西·奥尼尔:《算法霸权:数学杀伤性武器的威胁》,马青玲译,中信出版集团2018年版。
[4] 张凌寒:《算法权力的兴起、异化及法律规制》,《法商研究》2019年第4期。

对其运算过程却一无所知。这种"黑箱效应"无形中已对程序正当原则产生了重大影响。[1] 可想而知,在大数据侦查过程中更是如此,由于侦查程序本身的相对不公开属性,再加之算法黑箱效应,如果不能重视这一过程中的法律规制问题,将严重阻碍大数据侦查的法治化进程。与传统经验型侦查不同,大数据侦查依托高新技术开展侦查防控工作,看似更具客观性、全面性、准确性,但实际上这种客观技术的应用,其前提依然是基于人的主观价值引导。特别是在大数据侦查分析手段的运用过程中,需要技术人员根据侦查的目标指向提前编好算法,以保障侦查工作的开展更具针对性。所以,即使是在人工智能化程度较高的大数据分析过程,也离不开人的设计与操作,那也就不可避免地存在着主观价值偏见写入算法代码的可能性。而一旦发生上述问题,将会造成更为严重的危害后果。一方面,由于数据分析自身技术中立特征的外在表现形式,人们对其分析结果的信赖程度相对较高,质疑其客观真实性的声音相对较少;另一方面,算法编程的准入技术门槛较高,普通公众由于缺乏对应的专业知识背景和技术能力,往往也难以深入其中发现隐藏的主观偏见。在大数据侦查分析系统的建模过程中,技术人员具备将"自身诉求"写入数据算法的能力,从而存在隐性价值偏见影响侦查方向选择的可能,并可以借助技术中立的客观印象,为此种偏差披上合法外衣。结合目前实际状况来看,在大数据侦查工具和智能平台的开发阶段,主观偏见主要是由于算法技术人员对司法程序及法治理念的理解不到位造成的,当然也不能完全排除主观恶意因素的存在。所以,我国传统侦查过程中"重实体、轻程序"的价值偏见也正逐步呈现出"重技

---

[1] See Crawford. Kate, Schultz. Jason, Big Data and Due Process: Toward a Framework to Redress Predictive Privacy Harms, *Boston College Law Review*, vol. 55, no.1 (Jan., 2014), p. 109.

术效果、轻法律程序"[1]的色彩。

具体而言,大数据侦查中的数据分析功能需要依托缜密完备的算法模型。算法即为交织这一网络系统的经纬,每一个具体参数的偏差均有可能造成数据分析结果的错误,所以保障算法的客观性、准确性、合法性亦是大数据侦查法治化的重中之重。这就自然需要消弭法律语言与算法语言、法治观念与数据观念之间的鸿沟,而将二者有机统一于犯罪侦查防控的实践中。可见,如何在复杂的数据集合中提取有价值的信息,并防止因"算法黑箱"而导致的权力恣意行为,是又一个法律规范层面所要考虑的现实困境。这种担忧并非杞人忧天,以美国的 COMPAS 犯罪预测系统为例,它在适用过程中已经出现了算法偏见问题,并引发了民众对于司法不公的担忧。这一基于大数据分析的犯罪预测系统,主要是根据犯罪嫌疑人既往犯罪记录等多维度数据统计,通过计算分析来预测其人身危险性。在美国诉卢米斯(State v. Loomis)一案中,法官基于 COMPAS 的人身风险报告作出有罪判决。当事人 Loomis 认为量刑过重而提出了减轻处罚的诉求,并认为在 COMPAS 算法中存在性别歧视。在本案中,还有一点备受质疑,由于法官缺乏对于算法及大数据的知识储备,因此辩方提出了要求 COMPAS 设计者出庭阐释原理的请求。但遗憾的是,这一请求被法院断然拒绝,从而导致了对该案判决结果合理性与程序正当性的质疑。[2] 偏见无处不在,除了性别可能还会涉及种族、地域等,一旦让一些主观偏见被写入算法,势必会对司法所

---

[1] Miller Kevin, Total Surveillance, Big Data, and Predictive Crime Technology: Privacy's Perfect Storm, *Journal of Technology Law & Policy*, vol. 19, no. 1 (Jun., 2014), p. 119.
[2] See Criminal Law-Sentencing Guidelines-Wisconsin Supreme Court Requires Warning before Use of Algorithmic Risk Assessments in Sentencing-State v. Loomis, 881 N. W. 2d 749 (Wis. 2016), *Harvard Law Review*, vol. 130, no. 5 (Mar., 2017), p. 1531, 1534.

追求的公平正义产生重大影响。特别是随着人工智能技术的发展,算法的自主性、自我迭代能力的加强会进一步加剧偏见和歧视。[1] 在大数据侦查过程中,算法正义必将与程序公正、民主人权的联系更加紧密,其既可能是一种强大的正向助推力,当然也可能会成为一种负向张力,这是我们必须予以高度重视的一个问题。

前文提到的美国诉卢米斯一案,对于我国大数据侦查的开展同样是一个警醒,使我们不得不重新审视大数据分析处理的客观性问题,以及因为客观性而引发的合法性问题。在进行大数据侦查时,侦查人员的主要工作无非两个大的方面,一是尽可能多地收集、挖掘、提取、汇总各种涉案相关数据;二是对经过大数据分析后的结果进行案情研判分析。而从"数据"到"结果"的这一过程则主要交由大数据算法完成,从而提高侦查效率。可见,此时"算法"便成为连接"数据"与"结果"的重要桥梁。但是由于算法自身的专业性、科技性所形成的这种技术"黑箱",非专业技术人员很难熟知其运行原理,侦查人员也只能通过预想的设定模型来表达重点关注的要素。然而也正是基于这种形式上的客观,却更有可能造成不被发现、不被质疑的实害。侦查人员对算法模型的预设、对算法运行所需数据的收集与筛选,实际上都会影响到最终算法结果的呈现。当主观经验演变为客观数据时,其可信度被大大提升,而所形成的错误也更难以被纠正。[2] 对于大数据侦查而言,技术权力化趋势下的"算法歧视"与"算法黑箱"已然成为程序法治化的现实阻碍,前者阻碍的是大数据侦查目标效果的实现,后者影响的是该目标效果实现过程的公开透

---

[1] 参见王燃:《大数据时代侦查模式的变革及其法律问题研究》,《法制与社会发展》2018年第5期。
[2] 参见马方、吴桐:《侦查环节刑事错案防范机制研究》,《四川理工学院学报(社会科学版)》2018年第3期。

明。所以说,当前法律规范层面对算法规制的缺失,严重阻碍了我国大数据侦查法治化的有序推进。

第二节 大数据侦查的诉讼实践困境

诉讼实践是让法律规范由静态转向动态的过程,是法治运行的主动脉。从目前大数据侦查的诉讼实践层面来看,大数据侦查法治化主要面临四个方面的现实困境:一是大数据侦查取得证据材料的证据认定困难和适用异化;二是大数据侦查过程中刑事辩护阻力重重;三是大数据侦查活动的法律监督受限;四是大数据侦查的国际司法合作机制不畅。

一、证据认定困难和适用异化

在诉讼实践中,证据是认定案件事实的依据,是诉讼的核心与灵魂,是刑事司法的关键。从证据制度来看,实现大数据侦查法治化,必须确保大数据侦查所获取证据的真实性、相关性与合法性,为此就需要对大数据侦查收集数据的质量严格把关,具体涉及数据的客观性、实用性和完整性。此外,在大数据侦查过程中,除了要关注"从数据到证据"的认定过程外,还应当注意"证据与事实"之间的关系。

众所周知,诉讼是以一种最佳理性平和的方式来定分止争的司法活动,刑事诉讼中要解决的刑事纷争往往要更加复杂,公权力与私权利之间的矛盾冲突也更加显著。所以在刑事诉讼中通常执行严格证明标准,坚持以事实为根据、以法律为准绳,确保案件事实清楚、证据确实充分。可见,刑事诉讼的核心在于证据,而侦查阶段恰是证据收集的源起环节,对于进入诉讼程序的证据材料具有设置准入门槛、过滤筛选的作用。大数据侦查所获取的数据类型多为电子数据,电子数据不同于书证、物证,也不同于证人证言、被害人陈述以及犯罪嫌疑人、被告人供述和辩解等言词证据,其虽然具备更强的客观性,但是不能因此而将"客观"与"真实"相等同。如前所述,大数据侦查的本质目标在于提高侦查效能、固定证据材料、查明案件情况,为准确认定案件事实奠定基础。而所谓"事实"实际上是一种"经验事实"[1],"是指人对事实之经验把握"[2]。换言之,在"客观数据"与"案件事实"之间还需要进行一种基于经验的认知判断,一旦存在确证的偏见,就极易出现事实认定的错误,甚至导致错案的发生。因此,侦查实践中,有关大数据侦查获取材料的证据类型属性、证据认定标准以及证据转化适用等问题不容忽视。

(一)证据类型的归属问题

在传统侦查实践中,受口供中心主义影响,侦查机关侦查取证时往往更加侧重对于"口供"等言词证据的收集。而在大数据侦查过程中,侦查人员开始发生由"重口供"向"重数据"的转变,愈加关注更具客观性的电子数据,这有利于消解口供中心主义,为"由供到证"向"由证到供"的转向提供了契机,客观上更有利于实现程序正义与实体公正。

不过,将大数据运用于侦查,以期采集到更多与案件相关的证据材料抑或线索,在电子数据领域可能需要多次取证、多源取证,涉及

---

[1] 彭漪涟:《事实论》,广西师范大学出版社2015年版,第6页。
[2] 张保生:《事实、证据与事实认定》,《中国社会科学》2017年第8期。

的数据体量远远超过传统证据类型。[1] 大数据侦查所获取的证据材料在属性上究竟如何划分,尚待明确。在侦查过程中,大数据分析虽然会接触到海量的数据集合,但其中可能仅有一小部分与案件息息相关,它们散布于流动的数据集合当中,有的甚至只有经过深度挖掘和分析才能被最终发现,否则司法工作人员很难直接进行法律解读。也正因此,有学者认为,在未来的证据法领域,大数据分析报告有必要被单列出来作为独立的种类,而大数据中那些跟案件相关的数据信息,可以纳入"电子数据"这一既有的法定证据种类范畴。[2] 不过这种观点也引起了争议,有学者就提出了不同意见,认为目前普遍认定的电子数据实际上是一种静态的数据形态,而大数据分析则是在算法分析基础之上而产生的一种动态数据,它在性质上与目前我们所说的电子证据特征存在差异,将其纳入司法鉴定的范畴可能更为合适。[3] 在该学者看来,大数据分析报告的证据资格不是一个问题。因为在我国《最高人民法院关于适用〈中华人民共和国刑事诉讼法〉的解释》中有着明确规定,对案件中的专门性问题需要鉴定,但没有法定司法鉴定机构,或者法律、司法解释规定进行检验的,可以指派、聘请有专门知识的人进行检验,检验报告可以作为定罪量刑的

---

[1] See Jason R. Baron, Law in the Age of Exabytes: Some Further Thoughts on "Information Inflation" and Current Issues in E-Discovery Search, 17 *Rich.J.L & Tech.* 9 (2011); Jason Trahan, Overwhelming Volume of Electronic Evidence Threatens to Transform Justice System, *The Dallas Morning News,* 30 October 2011, available at http:// www.dallasnews.com/news/crime/headlines/20111030-overwhelming-volume-of-electronic-evidence-threatens-to-transform-justice-system. ece, last access: 2018-04-15.
[2] 此段为张建伟教授在"大数据侦查与证据法发展"沙龙座谈中的观点,该讲座由何家弘教授主持。参见何家弘等:《大数据侦查给证据法带来的挑战》,《人民检察》2018年第1期。
[3] 此段为刘广三教授在"大数据侦查与证据法发展"沙龙座谈中的观点,该讲座由何家弘教授主持。参见何家弘等:《大数据侦查给证据法带来的挑战》,《人民检察》2018年第1期。

参考。以此为据,通过大数据侦查所获取的数据分析结果本质上也是一种检验报告,具备证据资格,数据分析结果出具者可以出庭作出说明并接受质证。对于以上两种观点,笔者更倾向于前者,认为将大数据侦查所获取的证据材料归入电子数据范畴,更有利于体现此类证据材料的数字化特征,而区别于"检查报告"等传统文本类证据。此外,电子数据是《刑事诉讼法》明确规定的八种证据类型之一,将大数据侦查中所获取的证据材料纳入电子数据范畴,也更有利于对大数据侦查取证行为进行法律规制,提升取证行为的规范性。

随着研究深入,越来越多的学者开始聚焦"大数据证据"的属性问题,并通过调研访谈的形式,对诉讼实践中的普遍做法作了进一步总结梳理,法官和检察官对大数据证据总体上还是持谨慎和保守的立场。目前,法院在定位大数据证据的证据属性和形式时,主要有以下四种操作:其一,将大数据作为一种鉴定意见或专家辅助人意见来对待;其二,将大数据分析等作为一种破案经过材料或情况说明材料;其三,将大数据分析结果转化为书证等证据种类并予以使用;其四,将大数据分析报告作为一种单独证据形式来对待。[1] 其实之所以会出现大数据证据属性的争议,关键在于技术高速更迭催生出的新型证据类型不能被我国刑事诉讼法封闭式的法定证据类型所吸纳,证据制度规范已经严重滞后于侦查实践样态。

(二)证据认定的难题

结合理论学界与司法实务对待"大数据证据"的整体看法,以及当前我国司法运行的实践情况,现阶段将大数据侦查获取的证据材料归属于电子数据可能更为适宜,但是如何判断其客观真实性、关联性、合法性,同样面临着实践难题。首先,大数据侦查所获取的电子

---

[1] 参见林喜芬:《大数据证据在刑事司法中的运用初探》,《法学论坛》2021年第3期。

数据在客观真实性方面有其特殊性。由于电子数据不能独立存在,高度依赖于计算机系统或信息数据存储介质,所以它的生成、存储、传递乃至呈现都必须借助计算机的硬件和软件,也即从"客观电子数据的存在"到"主观对电子数据的认知"这一过程,必须要通过一次数据信息的转化才能实现。在此过程中,电子数据的收集、提取、保管、使用等任一环节稍有差错,都有可能造成电子数据客观属性与内容的改变。也正是因为电子数据这种易变、易篡改的特点,我国刑事诉讼法在刚刚确立电子数据成为法定证据类型初期,电子数据的适用率相对较低,司法人员对于电子数据的客观真实性依然存在这样那样的顾虑。这就需要侦查人员在电子取证过程中一定要严格遵循安全无损、取证备份、电子证据保管流转链记录、取证主体资质符合等原则,保证电子数据的完整性和真实性。以一种 Docker 的应用取证方法为例,这项容器技术实际上就是一种虚拟化技术,具有启动快、效率高的特点,现在很多网络犯罪活动都在利用它,比如网络赌博、传销、色情等。由于在 Docker 的应用过程中,它的相关数据非常容易被销毁,所以就需要侦查人员在取证时应当格外注意方式方法的准确选择,如果依然采用常规的 export 命令直接导出容器,这会损害原始数据,破坏了电子数据的完整性和真实性,所以就需要通过 docker inspect 容器 ID 查看数据挂载信息,然后在大数据分析之后获取数据卷文件夹,确保将该文件夹完整固定下来。[1] 由此可见,在电子取证过程中明确有关电子数据真实性、完整性的严格标准,至关重要。

其次,有关电子数据的关联性证明相对困难。大数据侦查取证是在海量的数据集合中收集、分析隐性信息数据的过程。很多碎片

---

[1] 参见本书附录一:《关于"大数据侦查法治化问题"的调研访谈记录》。

化的信息从表面上看似与案件并无直接关联性,但是当把这些碎片信息全部整合在一起进行重组分析时,却可以为案件真相的还原起到至关重要的作用。但不可否认的是,大数据侦查所获取的电子数据对传统证据理论中"关联性"的认定确实已经形成冲击。正如有学者所言,受"相关关系"冲击,人们可能无法解释电子数据产生的背后原因,但是大数据预测产生的"可能证据"却会对证据法中的"可采证据"产生巨大影响。[1] 从侦查实践来看,在电子数据关联性的证明方面,面临着巨大的困难和挑战。具体而言,要想证明电子数据的关联性,就必须对海量的数字集合进行处理分析和鉴定,但是在很多案件中,这个工作量巨大。以某地公安机关办理的一起非法集资案件为例,仅是查封扣押的涉案电脑就有 200 余台,从阿里云空间远程勘验提取的电子数据更是多达 40TB;再如一起网络电信诈骗案件,已经明确的受害人有七十余人,仅其中一人的微信聊天记录就多达 100 余万条,在如此浩繁的电子数据信息中提取出与案件紧密关联的证据材料并形成关联印证,其工作难度可想而知。[2] 所以,在对大数据证据审查认定时,如何准确把握关联性这一要素,尚需要作出新的思考与回应。

最后,对大数据侦查取证行为以及取证程序的合法性问题,不得不予以关注。实践中,立案前的证据调查活动普遍存在,随着大数据技术的引入,侦查启动节点势必还将进一步前移,其产生的最直接影响就是在此阶段取得的证据"合法性"存疑。具体而言,在立案之前开展的初查取证行为,由于现行法律对此付之阙如,导致在该阶段获

---

[1] 参见高波:《从制度到思维:大数据对电子证据收集的影响与应对》,《大连理工大学学报(社会科学版)》2014年第2期。
[2] 参见本书附录一:《关于"大数据侦查法治化问题"的调研访谈记录》。

取的证据材料的证据能力存在争议。[1] 另外,由于电子数据更容易被污染、被篡改、被删除,而且一旦发生改变之后就很难再进行恢复,因而在侦查过程中,从对电子数据载体的扣押环节就变得格外关键,需要对电子数据的原始存储介质做好封存记录,形成封存笔录,确保在不解除封存的情况下不可以任意增加、删除和修改数据。在做好封存之后,对数据的妥善保管同样重要,应对其移送、接收、备份、分析、保存、返还、清理等各个环节进行全程记录,并形成书面材料,从而保证整个电子数据取证过程的完整性和可回溯性。然而在大数据侦查取证实践中,上述要求落实得并不理想。例如某地公安机关委托司法鉴定机构对一起"黑客"案件的涉案笔记本电脑进行电子数据鉴定,但是委托书登记的笔记本电脑序列号与扣押清单中的序列号却不一致;再如,在一起网络传销案件中,由于电子数据是从第三方大数据公司调取的,按照法律规定应当制作《调取证据通知书》和《调取证据清单》,并附调取过程笔录,但该案侦查人员并没有按照要求记录清楚调取证据的案由、对象、时间、地点、数据来源等,导致辩方对数据的来源合法性和鉴定同一性产生怀疑,最终法院就没有将这一部分数据作为认定依据。[2]

综上可见,不管是在真实性方面,还是关联性方面,抑或在合法性方面,大数据侦查对证据的认定都影响巨大。根据域外学者的分析,这种影响集中体现在两方面:一是静态层面"对令状主义的冲击";二是动态层面"对动态监控、无证搜查的冲击"[3]。数字取证

---

[1] 参见裴炜:《个人信息大数据与刑事正当程序的冲突及其调和》,《法学研究》2018年第2期。

[2] 参见本书附录一:《关于"大数据侦查法治化问题"的调研访谈记录》。

[3] Orin S. Kerr, Digital Evidence and the New Criminal Procedure, 105 *Columbia Law Review*, 2005, pp. 296-299.

专家奥恩·凯西(Eoghan Casey)指出,一些电子数据在法庭上不被采信的主要原因在于,这些证据与数据搜查的授权范围不相匹配。[1] 以 United States v. Carey[2] 一案为例,在进行毒品犯罪侦查过程中,执法人员获得了有关毒品犯罪电子数据提取的授权,但是在数据提取过程中同时还发现了有关儿童色情犯罪的相关数据内容,不过由于这类证据材料并不被包括在数据搜查令适用范围内,因而未被法庭采信。再如 United States v. Jones[3] 一案,对美国《宪法第四修正案》传统意义上的"搜查"提出了挑战,围绕机动车 GPS 定位追踪取证这一侦查措施的定性问题引发了热议,最终法院认定该项侦查措施构成"搜查",应当受到美国《宪法第四修正案》、《联邦证据规则》以及《电子交流隐私法》(Electronic Communications Privacy Act)关于"搜查"的法律约束,除了目视搜查、同意以及紧急情况三种情况外均应满足搜查令状要求。该案为大数据侦查提供了重要参考,在进行电子数据取证时,应当受到司法令状的约束并对其进行动态监督。

总之,在大数据侦查中,诸如前文论及的"措施属性模糊""启动条件不明""判断标准分化""算法规制缺失"等法律规范困境,均在不同程度上影响了对大数据侦查所获取证据材料的认定。

(三)证据转化

以技术侦查中的大数据取证为例,其中在证据规则的适用层面

---

[1] See Eoghan Casey, *Digital Evidence and Computer Crime: Forensic Science, Computers and the Internet*, 3rd, Academle Press, 2011, p. 57.
[2] See United States v. Carey, 172 F. 3d 1268 (10th Cir. 1999).
[3] See United States v. Jones, 132 S. Ct. 945 (2012).

已经呈现出"信息数据"迈向"合法证据"的踌躇困境。[1] 进入大数据时代,信息量之"大"是最为突出的特征。具体到犯罪侦查过程中,"信息"比"事实"和"证据"更宽泛一些,超越了以"事实"为一端和以"价值""法律"和"意见"为另一端的两者之间的截然两分。[2] 由于大数据侦查取证的特殊性,为了规避其所带来的"信息数据"不被采信的风险,在司法实践中对技术侦查证据材料进行证据转化,已经成为侦查机关处理问题证据、争议证据的常用策略,并日益成为司法实践中游离于法律规制之外的一种潜规则。作为一套"法外运行规则",证据转化的出现与我国长期以来对技术侦查等特殊侦查手段的立法缺失存在密不可分的联系。在 2010 年《关于办理死刑案件审查判断证据若干问题的规定》与 2012 年修订的《刑事诉讼法》相继颁布适用之前,通过技术侦查手段进行取证的做法一直是刑事诉讼程序中一件"皇帝的新衣"。虽然说经过近几年来我国刑事诉讼法治的不断发展和完善,技术侦查取证行为已经被纳入刑事法治轨道之中,但是实践中长期以来约定俗成的习惯却与立法层面的严格规制相抵牾,技术侦查取证的正向效能也因此被弱化。根据当前我国对于技术侦查措施以及证据规则的相关规定,通过技侦手段获取的材料最终被作为证据在法庭审理中使用,必须严格遵守司法程序,取证规范,无严重违法行为,如存在证据瑕疵则必须进行补正或合理解释之后才可使用。

但是在具体实践中,"实然"的运行机制偏离了"应然"的制度设

---

[1] 参见彭俊磊:《技术侦查中大数据取证的法律规制》,《重庆邮电大学学报(社会科学版)》2018 年第 5 期。
[2] 参见〔英〕威廉·特文宁:《反思证据开拓性论著(第二版)》,吴洪淇译,中国人民大学出版社 2015 年版,第 257—258 页。

计,从而也就出现了关于技术侦查证据材料"从三重样态到双轨运行"[1]的异化情形。根据我国现行法律表述,针对技术侦查所获取的证据适用与否,可以采取以下三种处理情形:对于合法证据,可直接作为证据使用;对于瑕疵证据,则需进行补正和合理解释后方可适用;而对于非法证据,则应直接排除,不可作为证据使用。而此种立法层面的"三重样态",在具体司法实践中却变成了以"证据转化"为主、以直接适用为辅的"双轨运行"局面,使得非法证据在转化之后依旧可以作为证据使用。此种"证据转化"无异于为非法取证行为进行"漂白"[2],势必严重影响案件审理的公平正义。特别是在信息时代背景下,技术侦查过程中通过借助大数据所获取的证据材料,由于其自身具备更强的私密性与敏感性特征,此类技术侦查证据材料在司法实践中的异化程度会进一步加深,"直接运用"与"转化使用"双轨并行的状态会更为复杂,且争议焦点将更集中于"合法"与"非法"的证据资格判断上。对于一份证据材料是否合法的认定,在很大程度上取决于侦查取证手段的合法性。但是对于借助大数据开展技术侦查的取证行为,在法律规范层面出现了明显的滞后,法律法规并未能及时对此种新型技术侦查行为作出回应,在具体侦查实践中也便缺乏明确的引导与约束。不受规制的技术手段,很有可能成为脱缰的野马。法律规制的缺失,一方面会导致侦查权力滥用的风险,即发生非法取证行为的可能性大大提升,由此所获取的证据材料不具备合法性基础;另一方面,即使此种技术侦查行为最终未被认定为非法,但是由于缺乏明确的参考依据,"非法"与"合法"的界限模糊,侦

---

[1] 董坤:《实践的隐忧——论特殊侦查中的证据转化》,《中国人民公安大学学报(社会科学版)》2013年第3期。
[2] 万毅:《证据"转化"规则批判》,《政治与法律》2011年第1期。

查人员在大数据取证时相当于"摸石头过河",最后进行证据材料提交时自然存在"风险心理",因此通过证据转化以降低风险便成了一种更为稳妥的选择。

大数据取证中的"证据转化"问题,其危害是多重的。首先,最直接的危害便是严重侵害了犯罪嫌疑人、被告人的诉讼权利。在庭审过程中,辩护方享有对证据来源以及取证手段合法性等问题质疑、论辩的权利。然而,技术侦查所获取的相关证据材料一旦可以通过证据转化,实际上也就排除了辩方进行有效质证的机会。以互联网监控所开展的技术侦查手段为例,侦查机关的技侦部门通过技术手段获取被调查对象的网络行踪痕迹,并借助于大数据分析手段,通过挖掘、比对、分析相关网络信息数据,从而掌握了犯罪嫌疑人从事网络犯罪的相关证据,但是为了降低审判环节对于此类技术侦查证据合法性存疑的风险,侦查人员往往通过向犯罪嫌疑人示明技侦证据材料突破其心理防线使其承认犯罪事实,从而实现了技侦证据材料向口供的转化。可见,通过技术侦查从"数据"中提取了相关"证据材料",而"证据转化"则实现了(可能存在合法性争议的)"证据材料"向"合法证据"的转化,在这一过程中,实际上也就意味着犯罪嫌疑人、被告人对非法取证行为提出抗辩的权利失去了行使的根基。

其次,"证据转化"同样严重影响了侦查效能的实现。当前很多法学理论研究者在涉及技术侦查的讨论时,普遍存在对于侦查权力扩张的担忧,对"权利"的呼吁与对"权力"的批判似乎已经成为一对相伴而生的议题。但实际上,通过与侦查人员的座谈交流,笔者发现很多时候进行技术侦查证据的转化,也并非侦查机关的最佳选择。相反,进行证据转化显然要比直接提交技侦证据材料的效率低,也便意味着侦查机关将付出更多的时间成本与司法资源去实现"转化",这将严重影响侦查效能的实现,也给侦查人员增加了工作负担,在一定程度上还会影响到技侦人员的工作积极性。[1] 再者,因为大众知道可以通过"转化"实现对风险证据的"漂白",所以在开展技术侦查措施时对严格适用程序规范的要求也将有所松懈,取证"非法"的可能性势必大大增加,侦查机关便因此更加需要进行证据"转化"以降低风险,形成一种恶性循环。

最后,"证据转化"增加了冤假错案发生的风险。之所以在大量实务工作中会出现证据转化的现象,一个主要的原因在于降低证据不被采信的风险,而证据不被采信的原因又在于取证方法本身存在违法行为。这样看来,无异于公开进行非法取证行为的掩盖,非法证据排除规则也便因此而形同虚设。当非法证据无法被排除,并最终进入审判环节当作定案量刑的依据,其所带来的严重后果便可想而知,冤假错案发生的风险也便陡然增高。因此,我们在大数据侦查过程中,亟需在证据材料的使用方面,尽量摒除"证据转化"所带来的负向减损,通过对"信息数据—证据材料—定案依据"的层层把控,形成对大数据取证行为的法律规制,以最终实现刑事诉讼打击犯罪与保障人权的价值平衡。

总之,在大数据证据涌向法庭的时代背景下,理论界必须作出有力的回应。否则,以"技术"之名,控方主张将可能透过"大数据""算法"等看似不容置疑的"科学概念"潜入证明体系,证据裁判原则将受到挑战。[2] 如此一来,刑事诉讼所追求的"控辩平衡"的理想架构将更加难以实现,无形中给刑事辩护工作形成巨大阻力。

---

[1] 参见本书附录一:《关于"大数据侦查法治化问题"的调研访谈记录》。
[2] 参见元轶:《大数据证据二元实物证据属性及客观校验标准》,《山西大学学报(哲学社会科学版)》,2021年第5期。

二、刑事辩护遇阻

辩护作为"控—辩—审"刑事诉讼的三项基本职能之一,对于维护控辩平等、实现司法公正至关重要。尤其是在侦查阶段,刑事辩护的功能发挥将有助人权保障效果的提升。有学者曾经指出:"如果单从国家追诉犯罪效果这个角度来审视中国的刑事程序,侦查毫无疑问地是整个程序的中心。"[1]然而,在程序法治的建设道路上,人权保障与追诉犯罪的目标追求相辅相成,二者不可偏废。尤其是在当前以审判为中心的诉讼制度改革背景下,侦查活动作为对犯罪行为最直接的回击,其既是收集证据的关键环节,亦是公民私权利(尤其是犯罪嫌疑人的基本人权)与国家公权力(肩负打击犯罪使命的侦查权)之间张力最为明显的阶段。在大数据侦查过程中,犯罪嫌疑人的获得律师帮助权应当如何保障、辩护律师的帮助作用有多大、刑事辩护又应当如何开展,都是诉讼实践所要面对和解决的问题。

不可否认,目前我国整体法治发展在朝向保护犯罪嫌疑人权利迈进。《关于办理死刑案件审查判断证据若干问题的规定》和《关于办理刑事案件排除非法证据若干问题的规定》(后于2017年又在此基础上审议通过了《关于办理刑事案件严格排除非法证据若干问题的规定》)这两个"证据规定"及2012年《刑事诉讼法》对刑事证据及侦查、辩护、羁押等多个方面作出新的规定来保护犯罪嫌疑人的基本权利。如今最高人民法院、司法部又联合出台《刑事案件律师辩护全覆盖试点工作办法》,进一步提出了"刑事辩护全覆盖"的主张,并且试点地区正在不断扩大,从整体来看,取得了不错的效果。当然基于侦查破案的视角来看,侦查人员获取犯罪嫌疑人口供的难度也在加

---

[1] 孙长永:《侦查程序与人权——比较法考察》,中国方正出版社2000版,序言第5页。

大。具体而言,当前《刑事诉讼法》明确规定了"不得强迫自证其罪"与非法证据排除规则,而且对审讯的人员、时间、地点、流程等都进行了严格规范,再者就是增设了羁押必要性审查制度以及对侦查人员出庭说明义务的明确等,以上均是为了规范侦查权力的正当行使。在"赋权"方面,辩护律师为犯罪嫌疑人提供法律帮助的时间进一步提前,同时拓宽了其寻求司法救济的渠道。上述规定"无疑打破了原来一贯封闭和信息不对称的讯问环境,犯罪嫌疑人的防御能力也得到进一步提升"[1]。可见,犯罪嫌疑人在侦查讯问中的权利得到了空前提升。不过,在不断深化人权保障的同时,还应该为侦查破案、打击犯罪寻求更佳的实现路径。唯有如此,才能真正从根本上解决侦查权力恣意的问题,实现刑事诉讼双重价值目标的统一。当前以审判为中心的诉讼制度改革旨在实现庭审实质化,更加注重对于证据的实质审查,这自然也会促进侦查取证标准的提高,倒逼侦查取证规范化,扭转长期侦查实践中"口供为王"的现象,提高对于客观证据的重视程度。

进入大数据时代,新型数字技术手段显然为客观证据的发现、收集和利用提供了更多选择。不过在这个过程中,有个问题却值得我们深入思考:大数据侦查过程中侦查机关对于犯罪嫌疑人人身、住所的直接侵犯性虽然可能会降低,但是对于其虚拟空间内大量的生活信息数据的提取分析却不为犯罪嫌疑人所知,此时如何实现有效的刑事辩护;抑或说,辩护律师在大数据侦查过程中究竟如何才能做到不缺位,并能够切实履行法律所赋予的辩护职责,确保犯罪嫌疑人的基本权利不受非法侵犯,以保障大数据侦查在法治化的轨道上良性

---

[1] 樊崇义、刘文华:《新形势下职务犯罪侦查模式转型的思考》,《南华大学学报(社会科学版)》2015年第2期。

运行？结合当前我国刑事辩护的相关实践情况来看，大数据技术在引入侦查领域之后，显然对刑事辩护工作产生了巨大冲击，控辩不平等的现象在大数据侦查过程中表现尤甚。

在大数据侦查中，控辩双方在数据获取能力以及数据分析能力上均存在显著差异。当前我国依然奉行侦查单轨制的侦查格局，也即享有侦查权的主体只能是法律明文规定的侦查机关，并未允许私人行使侦查权。但是在司法实践中，为了尽可能实现控辩平等、保障辩护权有效落实，辩护律师实际上也可以享有一定的调查取证权。例如在《律师办理电子数据证据业务操作指引》中，列举了几种具体的取证方式，既可以律师自行取证，也可以通过指导当事人进行相关电子数据的收集，还可以通过申请来请求相关司法行政机关或网络服务提供商等进行电子取证。在大数据运用于刑事侦查的新时代下关于"请求包括网络服务提供商在内的第三方取证"途径将变得至关重要。然而非常遗憾的是，目前并没有相应法律法规对此种律师调查取证途径进行明确和细化。由于缺乏明确的制度保障，出于自身辩护风险的考虑，辩护律师在侦查阶段自行取证的内生动力明显不足。除了这种"主观不想"的阻碍因素以外，"客观不能"同样严重影响着大数据侦查过程中有效辩护的实现。首先，由于大数据自身的混杂性，蕴含着各种信息内容的数据相互交织，也正因此，国家对于信息数据安全高度重视，并形成了以《保守国家秘密法》《刑法》《网络安全法》《数据安全法》《反恐怖主义法》等法律为主干的国家保密机制，限制个人通过私力途径接触敏感信息数据。然而与之形成鲜明对比的是，出于国家治理现代化的目的，国家公权力机关之间乃至权力机关与各网络服务提供商之间的数据共享平台建设却空前加强。近年来公安部一直力推大数据战略，陆续推出了很多警用大数据平台,比如说"金盾工程",包含了"刑事案件信息系统"以及"治安管理信息系统"等八大信息库,目标就是实现全国公安联网联查。[1]其次,基于公民个人信息权利保护的视角进行审视,同样会得出控辩失衡加剧的结论,这主要是囿于现行法律规定对公权力机关与私权利个体在接触"个人信息"时的权利义务设立不对等有关。以《网络安全法》第四章第40条至第50条[2]的相关法律条文为例,对于网络信息安全作出了较为细致的规定,明确了网络运营者对用户信

---

[1] 参见本书附录一:《关于"大数据侦查法治化问题"的调研访谈记录》。
[2] 第四十条 网络运营者应当对其收集的用户信息严格保密,并建立健全用户信息保护制度。
第四十一条 网络运营者收集、使用个人信息,应当遵循合法、正当、必要的原则,公开收集、使用规则,明示收集、使用信息的目的、方式和范围,并经被收集者同意。
  网络运营者不得收集与其提供的服务无关的个人信息,不得违反法律、行政法规的规定和双方的约定收集、使用个人信息,并应当依照法律、行政法规的规定和与用户的约定,处理其保存的个人信息。
第四十二条 网络运营者不得泄露、篡改、毁损其收集的个人信息;未经被收集者同意,不得向他人提供个人信息。但是,经过处理无法识别特定个人且不能复原的除外。
  网络运营者应当采取技术措施和其他必要措施,确保其收集的个人信息安全,防止信息泄露、毁损、丢失。在发生或者可能发生个人信息泄露、毁损、丢失的情况时,应当立即采取补救措施,按照规定及时告知用户并向有关主管部门报告。
第四十三条 个人发现网络运营者违反法律、行政法规的规定或者双方的约定收集、使用其个人信息的,有权要求网络运营者删除其个人信息;发现网络运营者收集、存储的其个人信息有错误的,有权要求网络运营者予以更正。网络运营者应当采取措施予以删除或者更正。
第四十四条 任何个人和组织不得窃取或者以其他非法方式获取个人信息,不得非法出售或者非法向他人提供个人信息。
第四十五条 依法负有网络安全监督管理职责的部门及其工作人员,必须对在履行职责中知悉的个人信息、隐私和商业秘密严格保密,不得泄露、出售或者非法向他人提供。
第四十六条 任何个人和组织应当对其使用网络的行为负责,不得设立用于实施诈骗,传授犯罪方法,制作或者销售违禁物品、管制物品等违法犯罪活动的网站、通讯群组,不得利用网络发布涉及实施诈骗,制作或者销售违禁物品、管制物品以及其他违法犯罪活动的信息。
第四十七条 网络运营者应当加强对其用户发布的信息的管理,发现法律、行政法规禁止发布或者传输的信息的,应当立即停止传输该信息,采取消除等处(转下页)

息的严格保密义务。但笔者研究发现,这种严格的保密义务更多的是针对私权利个体而言对于公权力机关则作出了"例外情形"的规定,"网络运营者应当为公安机关、国家安全机关依法维护国家安全和侦查犯罪的活动提供技术支持和协助"。与之相对的还有我国2018年修订后的《刑事诉讼法》第54条规定,公、检、法三机关在收集、调取证据时,对涉及国家秘密、商业秘密、个人隐私的证据,应当保密。这也就意味着,辩护律师不仅在获取信息数据接触机会上不对等,在侦查阶段的阅卷权也是难以有效保障的。因为大数据侦查所涉及的各种碎片式信息很有可能隐含着个人隐私、商业秘密甚至国家秘密,侦查机关完全可以借以纳入《刑事诉讼法》第54条所规定的保密范畴,从而不对辩护律师进行证据开示,形成控辩信息不对称的结局。而且,根据笔者实证访谈所了解的现实情况来看,侦查实务界对于程序"公开"依然存在较大的抵触心理,认为这将对打击犯罪行为、维护社会治安造成阻碍,所以辩护律师要想在侦查阶段实质性地进行辩护,依然任重道远。

除此之外,大数据侦查中的高科技属性也很容易将辩护律师隔

(接上页)置措施,防止信息扩散,保存有关记录,并向有关主管部门报告。

第四十八条 任何个人和组织发送的电子信息、提供的应用软件,不得设置恶意程序,不得含有法律、行政法规禁止发布或者传输的信息。

电子信息发送服务提供者和应用软件下载服务提供者,应当履行安全管理义务,知道其用户有前款规定行为的,应当停止提供服务,采取消除等处置措施,保存有关记录,并向有关主管部门报告。

第四十九条 网络运营者应当建立网络信息安全投诉、举报制度,公布投诉、举报方式等信息,及时受理并处理有关网络信息安全的投诉和举报。

网络运营者对网信部门和有关部门依法实施的监督检查,应当予以配合。

第五十条 国家网信部门和有关部门依法履行网络信息安全监督管理职责,发现法律、行政法规禁止发布或者传输的信息的,应当要求网络运营者停止传输,采取消除等处置措施,保存有关记录;对来源于中华人民共和国境外的上述信息,应当通知有关机构采取技术措施和其他必要措施阻断传播。

离在程序监督之外。大数据侦查是一种技术密集型的侦查模式,不仅有"数据孤岛",还具有"算法黑箱"的神秘,这些都在客观上对辩护律师的介入造成了阻碍,这也就导致了控辩双方在数据获取数量及数据分析能力等方面差异显著。前文已经对"快播案"作过初步介绍,在该案中,快播公司的服务器是决定案件走向的关键证据,根据判决书以及已经公开报道的新闻内容可知,公安司法机关对该服务器中的大量信息数据进行了搜集、提取、保存和分析,并最终从29841个视频文件中鉴定出了21251个淫秽视频文件。客观而言,这个过程相当耗时费力,如果没有足够的财力支持、技术支撑、专业人员参与,很难得出鉴定结论。从这一层面来看,即使控辩双方可以公平地接触相同的海量原始数据,但是囿于辩方在资源调动能力、数据分析能力等方面存在先天不足,如果仅依靠私力,很难获得同样有价值的分析结果。因此,在大数据侦查过程中,保证辩方平等地享有接触原始数据的机会只是一个方面,如何切实提升辩方数据分析能力并对控辩双方之间的不同结论进行客观中立的评价,将是另一个值得关注的问题。这种大数据侦查带来的改变,对传统控辩平等的制度设计提出了挑战,我们必须对现行刑事诉讼规则进行改革,尽可能扭转当前大数据侦查中控辩失衡加剧的态势,实现控辩双方在占据数据资源、进行数据分析等方面具有大致相当的能力。[1] 大数据背景下,侦控方依托其强大的资源占有优势可以获取海量的数据信息,即便辩护律师的阅卷权得到了有效保障,在短时间内也很难对每一个证据材料进行甄别,再加之电子数据本身真实性、关联性、合法性的认定标准模糊,辩护律师的质证工作同样面临前所未有的挑战。在

---

[1] 参见裴炜:《个人信息大数据与刑事正当程序的冲突及其调和》,《法学研究》2018年第2期。

诉讼实践中,以美国诉斯基林案(United States v. Skilling)[1]为例,法院在政府是否已经履行证据开示义务的认定方面引发了广泛质疑。该案判决认为,政府开放特定数据库的行为视为对被告方的证据开示。但实际上,这种认定并没有考虑到被告方是否有能力从海量数据库中发现并获取有效文件的能力。对于这种只重视"形式对等",但却不考虑实质平等的行为,有学者将称之为"文件倾倒"[2]。这种行为显然不利于控辩平等的实现,控方通过自身权力优势和技术优势占据海量数据资源,在审前证据交换时利用数据的庞杂性来提高被告方的诉讼成本,俨然成为控方增强己方谈判筹码的诉讼策略。[3] 由此可见,在大数据侦查中,刑事辩护将面临更多前所未有的现实阻碍,既包括形式上的控辩不平等,也包含了实质上的控辩不平等。

三、法律监督受限

大数据时代背景下,社会公众对于"公权力"的担忧不无道理,但是也不应由此而放弃授予公安司法机关相关必要的权力,因为赋予公安司法机关侦查犯罪的权限,也恰是保证社会公众自身生命、人身、财产安全的不二法门。只是,重点在于有没有健全且行之有效的监督机制,能够确保权力机关在侦查过程中遵循正当法律程序而不出现滥权侵权之事。所以,完整的监督机制是实现大数据侦查法治

---

[1] See United States v. Skilling, 554 F. 3 d 529, 577 (5 th Cir. 2009).
[2] Brandon L. Garrett, Big Data and Due Process, University of Virginia School of Law, *Public Law and Legal Theory Research Paper Series* 2014, p. 45.
[3] See Leah M. Wolfe, The Perfect is the Enemy of the Good: the Case for Proportionality Rules instead of Guidelines in Civil E-discovery, 43 *Capital University Law Review* (2015) pp.159-161.

化的关键,而不是因噎废食。目前,有关大数据侦查的程序法律规制僵化,内部自律与外部他律的形式化问题突出。根据我国现行法律规定来看,大数据侦查措施尚未明确于法律条文之中,更未被归入强制性侦查措施的范畴,因而在具体侦查实践过程中存在外部他律付之阙如,法律规制式微的法治困境。

之所以出现此种困境,根源在于我国立法体系尚不健全,检察监督与司法审查落实不到位。当前对于大数据侦查缺乏专门性立法,法律依据主要来源于《刑事诉讼法》关于侦查与证据的相关规定、"两高一部"颁发的《收集提取和审查判断电子数据之规定》以及《公安机关办理刑事案件电子数据取证规则》等。然而遗憾的是,上述法律文本要么是概括性的法律条文规定,内容表述不够具体;要么过于侧重刑事办案实效,缺乏程序法治约束的全面性。这就导致了立法规定的应然状态与侦查实践的实然状态相去甚远,大数据侦查权力的行使存在较大的裁量空间。因此,在对大数据侦查行为进行法律监督时,特别是事后监督效果并不理想,程序审查中援引法条混乱,甚至存在矛盾冲突。随着大数据技术的不断发展,越来越多的信息数据平台正在建立,在横向上,信息收集范围进一步扩展并渐趋扁平化;在纵向上,对于信息数据的利用也渐由表层转向深度挖掘。在这一变化过程中,公民对于个人数据信息的权利意识正在觉醒,对大数据侦查活动在虚拟空间内的强制力与侵入性愈发忌惮,然而仅靠"权利"去约束"权力"是远远不够的,还有赖于"权力"对"权力"的有效监督,从而形成一种权力之间的制衡状态。

从法律授权角度来看,如前所述,目前在我国刑事诉讼法的规定中,规制大数据侦查活动最适用的法律条文无非是有关技术侦查的表述。我国关于技术侦查的法律授权,采用的是一种传统概括性授权,这种授权方式显然与大数据侦查多层次、多样态的侦查行为手段不符。概言之,当前我国《刑事诉讼法》关于技术侦查的法律条文表述,以及涉及电子数据的取证规范性文件能否作为大数据侦查的授权依据尚待讨论。从大数据侦查运行程序角度来看,启动决定权依然由侦查机关内部掌握,其本质上依然是一种内部审批制。当侦查机关面临较高的破案压力时,为了追求侦查效能,自我审批模式很有可能流于形式,难以起到权力制衡的效果。

对公安机关侦查权的制衡,需要来自检察机关的法律监督。检察机关作为我国《宪法》所确定的法律监督机关,检察权的行使在很大程度上就是法律监督权的行使。[1] 长期以来,我国的检察监督都是基于一种统摄了"刑事法律监督"和"诉讼法律监督"的"双轨式"法律监督模式。[2] 但是伴随着国家监察体制改革,职务犯罪侦查权已经基本上从检察机关抽离出来,目前仅保留了14个罪名的侦查权,也就意味着原本"双轨式"的法律监督模式实现了向"强化诉讼法律监督"的"单轨制"转向。这种转变将进一步凸显检察监督对于"程序性违法"的关注。大数据侦查过程中的"程序性违法"问题可能是今后侦查工作中非常突出的一个问题,检察机关监督职能的切实履行自然也将成为大数据侦查法治化的关键。在理想状态下,检察机关对大数据侦查的监督应当是一种同步监督、实时监督。不过即便如此,检察监督侦查模式同样存在争议。有别于域外的多元监督模式,我国的侦查监督制度是检察机关一元主体模式。这一模式的本质在于,强调检察机关作为侦查监督主体的唯一性,排斥法院和律师对侦查的监督。[3] 然而在我国现行诉讼制度背景下,长期以来

---

[1] 参见龙宗智:《检察机关办案方式的适度司法化改革》,《法学研究》2013年第1期。
[2] 参见陈瑞华:《论检察机关的法律职能》,《政法论坛》2018年第1期。
[3] 参见刘计划:《侦查监督制度的中国模式及其改革》,《中国法学》2014年第1期。

都是一种公检法机关"线型"诉讼构造,"相互配合"往往要多于"相互制约",这就导致了检察机关在对侦查行为行使监督权时很难居于客观中立的立场。特别是对于大数据侦查这种技术性色彩突出、所获取证据材料客观性显著的侦查行为,检察机关更是难以起到有效的监督制约作用。

从域外法律监督运行机制来看,多是采用多元侦查监督模式,其中法院作为中立审判机关,对于侦查权力行使的牵制效果最为突出。审判阶段对于大数据侦查的后置性监督,实际上将起到决定性作用。在侦查过程中,通过大数据技术分析所获取的线索抑或证据,只有经过法庭最终确认,才能真正实现由"数据确认"向"法律确认"的华丽转身。这就需要对于"大数据"有更为深入的判断和理解,其不只是海量的数据集合,最关键的是,它作为一项技术、一个过程、一种判断方法抑或新型运行机制,同样有着独立于实体的程序价值。大数据最后所呈现的可视化的结果,并非机械地将大量数据信息罗列展示,而是通过碎片整理、数据挖掘、算法分析等步骤最终形成的一种预测性的结论。因此,虽然其受人为主观因素影响较小,但也未必非常精确,最后仍然需要通过法官对于"数据确认"进行经验性的判断,唯有在形成内心确认之后,才能完成"法律确认"。目前在刑事司法裁判领域出现的以"镶嵌论"(mosaic theory)为代表的事实认知模式,正是对大数据这一特性的直接反映。该理论认为,分散的数据碎片尽管对其占有人价值有限,但将这些碎片通过特定模型组合起来,则会产生不可估量的整体价值。[1] 不过,我国目前并没有构建起健全的司法审查制度,法院对于大数据侦查行为的规范限制作

---

[1] See David E. Pozen, The Mosaic Theory, National Security, and the Freedom of Information Act, 115 *The Yale Law Journal* (2005) p. 628.

用,可能更多的还是通过证据规则以及程序性制裁等举措得以间接实现。然而在这个过程中,对于证据资格以及证明力的审查判断同样面临着适用局限。一方面,这种专业性的大数据分析技术对法律规制的突破不易于发现;另一方面,由于数据来源的丰富性,即使是一些私密信息数据,也有可能被侦查机关通过第三方网络服务提供商调取获得,从而实现"间接合法"。以经侦协同作战模式为例,当前公安部已经搭建起了"云端系统",侦查人员借助这个大数据平台,可以实现警银综合管治一盘棋,并通过与国家外汇管理局、人民银行反洗钱部门以及相关金融机构的紧密合作,侦查人员得以接触更多的数据从而进行可疑排查、数据调取、分析研判、综合整治等具体工作。[1] 尤其是在数据调取过程中,侦查人员一般只需要遵循电子数据调取的相关规范,向银行出具介绍信以及协助查询财产通知书,便可以获取目标对象的详尽资金往来情况,比如银行流水数据、网络交易 IP 以及 MAC 物理地址等数据信息。这样就在程序流程上不必经过严格的审批,并且避免了采用技术侦查手段的违法风险,但这种"间接合法"也使法律监督的效果更加无从保障。

总而言之,包括侦查权在内的任何一项公权力的行使都应当受到有效的监督制约。但是从当前的实践反馈信息来看,目前对于大数据侦查的法律监督缺位严重,不管是立法层面的法律授权不明确,还是诉讼实践中检察监督对于侦查权的制约效果不明显,抑或我国司法审查制度的不健全,都导致了大数据侦查缺乏有效的外部制衡机制,侦查权力恣意的风险不断加剧。

---

[1] 参见本书附录一:《关于"大数据侦查法治化问题"的调研访谈记录》。

四、国际合作不畅

步入大数据时代,网络的普及使信息数据的传递更为高速快捷,各个国家、各个群体之间的联系也更为紧密。然而与此同时,这也给各类有组织的国际犯罪提供了温床,尤其体现在网络犯罪的跨区域性趋势上,目前网络犯罪已经成为世界第一大犯罪类型。根据RiskIQ公司发布的"The Evil Internet Minute 2020"数据显示,2020年网络犯罪每分钟给全球造成高达1140万美元的经济损失。[1] 因此,如何有效防控、打击以网络犯罪为代表的国际犯罪,依托全球、多边和双边合作机制,以及网络犯罪治理国际合作中的模式选择、议程设置权和规则制定权等问题成为世界各国高度关注的议题。在此背景下,开展行之有效的国际刑事司法合作自然成为世界各国的共同心声,这也是实现大数据侦查法治化的又一体现。

然而从技术层面来看,现在很多犯罪团伙却正在利用国际司法合作上的障碍从事犯罪活动,比如电信诈骗案件、网络犯罪案件、危害国家安全犯罪案件等,从事犯罪的人员往往藏匿于他国,用来作案的主要服务器设备等也安置在国外,给侦查取证工作带来极大困扰和阻力。由于每个国家司法环境不同、对个人数据权利的认识不同,侦查人员在试图调取涉及国外的通讯电话、邮箱信息等社交情况内容时,往往会遭到拒绝。再比如,当下盛行的黑产交易问题,很多犯罪分子已经不再使用QQ、微信等社交软件,而是通过一些翻墙软件下载注册一些类似Telegram的软件,在上面肆无忌惮地进行黑产交易、黄赌毒犯罪等,甚至把众多公民个人信息明码标价进行兜

---

[1] See The Evil Internet Minute 2020[EB/OL]. available at https://www.riskiq.com/resources/infograp hi-c/evil-internet-minute-2020/, last access: 2021-04-08.

售,危害极大。但是由于 Telegram 自身数据传输的加密性和隐蔽性,使得很多网络犯罪信息躲避了侦查,更难以实现跨境取证。所以在侦查实践中,很多侦查人员表示,在面对有关借助国外平台系统进行的网络犯罪时,明明知道它正在发生,但却有心无力,在侦查取证方面依然束手无策。[1] 可见,充分借助大数据技术打击跨区域国际犯罪行为的任务依然任重道远,必须进一步加强涉数据的国际侦查合作,并确保其在法治化的轨道中畅通运行。

当然,在具体分析大数据侦查的国际合作问题之前,有几个概念需要进行辨析:国际侦查合作、国际司法协助、国际司法合作。较早提出国际司法协助的学者认为,刑事领域的国际司法协助是国家与国家之间通过互相援助支持、开展联合行动,共同惩治跨国犯罪的一种司法活动,反映出了当前刑事诉讼活动的国际化合作趋势。[2] 随着理论研究与司法实践的逐步深化,越来越多的学者将国际刑事司法协助视为国际司法合作的重要组成部分,其与引渡、刑事诉讼移管、刑事判决的承认与执行一并成为国际司法合作的四大板块。[3] 在上述四种主要的国际司法合作类型中,除了审判阶段的刑事判决承认与执行,另外三种国际司法合作形态均与刑事侦查存在非常紧密的联系,尤其是从狭义层面理解的国际刑事司法协助,它的主体部分从本质上来看就是国际侦查合作。所以也有学者将国际侦查合作定义为审(控)前各国开展国际刑事司法合作活动的统称,是将各种具体合作事项予以整合而形成的概念。[4] 由此可见,国际侦查合作在国际司法协助、国际合作过程中占据着举足轻重的地位。

---

[1] 参见本书附录一:《关于"大数据侦查法治化问题"的调研访谈记录》。
[2] 参见赵永琛:《论国际刑事司法协助》,《现代法学》1991 年第 2 期。
[3] 参见黄风:《国际刑事司法合作的规则与实践》,北京大学出版社 2008 年版,第 1—2 页。
[4] 参见吴瑞:《论国际侦查合作的基本范畴》,《福建警察学院学报》2009 年第 2 期。

推进大数据侦查的国际合作,是国际侦查合作在大数据时代背景下的最新发展,在打击国际犯罪活动、维护国际秩序稳定、提高法治化水平的过程中将发挥至关重要的作用。当前网络犯罪、贪污腐败犯罪以及恐怖主义犯罪是最具代表性的几类国际犯罪类型,均表现出了极强的跨区域性作案特征,且内部组织分工明确,犯罪组织往往具备较强的反侦查意识,通常会利用各个国家之间的法律规范差异以躲避刑事制裁。以网络犯罪案件为例,网络的虚拟性与数据的流动性更是为跨区域、跨国境侦查提出了挑战,当犯罪分子已经开始利用云计算、大数据以及人工智能等高新技术平台从事犯罪活动时,如果大数据侦查不能尽快地实现国际司法合作,将难以有效遏制此类犯罪案件的高速发展,"暗网犯罪"的激增就是一个很好的证明。此前,因为我国海外留学生章莹颖的失踪而引起社会广泛关注的"暗网",实际上是虚拟空间内的一种"深层网络"(Deep Web),是与"明网"(Surface Web)相对的互联网部分,该部分通过传统搜索引擎无法找到,包括各种存储在数据库里的资料,还有需要注册才能浏览的论坛页面等,这个部分要比"明网"大得多。如果说"明网"是露出水面的冰山一角,而"暗网"则是深藏在水面之下的冰山,并日渐成为犯罪分子"罪恶的天堂"[1]。越来越多的国家也意识到了此种国际犯罪的巨大危害性,因此开展国际侦查合作的规范也越来越多,如《联合国打击跨国有组织犯罪公约》《网络犯罪公约》《联合国合作打击信息犯罪公约(草案)》等等。然而从侦查实践层面来看,受制于世界各国经济发展不均衡、法律习惯不统一以及各国对于包括"数据主权""网络安全"等多方面考虑,目前大数据侦查国际合作依然缺乏健全的运作框架体系,侦查合作效果并不理想。

---

[1] 秉泽:《"暗网":你所不了解的互联网》,《保密工作》2016年第2期。

具体而言,大数据侦查国际合作模式实际上是一种全新的联合侦查形式[1],要求各个国家侦查主管机关之间形成长效合作机制,成立联合侦查机构统一指挥、协同配合,保障数据分享、电子取证乃至缉捕犯罪嫌疑人等工作的顺利进行。开展此种侦查合作的一个重要前提,就是可以实现国家间、区域间的数据共享,消除不同地域之间的"数字鸿沟",而这恰恰是各国政府所难以接受的。因此,大数据侦查的国际合作困境,本质上是维护国家网络安全目的下的"数据主权"主张与打击国际犯罪目标下的"数据共享"需求之间的矛盾。在大数据侦查国际司法合作过程中,这种矛盾具体表现为刑事跨境电子取证难的现实困境。以2013年斯诺登曝光"棱镜门"事件为例,美国国家安全局(NSA)和联邦调查局(FBI)通过进入微软、谷歌、苹果等国际化网络公司的中心数据服务器,从中分析信息情报甚至监视各国政策走向。该事件最直接的一个后果就是,促使各国纷纷立法进行数据主权保护,甚至出现了"数据民族主义"[2]。这就相当于在本无物理界限的互联网络里筑起了一面面隔离墙,势必会影响到大数据侦查取证的国际司法合作。

再者,目前大数据侦查的国际司法合作问题,最核心的是刑事取证管辖权冲突问题。在大数据时代背景下,刑事数据取证管辖模式正在发生变革,"数据控制者模式"的兴起对传统的"数据存储地模式"提出了挑战。[3]"数据存储地模式"强调通过数据实际存储地来确定管辖范围,而"数据控制者模式"则跳脱出有形的物理空间判断,转向强调跨境云服务提供商在大数据侦查取证中的作用。目前世界各国对于上

---

[1] 参见刘仁文、崔家园:《论跨国犯罪的联合侦查》,《江西警察学院学报》2012年第1期。
[2] Anupam Chander, Uyên P. Lê, Data Nationalism, *Emory Law Journal,* vol.64, 2015, pp. 677-737.
[3] 参见梁坤:《基于数据主权的国家刑事取证管辖模式》,《法学研究》2019年第2期。

述两种刑事数据取证管辖模式看法不一,缺乏统一标准,所以在数据权利保障机制以及取证程序高效性等多方面存在层层困难。因此也有学者将其概括为跨境电子取证制度面临的"三大难题",即数据主权问题、取证中权利保障问题以及取证程序效率问题。[1]

以"微软—爱尔兰案"(Microsoft-Ireland Case)为例:2013年12月,美国联邦调查局在查办一起贩毒案件的过程中,在取得法院签发的令状后,要求微软公司披露某邮件用户的信息。微软公司拒绝披露邮件内容数据,因为这些数据被存储在位于爱尔兰的数据中心;微软公司主张联邦调查局应通过双边司法协助程序来收集这些数据。然而,联邦调查局坚持要求微软公司直接披露相应数据,并否认本案的侦查权出现了域外适用。微软公司无奈之下提起诉讼,最后由检察机关上诉至联邦最高法院。2018年3月23日,《澄清合法使用境外数据法》(即"云法")生效。该法授权执法部门通过要求在美国境内有实体机构的服务提供者进行数据披露的方式收集境外数据。联邦调查局遂根据该法取得新的搜查令状,微软公司也对该法表示支持。4月17日,联邦最高法院终审裁决,由于本案争议的法律问题不复存在,故将案件驳回。[2]

可见,当前世界各国对于数据安全、数据权利以及数据利用等相关基本问题尚未形成共识,甚至分歧很大,因而大数据侦查未能在统一规范的国际合作框架内运行,缺乏有效的法律规制,这对于大数据

---

[1] 参见冯俊伟:《跨境电子取证制度的发展与反思》,《法学杂志》2019年第6期。
[2] See United States v. Microsoft Corp (Microsoft Ireland)., No.17-2.

侦查法治化建设而言,无疑在国际司法合作层面增设了障碍。

第三节 大数据侦查的社会制衡困境

法律起源于社会而又作用于社会,来自社会的制衡力量是法治运行必不可少的孕育土壤。在实现大数据侦查法治化的过程中,不仅需要法律规范的渐趋完善、诉讼实践的日益成熟,还有赖于强有力的社会制衡。然而,就目前法治运行的社会环境来看,大数据侦查的社会制衡力量亟需补强,集中表现为"公民个人隐私恐慌""公司数据滥用"以及"舆论监督局限"等具体问题,笔者将其统一归纳为大数据侦查法治化的"社会制衡困境"。

一、公民隐私恐慌

网络空间与现实生活共同筑构起一个"双层社会",虚拟与现实的高度交融也导致了人们对于场域认知的模糊性,二者似乎已经不能割裂,人们充分享受着网络普及带来的便利、信息传递产生的价值。与此同时,社会公众在信息时代的权利诉求也正发生着改变。公民权利意识的觉醒和增强,理应是助推法治建设、法治进步的源动力,它将引领法律制度的发展与完善。然而,由于社会公众出于对大数据侦查"未知的恐惧"和对"大监控社会"的广泛担忧,在社会认知层面出现了过度的个人隐私恐慌。如果仅是一味地"恐慌""躲避"甚至"逃离",并无益于这一问题的解决,反而有可能助添权力恣意的苗头,不利于大数据侦查法治化建设。

在大数据时代背景下,越来越多的数据信息充斥于社会生活的各个角落,几何式增长的海量数据集合也导致在大数据侦查时存在取证边界模糊,极有可能出现公民隐私生活存留痕迹在不被知悉的情况下便被运用于侦查的情形。易于侵犯个人隐私,是大数据技术迄今为止遭受的最为严厉的批评,也是许多国家将大数据技术应用于刑事侦查领域的主要障碍[1],它引发了社会公众对于"监控社会"的担忧。宣示性、概括性、分散性的法律条文很难形成一种体系化、系统化的法律规制框架,这种立法体系的不完备,显然会加剧大数据侦查在实施过程中的扩张性与侵犯性,导致隐私空间被进一步压缩。

社会公众对于大数据侦查的种种顾虑并非杞人忧天,美国"肉食者计划"造成的影响就是一个极具说服力的例证。1997年美国联邦调查局首先推出"肉食者系统"(Carnivore),该系统具备高效截获数据信息的能力,在获取大量数据包之后再借助 Packeteer 软件可以对已经截获的数据包进行分析,然后通过一款被称作 CoolMiner 的软件对获取的 HTTP 流量进行网页还原,这意味着,FBI 特工可以看到与目标对象完全一样的网络内容。[2] 虽然该系统的研发者与使用者均多次强调,该系统的过滤功能可以将与案件无关的数据信息排除在外。但是从理论上讲,只要网络服务提供商采用了该款软件系统,那么任何享受其网络服务的公民都有可能成为该系统的监控对象。也正因此,"肉食者计划"自其问世以来便争议不断,遭到了人权团体的广泛批判。[3] 迫于来自社会群体的压力,美国联邦调查局对

---

[1] 参见蔡一军,《大数据时代刑事侦查的方法演进与潜在风险——以美国的实践为借镜的研究》,载严励、岳平主编:《犯罪学论坛》(第三卷),中国法制出版社2017年版。
[2] See Kevin Poulsen, Carnivore Details Emerge[EB/OL]. available at http://www.security-focus.com/news/97, last access: 2018-11-06.
[3] See Staff. ACLU Tells House Panel That FBI Is Engaged In Unprecedented Power Grab [EB/OL]. ACLU, available at http://www.aclu.org/technology-and-liberty/aclu-tells-house-panel-fbi-engaged-unprecedented-power-grab, last access: 2018-11-07.

该系统进行了多次修正,并将其改名为 DCS1000,也即"数据收集系统 1000"(Digital Collection System 1000),甚至一度放弃"肉食者计划"的进行。[1] 不过,事情的发展态势总是难以预料的,随着 2001 年美国"9·11"事件的发生,公众对于国土安全、社会秩序的忧虑明显超过了对个人隐私风险的担忧。一款被称作"网络数据收集系统"[2](Digital Collection System Network) 的肉食者系统替代者卷土重来,美国政府借此契机又得以大肆发展各种监听和监控项目。[3] 并启动了新的"元数据"项目,美国国家安全局(NSA)开始采集互联网中美国及境外公民的元数据。[4] 另据统计,截至 2013 年,美国 FBI 已经建立起了容量超过 1500 万名罪犯的面部数据库,这些数据与越来越多的第三方数据库对接之后,其容量将更为庞大和精准。[5] 随着大数据在打击防控犯罪中的深化运用,以及相继发生的网络数据信息泄露事件(如 Facebook 数据滥用事件[6]),不少美国民众也因此产生了"大数据监控社会"的隐私恐慌。

虽然目前我国并未见诸报道有类似的监听监控计划,但是无处

---

[1] See Staff. *FBI Ditches Carnivore Surveillance System*[N]. Associated Press, January 18th, 2005.
[2] See Staff. Profile: Data Acquisition and Intercept Section (FBI) (DAIS) "[EB/OL], available at http://www.History commons. org/entity. jsp? entity = data_acquisition_and_intercept_section_fbi_1, last access: 2018-11-06.
[3] See John Schwartz, A Nation Challenged: The Legislation; Privacy Debate Focuses on F. B. I Use of an Internet Wiretap[N]. *New York Times*, Oct. 13th, 2001.
[4] 参见李军:《大数据:从海量到精准》,清华大学出版社 2014 年版,第 131 页。
[5] See Craig Timberg & Ellen Nakashima, State Photo-ID Databases Become Troves for Police. *Washington Post* (June 16, 2013), p. 4.
[6] 2018 年 3 月,美国知名社交网站 Facebook(脸书)曝出史上最大数据滥用事件。事件源于其关联的两家公司 SCL (Strategic Communication Laboratories) 和剑桥分析公司 (Cambridge Analytica) 被指滥用个人数据信息,并且将数据分析运用于政治选举。此事件的本质已不单纯局限于科技事件,而是演变成重大的政治事件。该事件造成的实际影响是涉及的 8700 万 Facebook 用户数据可能已经被不当使用。

不在的电子监控摄像头、形影不离的电子数码产品、必不可少的即时通讯软件却非常紧密地勾连着每一个公民的生活起居。另外根据笔者调研了解到的相关情况来看,当前公安系统一直在大力推进公安大数据战略,公安内部数据库系统正在汇聚越来越多的公民个人信息情况,包括经济资金、生活社交、生理健康、兴趣爱好、行为痕迹等各种各样的数据内容。[1] 而且在侦查实务中,不管是出于人情世故,还是出于利益驱使,确实也出现了侦查人员利用公安数据库检索公民个人信息从而造成数据泄露的事件,该行为已经构成侵犯公民个人信息罪。例如,在最高人民检察院发布的侵犯公民个人信息犯罪典型案例中,不乏公安民警利用其特殊身份私自查询并销售公民个人信息的行为,其危害性以及造成的不良社会影响巨大,值得反思和重视。

案例:2015年9月至2016年4月,被告人籍某某身为河北省高邑县王同庄派出所民警,利用其在高邑县王同庄派出所工作的职务之便,使用已调离的前所长段某某的数字证书查询公安系统内公民个人信息3670余条,并通过微信向被告人李某某出售公民个人信息,非法获利共计19840元;被告人李某某将从籍某某处购买的公民个人信息出售给他人,非法获利42185元。

可见,当大数据被引入犯罪侦查与社会治理领域,如若出现对于公民个人信息的不当侵犯,势必会进一步加剧公民的隐私担忧。在绝大多数情况下,高新技术进步与政府权力扩张都是同步进行的。"权力+技术"这对强势组合势必会加剧侦查领域内"权力—权利"的

---

[1] 参见本书附录一:《关于"大数据侦查法治化问题"的调研访谈记录》。

失衡状态。立足于个人权利保护视角,人们对于包括隐私权在内的基本权利诉求也将进一步增加,而对处于"对立面"的大数据侦查活动自然也就形成了一种心理抵触情绪。具体到大数据侦查实践中,由于从数据的产生到数据的发现、提取、分析、呈现、利用是一个漫长而复杂的过程,其中任何一个环节出现问题,都有可能导致个人信息的外泄,因此要格外关注大数据自身的安全性。况且,目前我国尚未建立起完备的个人信息数据保护体系,缺乏明确且具可操作性的数据使用、管理、保全等法律条文。这就很容易造成数据的滥用,给个人的信息安全带来极大的威胁。[1]

进一步而言,人们之所以会出现对于"大数据侦查"的个人隐私担忧,究其根本,关键在于社会公众对于此种新型侦查技术能否规范行使满怀疑虑,对于此前侦查权力滥用而导致的权利损害后果心生芥蒂。这种怀疑、不满、抵触的心理状态,不应该仅仅停留在被动消极的层面,而应该将其转化为一种积极防御。社会公众在合法权利受到侵害时,理应自觉运用法律武器捍卫自己的合法权益,能够中立客观地对待侦查技术革新所带来的变化,平衡好国家公共利益与个人权利之间辩证关系,将打击犯罪与保障人权作为一个整体加以对待,并不断提升自己的数据权利观念和个人信息保护意识,从而对公权力形成一种来自社会层面的制衡力量。然而就我国当前现状来看,社会公众的隐私担忧与消极逃避,显然并没能完全发挥出应有的制衡作用,亟须增强有关大数据侦查的法治观念,树立关于数据权利受到侵害时的维权意识。

---

[1] 参见张威:《大数据时代犯罪防控困境及出路探讨》,《铁道警察学院学报》2018年第1期。

二、公司数据滥用

如果说在传统的隐私权语境下,权利主体在隐私诉求与自我保护能力之间还可以保持一定的同一性,那么,当前基于现实技术和分析能力上的差异,却呈现出权利诉求者与权利保护者相剥离的发展趋势[1],后者转归于国家、网络平台等主体。在大数据时代背景下,在对数据进行管理控制时,以网络平台为代表的大型网络服务提供商将占据非常重要的角色。然而,目前此类占有大量数据的网络公司却深陷尴尬境地,主要在于大数据公司在侦查机关与公民个体之间左支右绌,数据使用不规范甚至数据泄露、数据滥用的风险极高。有学者对此进行了梳理概括,在"信息主体—网络信息业者—侦查机关"这一信息传递链条中存在两个层面的非自愿性:一是个人信息向网络信息业者转移的非自愿性,二是网络信息业者协助侦查的非自愿性。[2] 所以在大数据侦查过程中,"信息主体"与"侦查机关"之间往往需要"网络信息业者"的过渡,一旦出现不当的信息披露甚至数据滥用,将严重影响大数据侦查的法治效果。

在大数据时代背景下,网络技术不断升级,越来越多的信息被数字化记录、保存和分享。传统信息资料之间的行业阻隔、部门鸿沟正在被消除,各个数据库之间的关联性日益加强,信息数据正在不断打破技术阻碍、朝向互联共通的状态迈进。"数据"不再仅仅作为一种客观记录而存在,更是一种蕴含了丰富价值的财富甚至权力,因而出

---

[1] See David Garland, *The Culture of Control: Crime and Social Order in Contemporary Society,* The University of Chicago Press, 2001, p.78.
[2] 参见裴炜:《论个人信息的刑事调取——以网络产业信息业者协助刑事侦查为视角》,《法律科学(西北政法大学学报)》2021年第3期。

现了"得数据者得天下"的论调。不管是经济管理学家对大数据运用于产品销售、企业管理等方面的高度关注,还是社会政治学家对于大数据在国家治理、科学规划等方面重要功能的一再强调,都很好地印证了这一点。也正因此,数据资源已经成为新时代背景下各方主体争相获取的对象,数据的分享与流动自然受到影响,各个利益主体之间形成了一种复杂的博弈关系——对数据主体而言,作为数据的所有者往往更在意数据信息的隐秘性,因而怠于进行数据分享;对数据保管者、使用者而言,各大网络运行平台、数据公司占据并保管着海量的数据集合,数据即为价值,为了实现公司对经济效益的最大追求,各数据保管者往往会尽可能通过各种途径广泛收集公众信息数据。

显然,数据已经成为公司企业发展的重要战略资源,谁能抢先占据大数据的沃土,谁就在未来商业领域内占据了先机。因为对于消费者而言,越来越多物品是通过网络浏览、筛选、购买、支付的,在这一过程中记录了大量的消费者信息,包括但不限于兴趣爱好、购物倾向、消费状况、财物情况等。即使没有进行网络购物,在日常网页浏览、及时通信、网络办公等过程中,我们每一个公民的网络行为痕迹也都被数字化记录下来,存储在一个个网络公司的服务器中,一旦经过大数据的深度挖掘和分析,将会成为公司企业根据客户需求制定未来发展规划的重要依据,甚至出现了广为诟病的"大数据杀熟"现象。从我国目前大型网络公司的发展情况可以看出,BAT(百度、阿里、腾讯)作为中国互联网企业的巨头公司,各自坐拥数据金矿,并已经飞驰在大数据掘金的进程中。当数据被赋予越来越多的商业价值,公司企业对于自身所占据的"数据财富"也就更为重视。但是,随着对"占据数据"这一欲求的不断增长,其与数据管理不规范之间的张力也就更为明显,尤其当面临公权力机关的数据调取请求时,数据被不当使用甚至滥用的风险陡然增加。

虽然各大数据公司出于自身商业利益考虑,在对待其他商业团体及个人数据分享请求时是一种警惕且严苛的态度。然而,在面对政府相关职能部门的数据调取请求时,却表现出了相对舒缓的协助态度。特别是当侦查机关调取相关电子证据时,侦查人员受到的程序法律约束较少。其实在这个过程中是存在问题的:首先,大数据公司究竟是否享有数据的所有权、处分权尚有争议;其次,大数据公司向其他机关组织提供用户个人数据是否应当征求用户同意;再次,大数据公司向其他机关组织提供的数据信息是否应当进行甄别筛选;最后,大数据公司在哪些情况下可以拒绝侦查机关的数据调取请求。然而非常遗憾的是,我国现行法律体系对上述问题尚无明确规定。所以说,在大数据侦查法治化进程中,如何实现侦查机关电子数据取证规定与大数据公司数据管理规范之间的有效对接,也是大数据侦查程序法治化在社会制衡层面的又一问题。

目前,大数据公司在侦查协作中的地位相对尴尬,处于一种公权力与私权利制衡状态背景下的左右为难境地。一方面,随着公民个人权利意识的觉醒,以包括隐私在内的公民个人信息为中心而展开的权力与权利的冲突不断升温;另一方面,以大数据公司为代表的网络服务提供商也被卷入到这场二元争斗格局之中,导致争斗的焦点归落于客观介入的第三方主体身上,其既肩负着保护用户个人信息隐私安全的职责,又要履行配合侦查机关开展大数据侦查协助的义务。[1] 结合当前司法实践现状来看,基于犯罪防控的需要,服务于

---

[1] 参见裴炜:《个人信息大数据与刑事正当程序的冲突及其调和》,《法学研究》2018年第2期。

刑事侦查活动的数据存留及共享义务已经明显超过对于用户个人信息保护的职责。

数据不仅关乎记忆,更关涉权力。当大数据公司占据越来越多的数据资源,其所肩负的社会管理职责自然也在加大,甚至对于海量数据的有效管理将关系到整体国家安全。[1] 具体到刑事司法领域,也就意味着此类社会主体将分担更多的犯罪治理职责,甚至在很多情况下会成为侦查权的实际执行者。这也就意味着,由于第三方主体在具体犯罪侦查过程中占据不可或缺的地位,起到了一定权力分化的效果。但问题是,根据我国现行法律制度及司法实践情况来看,大数据公司作为社会参与主体,其在犯罪治理中并不享有侦查主体地位,因此也就产生了大数据侦查行为与权力专属原则的冲突。这种冲突带来的最直接影响就是,大数据公司成为侦查权力行使的"影子工具",借以规避法律程序规定中的诸多限制条件,有学者也将其概括为"众包侦查"模式。[2] 这种侦查模式虽有利于整合更多的社会资源运用于犯罪治理;但同时也导致了大数据公司自身数据管理自主地位的丧失。根据美国的具体运作情况来看,虽然在法律中对电子服务提供商、网络服务提供商均作出了关于客户内容信息披露义务的严格限制[3]和路径选择[4],但是大部分网络公司在与政府开展合作时,基本都会选择听从政府意愿而将相关信息数据予以披露。[5] 前已述及,当前我国经济犯罪侦查部门与中国人民银行以

---

[1] 参见刘太刚:《阿里巴巴的大数据有多可怕?》,载中国金融信息网 http://life.xinhua08.com/a/20141010/1395787.shtml,访问日期:2022年1月23日。

[2] See Amin Ranj Rar & Muthucumaru Maheswaran, *Confidentiality and Integrity in Crowdsourcing Systems*, Springer, 2014, pp.1-4.

[3] See 18 U.S.C. § 2702.

[4] See 50 U.S.C. § 1881a.

[5] See Claire Cain Miller, Tech Companies Concede to Surveillance Program[N]. *The New York Times*, Jun. 7th, 2013.

及各大商业银行之间都建立有长期合作机制,甚至已经建立起"云端系统"可以进行数据共享,如此一来,侦查机关就可以充分了解银行客户的各种资金往来状况,在进行相关数据调取时所遇到的外部约束自然大大减少。

由此可见,大数据公司的行业规范、数据管理规范以及协助调查义务等值得高度关注。结合目前我国互联网行业三巨头所掌握的数据资源来看,百度掌握有大量的公众上网浏览行为、搜索行为数据,腾讯汇聚着全国最多的社交信息数据,阿里巴巴则收集了大部分网民的消费行为、财务情况数据。在大数据侦查中,以上这些与公民生活起居息息相关的行为数据自然成为了发现犯罪嫌疑人、寻求案件突破口、证明还原事实真相的重要侦查资源。因此,侦查机关正在或者已经与各大数据公司建立长期的深度合作机制。然而,大部分大数据公司在面对侦查机关数据调取需求时,尚未建立起一套相对完善的数据管理规范体系,多数情况下是门户大开,侦查机关在调取相关数据时受到的限制微乎其微,这就导致公民个人信息权无从保障。从长远来看,上述情况也不利于大数据公司的自身发展。因此,在诉讼程序中,大数据公司既要履行协助侦查的义务,同时还应当建立起一套完善的数据管理规范,避免数据滥用,处理好信息数据保护与侦查协作之间的关系,以保障大数据侦查取证行为的规范性与正当性。

三、舆论监督乏力

公众舆论是社会发展的道义力量,能够调动公众的社会责任,并利用话语力量推动政治发展与进步,同时对公共权力具有一定的威慑力。[1] 在推进大数据侦查法治化的过程中,来自舆论媒体的外部监督制约作用同样必不可少。舆论监督被誉为除了立法、执法、司法的"第四股力量",恰如美国第三任总统托马斯·杰斐逊所言:"信息之于民主,就如货币之于经济。"[2] 在大数据时代背景下,信息公开是舆论监督的前提,而有效的舆论监督能够确保权力正当行使、权利得到有效保障。但是在当前的大数据侦查实践中,舆论监督正在面临前所未有的挑战,对于案件侦办情况究竟应当如何进行信息披露,缺乏明确的合理限度。如果不能作出合理且有效的信息披露,那么舆论监督的效果也将大打折扣,大数据侦查的程序法治建设也将失去强有力的社会支撑。

关于信息披露,往往与社会媒体存在着密不可分的联系。伴随着大数据时代的不断发展,新媒体也正因大数据技术的普及而发生着深远变化,这对犯罪侦查同样带来巨大影响,既包括积极的推动作用,也伴随着矛盾冲突。在大数据侦查过程中,侦查机关通过与新闻媒体的良性互动,可以帮助社会公众对于科技引领下的新型侦查模式有一个更为准确、理性、客观的认知,避免由于不必要的主观偏见而导致的负面评价,特别是对于隐私权受到不法侵犯的过度恐慌。此外,新闻媒体还可以起到良好的外部监督制约效果,实现对于大数据侦查的规范制约。不过换一个角度来看,出于侦查效果以及侦查技术手段保密性的角度考虑,新闻媒体在对大数据侦查活动进行信息披露时,应当限定在一个合理的限度范围内;否则,不当的信息披露很有可能造成侦查效能的降低,致使潜在犯罪嫌疑人反侦查技术的提高,危害公共安全。进一步而言,对于一些已经通过大数据侦查

---

[1] 参见张爱军、杨丹妮:《监督舆论与舆论监督:网络公民权利与公共权力的进退与平衡》,《理论与改革》2021年第2期。
[2] 涂子沛:《大数据:正在到来的数据革命》,广西师范大学出版社2015年版,第15页。

终结、却尚未判决的案件,新闻媒体关于案情的信息披露程度以及言语表达是否中立客观,都有可能影响到案件处理的公平公正。特别是对大数据侦查而言,由于此种侦查模式自身技术性色彩突出,媒体如何准确理解侦查过程中的程序规定,又如何介入到此种相对密闭的侦查流程当中,以及案件侦破之后又该如何对案件进行客观中立但又兼具保密效果的新闻报道等问题值得展开深入思考,对上述问题的回应,将是在大数据侦查过程中侦查机关与新闻媒体展开良性互动所要具备的基本前提。

在传统犯罪案件报道过程中,对于犯罪现场的新闻报道是一个非常重要的方面,也是侦查机关执法公开的重要一环,更是媒体对公权力进行监督和对公民知情权进行保障的重要体现。其实早在2012年,公安部就印发了《公安机关执法公开规定》,并于2018年进行了修订,该规定进一步明确和细化了公安机关的执法公开工作,其目的在于促进公安机关公正文明执法、保障社会公众的知情权、参与权与监督权。新闻媒体作为侦查机关与社会群众信息传递的沟通桥梁,应当在信息公开与侦查秘密之间把握好合理限度。以刑事案件犯罪现场报道为例,适度及时的新闻报道是新闻自由的直接表现,也使侦查机关信息公开的范围得以增加;此外,适度及时的信息公开还有利于消除谣言,避免错误的舆论导向。[1] 不过进行此类犯罪现场报道需要把握几个最基本的原则:一是不能妨碍侦查工作的顺利开展;二是应当以尊重涉案人员隐私为前提;三是应当如实客观报道案情,并不得影响司法审理。然而上述要求在大数据侦查案件中变得难以实现,不同于传统案件类型,大数据侦查所针对的多为虚拟空间内的行为现场,媒体要想介入犯罪现场进行报道很难,在大数据侦查

---

[1] 参见高一飞、曾静:《犯罪现场新闻报道及其限度》,《法律适用》2015年第12期。

集中适用的某些贪污腐败案件、网络犯罪案件中甚至没有明确具体的犯罪现场。而且即使进入大数据侦查的运作程序中,新闻媒体由于对大数据技术的专业性欠缺,也很难起到监督制衡的效果。所以说,在大数据侦查中,外部舆论监督同样面临着制衡乏力的现实困境。

第五章
大数据侦查法治化的路径探索

针对大数据侦查法治化过程中出现的"三重困境",笔者将分别从法律规范、诉讼实践以及社会制衡等三个维度有针对性地寻求最佳解决路径,旨在最终形成一套完整的法治运行体系,从而为大数据侦查法治化建设提供全方位保障。

第一节 完善大数据侦查的法律规范

著名法学家萨维尼曾说:"每个个人的存在和活动,若要获致一安全且自由的领域,须建立某种看不见的界线,然而此一界线的确立又须依凭某种规则,这种规则便是法律。"[1]在如今大数据时代,每个公民对现实生活安定有序的追求以及虚拟空间信息自由的渴望是相辅相成的。针对当下出现的一系列犯罪行为,开展大数据侦查时同样应当基于一种"权力审慎干预、权利切实保障"的立场,及时对以技术权力为表征的侦查权力进行法律约束,对以个人信息权

---

[1] 参见〔英〕弗里德里希·冯·哈耶克:《自由秩序原理(上册)》,邓正来译,三联书店1997年版,第183页。

为代表的个人权利进行法律保护。目前我国采用的是一种配套性的立法模式,表现为立法具有位阶性,需要多个法律部门间进行协调配合。因此,要想实现大数据侦查法治化,首先一个前提,就是搭建起一套多层次、系统化的法律规范体系。在《刑事诉讼法》、司法解释以及相关职能部门的部门规章中,分别明确大数据侦查的基本原则、适用条件、办案标准以及对算法的有效规制,并使之与包括《数据安全法》《个人信息保护法》《网络安全法》等在内的其他法律相协调。

一、明确基本原则

明确法律的基本原则是进行法律适用的前提,法律原则作为各项具体法律条文制定的本源,应当具备综合性与稳定性,它是一种根本规范或基础规范,在法律规范体系中居于基础性地位,承载着总体精神与根本价值。[1] 因此,在进行有关大数据侦查的法律规范体系构建时,应当首先明确开展大数据侦查的基本原则,将其作为各项大数据侦查具体行为的指导性准则。在笔者看来,大数据侦查的基本原则应该从两个方面加以明确:一方面,大数据侦查于本质而言,依旧隶属于刑事诉讼法学、侦查法学的范畴,其行为规范应当首先满足刑事诉讼及侦查程序基本原则的要求,不妨将其称为大数据侦查的一般原则;另一方面,大数据侦查作为一种具有显著特征的新型侦查行为模式,在诸多方面存在一般法律规范难以有效规制的情况,因此还应当根据其自身特点确立更具针对性的特殊原则,从而弥补常规法律规范和一般基本原则约束不足的缺陷。大数据侦查的一般原则通常是基于"限权性"目的而设立的,如程序法定原则、无罪推定原则、比例原则与司法审查原则等;而大数据侦查的特殊原则应更注意

---

[1] 参见李可:《原则和规则的若干问题》,《法学研究》2001年第5期。

"授权性"与"限权性"相结合,从保障诉讼当事人个人合法权益的角度出发,确立起"通知—知情"原则、收集限制原则以及相对公开原则等。

(一)一般原则

大数据侦查的相关侦查措施、方法运用以及程序流程等虽然有别于传统侦查活动,但都必须符合侦查活动的一般规律,符合《刑事诉讼法》有关侦查活动的基本规定,因此应当严格贯彻一般法律原则。

1. 程序法定原则

程序法定原则是反映一国程序法治情况的基本原则,是指国家立法机关在制定法律的过程中,对司法行政机关行使权力的程序通过立法加以明确和规范。具体到刑事法领域,就是要在刑事诉讼法中明确司法行政机关追诉犯罪行为的程序规范,法无授权不可为,司法行政机关不得违背程序规则而任意决定诉讼的进程。[1] 在此基础上,侦查程序作为刑事诉讼的子程序,程序法定原则突出表现为强制侦查法定主义。通常情况下,侦查可以分为任意性侦查与强制性侦查,由于任意性侦查往往以征得当事人同意为前提,并不得采用强制性措施,所以其权利侵犯风险性较强制性侦查要小得多,因此应当在立法层面更加关注对于强制性侦查的法律规制。从侦查实践的反馈来看,目前我国所开展的侦查措施基本无一例外的都带有强制性色彩,均应符合程序法定的原则要求。大数据侦查作为一项新兴侦查措施,亟须在立法层面对其进一步明确,并制定完善的程序性规定、办案流程规定等,包括侦查主体的职权范围、适用标准、启动条件、时间期限、运行程序、救济途径等内容。其中,尤其要对立案程序进行严格把关,需要结合大数据侦查的自身特点,对立案前的初查与

---

[1] 参见谢佑平、万毅:《刑事诉讼法原则》,法律出版社2002年版,第168页。

立案后的侦查加以区分,将程序法定原则落实于大数据侦查实践之中。唯有如此,大数据侦查才不会从一开始便偏离了程序法治轨道。

2. 无罪推定原则

无罪推定原则作为刑事诉讼的基本准则,最早是由意大利古典刑事法学派代表人物贝卡利亚在其代表著作《论犯罪与刑罚》一书中明确提出,目前已为国际社会普遍接受,其法治意涵表现为:法院定罪、控方举证、证据裁判、主体处遇及罪疑惟轻等。[1] 在我国《刑事诉讼法》中表述为:"未经人民法院依法判决,对任何人都不得确定有罪。"由此可见,我国现行刑事诉讼法关于无罪推定的关注,大部分聚焦于审判程序,强调法院在审理刑事案件过程中的终决性地位,却对审前程序特别是侦查程序中对犯罪嫌疑人的"无罪推定"落实不到位,所以根据司法实践运行状况来看,导致冤假错案发生的根源往往起始于侦查程序。这种对侦查活动中无罪推定原则的忽视,不仅从根本上削弱了该原则的法律地位,而且也严重影响、制约了我国侦查程序的法治化进程和刑事法治的确立。[2] 因此在侦查过程中,对于无罪推定原则的贯彻应当更加聚焦到侦查行为本身,坚持以任意性侦查为主、强制性侦查为辅,客观实物证据收集与主观言词证据收集并重。

客观上,大数据技术为发现更多潜在的、隐性的客观证据提供了可能,有利于消减传统侦查模式下"口供中心主义"所带来的负面影响,降低冤假错案发生的可能性。但同时也要警惕技术客观外衣下的有罪推定。无罪推定原则要求侦查人员在适用大数据侦查措施时,应当以客观发现案件事实为出发点,而非以证实犯罪嫌疑人有罪

---

[1] 参见林喜芬:《中国确立了何种无罪推定原则?——基于2012年刑诉法修订的解读》,《江苏行政学院学报》2014年第1期。
[2] 参见樊崇义、刘涛:《无罪推定原则渗透下侦查程序之架构》,《社会科学研究》2003年第2期。

为目标。在对海量数据集合进行搜索、比对、挖掘、分析的过程中,既要注意"有罪事实"的证据收集,也要注意"无罪事实"的证据固定。所以,在具体侦查措施的适用选择上,也应当以最小侵害原则为标准,对犯罪嫌疑人进行最低限度的权利干预,保障其基本人权。

3. 比例原则

比例原则长期以来被誉为公法中的"帝王法则",是一项基本法治原则,具体是指公权力在依法限制公民基本权利时,用于衡量合法限制措施的必要性和充分性的一组规则[1],其核心要义在于:在一定的价值导向下,实现手段与目的的适当匹配。[2] 有学者结合刑事司法的运行特征,提炼概括出了比例原则的四项核心要求[3]:目的正当性要求、手段目的匹配要求、谦抑性要求、成本收益均衡要求。具体到侦查程序中,也即以打击犯罪与保障人权的双重价值目标为指引,实现侦查措施手段与发现案件事实真相之间的适当匹配,确保侦查权力谦抑,实现侦查成本收益均衡。从具体内容上来看,比例原则又可以细分为适当性原则、必要性原则与均衡性原则。适当性原则也被称为合目的性原则,它要求侦查机关所采取的具体侦查行为举措应当符合刑事诉讼法所规定的价值追求,不得背离打击犯罪与保障人权相统一的法治方向;必要性原则又被称为最小侵害原则,要求侦查机关在迈向法治化的进程中,如果确属迫不得已需要对犯罪嫌疑人进行权利干预、限制甚至剥夺,应当考虑是否确为必要,要将具有较高权利侵害性的侦查措施作为最后手段选择适用;均衡性原

---

[1] See Aharon Barak, *Proportionality: Constitutional Rights and Their Limitations,* Translated from the Hebrew by Doron Kalir, Cambridge: Cambridge University Press, 2012, p. 3.
[2] 参见裴炜:《比例原则视域下电子侦查取证程序性规则构建》,《环球法律评论》2017年第1期。
[3] 参见杨登峰:《从合理原则走向统一的比例原则》,《中国法学》2016年第3期。

则又称相称性原则或狭义比例原则,要求侦查行为举措对公民权利造成的损害不得大于该行为所能保护的国家和社会公益。[1]

大数据侦查作为一种干预公民权利风险较高的侦查措施,应当受到比例原则的严格规制。前已述及,大数据侦查是一个具有多维层次的立体化概念,涵盖了侦查技术、侦查措施、侦查行为、侦查方法、侦查模式、侦查机制等多项内容。仅就侦查技术方法而言,又可以分为大数据搜索、大数据碰撞、大数据挖掘、大数据画像等,在对于公民基本权利干预程度上也呈现出由低到高依次递增的特点。所以,大数据侦查活动对于比例原则的遵循,应当严格贯彻适当性原则、必要性原则与均衡性原则的基本要求,根据具体个案性质、证据掌握情况选择对等而恰当的侦查方式。

4. 司法审查原则

如果说程序法定原则是基础前提,那么司法审查原则则是后置保障,二者密不可分。从域外关于侦查程序正当运行的司法实践来看,普遍确立了司法审查原则,即要求侦查机关在开展涉及公民个人隐私数据的侦查措施之前,必须征得法官许可。[2] 司法审查的一个明显特征即令状制度,具体表现在三个方面:一是具体强制侦查行为的开展必须满足侦查程序的实质条件;二是法官签发令状是授权侦查机关得以开展侦查措施的形式要求;三是整个审查认定过程中法官必须基于自由心证进行裁量。[3] 可见,司法审查原则的实现,有赖于司法权对侦查权的程序性控制。

---

[1] 参见陈永生:《计算机网络犯罪对刑事诉讼的挑战与制度应对》,《法律科学(西北政法大学学报)》2014年第3期。

[2] 参见张泽涛:《反思帕卡的犯罪控制模式与正当程序模式》,《法律科学(西北政法大学学报)》2005年第2期。

[3] 参见高峰:《刑事侦查中的令状制度研究》,西南政法大学2007年博士学位论文。

目前我国侦查权程序控制的基本格局表现为"以内部自律的科层制控制为主、外部他律的分权式控制为辅"[1],在此背景下侦查程序法定原则的贯彻效果并不理想,突出表现为外部制约不足,权力控制"内卷化"[2]问题突出。所以在大数据侦查过程中,"有法可依"是一个方面,"有法必依"是另一个方面,必须确立起司法审查原则,通过来自外部的、中立的、强制审查监督力量来降低大数据侦查措施滥用的风险。

(二)特殊原则

特殊原则是相对于传统一般原则而言的,它是针对大数据侦查自身独有的特点,为了尽可能规避运用过程中潜在的风险,而应在法律法规、司法解释以及办案程序规范中加以明确的基本原则。

1."通知—知情"原则

"通知—知情"原则是指侦查机关在利用大数据技术开展相关侦查行为时,如果涉及相关诉讼当事人的敏感隐私数据,应当及时对其通知,以保障诉讼当事人知情权的实现,当事人如果发现个人信息数据被不当使用,可以寻求法律救济。该项原则的设立,旨在保护数据主体的知情权,是作为侦查程序中诉讼当事人权利救济的基础而存在的。在已有理论研究成果中曾经出现过"知情—同意"机制的语言表述,其目的主要是防止互联网商户利用强大的市场地位、现有数据优势与信息不对称获取表面上的平等置换。[3] 然而在大数据侦查过程中,虽然侦查机关与互联网商户同样处于一种占据更多数据资源的优势地位,但是利用数据的目的却并不相同,互联网商户获取更

---

[1] 詹建红、张威:《我国侦查权的程序性控制》,《法学研究》2015 年第 3 期。
[2] 刘世定、邱泽奇:《"内卷化"概念辨析》,《社会学研究》2004 年第 5 期。
[3] 刘迎霜:《大数据时代个人信息保护再思考——以大数据产业发展之公共福利为视角》,《社会科学》2019 年第 3 期。

多的个人信息数据资源主要是为了商业利益考虑,而侦查机关获取更多的个人信息数据则是主要出于打击预防犯罪、维护社会公共利益的目的。因此,如果现阶段在大数据侦查中采用"知情—同意"机制,那么意味着大数据侦查活动必须经由涉数据相关权利人"同意"才可适用。虽然此类机制的确可以起到防止个人信息数据肆意收集、使用的震慑作用,但是由于这一标准过于严苛,在侦查实践中缺乏可操作性。从笔者针对不同调研访谈对象的总结梳理来看,侦查实务界对此抵触情绪很大,认为在当前高发且复杂的犯罪形势之下,一味苛谈"权利保障"确实会在很大程度上影响"公共安全",而且很有可能影响到侦查人员的工作积极性。[1] 对此,笔者认为确立"通知—知情"的特殊原则对大数据侦查行为加以规制将更为适宜。一方面,明确了侦查机关的通知义务与权利个体的知情权;另一方面,大数据侦查行为的进行并不以"同意"为前提条件,不会对大数据侦查效果产生较大影响。与此同时,通知义务与知情权利的明确,在客观上又为侦查权力的规范行使增添了约束力,有利于确保大数据侦查在程序法治轨道上的良性运行。

2. 收集限制原则

收集限制原则,同样是大数据侦查过程中应该坚持的一项特殊法律原则。在大数据时代,数据永远不会静止,始终呈现爆发式增长的态势。那么在大数据侦查过程中,对于海量数据集合的搜寻比对究竟应该基于一种什么样的限度标准?大数据之"大",是对数据集合体量的一种表述,究竟多少数据才算大,没有具体数量标准,只要相对于分析对象是全体数据,足够得出结论即可。[2] 在侦查实践

---

[1] 参见本书附录一:《关于"大数据侦查法治化问题"的调研访谈记录》。
[2] 参见白建军:《大数据对法学研究的些许影响》,《中外法学》2015年第1期。

中,对于数据范围的圈定应当具有明确的认定标准,那就是应该与侦查阶段对于实现侦查目标的证明标准相适应,数据集合体量足以支撑对于案件线索的获取、证据的固定、真相的发现即可。同时,在大数据收集的过程中应当注意信息数据隐私敏感程度与侦查进程的对应性,在无具体刑事案件发生的预测预警阶段,原则上仅可以收集、分析已公开的信息数据,例如公民个人在社交媒体上公开发布的内容,应当视为公开数据内容;而在有具体刑事案件发生的初查阶段,以不干预个人敏感信息为原则,以经特殊程序许可的有限干预为例外;在立案后的具体案件侦查过程中,确有必要时才可以根据案件突破需要对个人隐私敏感数据进行深入挖掘、分析。[1] 另外,收集限制原则还要求侦查机关对于所收集、分析的无关信息数据及时销毁,将数据安全作为大数据应用的基础和前提[2],坚持"一次使用原则",以保护公民的隐私权免受不正当侵害为归宿。

3. 相对公开原则

按照传统侦查学理论,侦查不公开是原则,公开是例外。长期以来,侦查实务界一直对"侦查公开"的提法非常抵触,认为一旦公开将会对侦查工作的顺利开展造成阻碍,给侦查破案提高难度,这对被害人而言也不公平。而且从犯罪预防的角度来看,一旦侦查完全公开将会使准犯罪人了解学习更多的反侦查技巧,不利于社会安全治理。笔者认为最好的做法是实现"相对公开",以大数据侦查中的电子数据取证为例,一方面可以根据案情只向特定当事人公开,另一方面则可以只对电子数据取证的形式规范进行公开。如果证据材料涉及国

---

[1] 参见裴炜:《个人信息大数据与刑事正当程序的冲突及其调和》,《法学研究》2018年第2期。
[2] 参见〔美〕埃里克·西格尔:《大数据预测:告诉你谁会点击、购买、死去或撒谎》,周昕译,中信出版社2014年版,第39页。

家秘密和个人隐私则不能对外公开,对特定涉案诉讼当事人可以在保密的基础上,保证公开的内容尽可能不涉及具体的取证技巧和策略,而主要是一些程序上的审批规范。

之所以在大数据侦查中设立相对公开原则,主要是考虑到大数据侦查的高度技术性与密闭性。相对公开原则强调"适度性",旨在不妨碍侦查效果实现的前提下,规避大数据侦查完全密闭程序下可能出现的"黑箱效应"。大数据侦查活动的相对公开,不能等同于侦查信息的完全公开,而是有限度地向特定主体公开。前已述及,在大数据时代背景下,大数据公司掌握了大量的社会信息数据及技术平台,成为大数据侦查程序中不可逾越的一个重要第三方主体,它将起到平衡公权力与私权利的重要作用。因此,大数据侦查的相对公开原则,要求侦查机关在采用具有高度强制性的大数据分析技术时,应当将数据分析系统的程序算法向第三方大数据公司适度公开,作为中立第三方的大数据公司应当履行客观监督义务与侦查保密义务。此外,在某些情况下,侦查机关通常会委托相关大数据公司进行数据分析,此时大数据分析算法的相关原理、参考要素等,同样应当在侦查程序内向办案人员进行告知并书面留存。

二、严密适用条件

权力往往天然具备吸引力和扩张性,"吸引力"体现在诸多主体对于权力孜孜不倦的追求,甚至不惜为其铤而走险;"扩张性"则表现在权力自身辐射范围的发散,权力触角总是倾向性地向外伸张。所以,在大数据侦查法治化进程中,要想防止已添技术之"翼"的权力之"虎"难以规制,就必须明确权力主体的范围和适用案件的类型,从而严密限制大数据侦查的适用条件。

(一)明确权力主体

大数据侦查的权力属性是一种侦查权,我国《刑事诉讼法》对于侦查权的行使主体有着明确规定,只有国家法定的侦查机关才有权行使侦查权,其他任何个人、组织、团体、机关都不得行使侦查权。我国之所以对侦查权的行使主体实行严格限制,其目的在于,从行为主体的授权层面实现对于侦查权的有效控制。大数据侦查作为一类新型且特殊的侦查措施,目前立法上尚无准确定性。按照笔者对于大数据侦查的属性界分,它在本质上是一种侦查技术,但是多数情况下由于对个人隐私领域的深度介入,它又与技术侦查存在非常密切的交叉关系。所以在关于大数据侦查的权力行使主体方面,笔者认为将其限定在市(县)级以上公安机关更为合适。首先,长期以来公安机关一直强调信息化建设,注重数据资源的收集整合,着手筹建金盾工程(包括全国公安综合业务通信网、全国违法犯罪信息中心、全国公安指挥调度系统工程、全国公共网络安全监控中心等),已经具备先天技术优势。其次,限定在市(县)级以上公安机关享有大数据侦查行使权,主要还是基于当前基层警务的数据整合情况以及数据管理安全性的现实性因素考量,以一种审慎的态度稳步向纵深发展。最后,之所以没有将检察机关纳入大数据侦查的权力主体范畴,主要是观察到当前国家监察体制改革、司法改革正在同步推进,根据我国最新修订的《刑事诉讼法》,目前检察机关的职务犯罪侦查权受到大幅度削减,仅仅保留了非法拘禁罪、非法搜查罪、刑讯逼供罪、暴力取证罪、虐待被监管人罪、滥用职权罪、玩忽职守罪、徇私枉法罪等14个针对司法工作人员的罪名,适用范围较小;确有适用大数据侦查必要时,完全可以通过警检合作机制完成。除此之外,将检察机关排除在大数据侦查行使主体的范围之外,也有利于保证检察机关切实履行法律监督职能,对大数据侦查权的行使进行客观中立的外部监督与制约,避免陷入"自侦自纠"的尴尬处境。

另外需要说明的是,大数据公司虽然在大数据侦查中占据重要地位,并且随着其信息数据汇聚能力的不断增强,其作用还将进一步彰显,但是从我国现行法律规定和司法实践状况来看,短期内它不可能成为大数据侦查的行为主体,而只能起到协助侦查的辅助作用。一方面,我国在授权规定方面有着严格的门槛限制,并且一贯奉行侦查单轨制,仅认可国家法定侦查机关有权实施侦查行为,所以其他社会组织、商业团体不可能享有大数据侦查的权限;另一方面,大数据公司自身也具有两面性,既有商业公司固有的趋利性,也有作为用户群体数据管理的社会责任,难以确保其侦查权力行使的客观公正性。所以,大数据公司在大数据侦查中虽然可以履行侦查协作义务和客观监督职责,但不能成为大数据侦查的权力行使者。

(二) 区分适用范围

大数据侦查具有全局相关的特征,也即全局性、实时性、相关性,因此它实现了由被动侦查向主动侦查的转型,传统事后型侦查也正在逐步向前瞻型侦查迈进。所以在大数据侦查适用范围的界定方面,不应该采取"一刀切"式的限定,而应当根据大数据侦查的功能选择,针对大数据侦查启动的不同阶段来区分案件适用范围。比如,基于犯罪预防目的而进行的大数据分析,此类大数据侦查行为本质上属于社会治理层面的犯罪控制行为,不以"案发"为启动前提,也没有具体的犯罪嫌疑人指向和案件真相还原目标。但这并不意味着它不受适用范围之限制,只不过这种范围限制不应以案件类型为区分,而是要对数据类型加以区分。运用于犯罪预防的"大数据"必须是不涉及个人隐私信息的"脱敏数据"。再比如,针对已发案件开展大数据侦查,则需要根据个案性质、案件类型、犯罪嫌疑人的社会危害性等因素进行综合考量,然后区分选择大数据侦查的适用手段。针对一般刑事案件,大数据侦查手段可以参照常规侦查措施的要求展开适用,通常情况下无须选择大数据挖掘、大数据画像等高技术性措施,所涉及的数据也主要是来源于自建数据库的基础信息数据。然而对于涉及个人信息敏感隐私数据的大数据侦查行为,其适用范围则需要加以严格限制,此时可以适当类比技术侦查措施的适用范围规定。参照域外一些通常做法,在大数据时代背景下,国家公权力机关在履行积极义务时,应当对案件性质进行判断,是否涉及侵犯基本人权、存在种族歧视以及严重暴力、恐怖主义等。[1] 域外有关技术侦查手段的限制性规定可以为大数据侦查在不同案件类型中选择适用不同的具体举措提供借鉴。针对我国的具体国情而言,此类涉及敏感大数据侦查的特殊措施应当满足以下三个方面的基本要求:第一,此类大数据侦查措施必须仅针对具有严重社会危害性的重罪案件,如涉嫌危害国家安全犯罪、恐怖犯罪、黑社会犯罪、毒品犯罪以及其他可能被判处三年以上有期徒刑的故意犯罪;第二,此类大数据侦查措施所收集的敏感信息数据必须仅限于犯罪嫌疑人,并且应当严格遵循收集限制原则,排除与证实案件事实无关的敏感信息数据;第三,此类大数据侦查措施仅能作为"最后手段"适用,如果采用常规侦查措施就可以查明案件事实真相,那么采用此种大数据侦查技术显然超出了适用范围限度,则不符合适用条件。

---

[1] See ECtHR Research Division, Internet: Case‐law of the European Court of Human Rights, 2015, available at http://www.echr.coe.int/Documents/Research_report_internet_ENG.pdf, last access: 2018‐08‐16.

(三)*严格审批流程*

1. 规范"申请—审批—执行"

以大数据运用于侦查为背景,侦查效能的提升需以侦查程序的规范化、法治化为前提。唯有如此,才能找准信息情报在侦查各环节中合理使用的连接点和作用面,从规律性和预测性入手,深入挖掘利用信息的内涵与价值。规范大数据侦查的具体运行程序,首先应当明确使用大数据技术的申请者,这里的"申请者"不同于前文提到的大数据侦查权主体。大数据侦查的申请者是指在具体办理刑事案件过程中,认为确有必要采用大数据技术以帮助寻求线索、固定证据、追捕犯罪嫌疑人的动议发起者;而大数据侦查权的主体则是指具体运用大数据侦查技术进行数据搜索、数据碰撞、数据挖掘、数据画像等技术手段的侦查权力机关,也即具体权力执行者。当然,由于大数据侦查与个人隐私保护之间的紧张关系,从大数据侦查的申请到最终执行,需要严格的审批机制。

大数据侦查的申请者既包括各级公安机关、人民检察院、国家安全机关等享有侦查权的各级机关部门,也包括与案情存在紧密利害关系的个人、团体组织,如犯罪嫌疑人、辩护团队等。通常情况下,大数据侦查的动议发起者主要是侦查机关,出于打击犯罪抑或犯罪预防的目的,确有需要采用大数据技术进行分析。但是,由于涉案当事人与大数据之间的紧密关系,在无罪推定理念的引领下,大数据技术不仅具有证实犯罪的功能,还具有证明无罪的作用。又因为在我国侦查单轨制背景下,辩护方可接触的大数据资源相对有限,所以保留犯罪嫌疑人、辩护团队申请大数据侦查的权利存在现实必要性。另外,前文笔者界定过大数据侦查权的主体应当限于市(县)级以上公安机关,这里需要格外强调的是,大数据侦查的申请者并不以此为限,各级侦查机关都有权提出使用大数据技术的申请。

大数据侦查的审批者在理想状态下应当是中级以上人民法院。因为审批者的角色定位必须保证客观中立,不能带有追诉倾向,由公安机关内部自我审批的模式已经被实践证实是一种"虚置的门槛设置"。恰如汉密尔顿表述的那样:"任何人均不能作为其本人或与其本人有任何干系或其本人有所偏私一类案件的裁判者。"[1]在两造对抗的等腰三角诉讼模式构造中,唯有法院处于中立裁判的地位。但是从我国现行法律运行状况来看,目前尚未建立起完善的司法审查制度,不过《宪法》中明确规定了"人民检察院是国家的法律监督机关",所以依笔者所见,现阶段将人民检察院作为"过渡式的审批者",也不失为一种迂回式的选择。等到下次立法修改时,再进行全面的司法审查制度建设。

2. 书面记录"数据流转"

在开展大数据侦查活动的过程中,因为大多涉及虚拟空间内的"数据流转"(主要是指侦查过程中对于海量数据集合的收集、固定、比对、分析、呈现以及销毁等具体数据利用过程),而这一过程相较于传统实物证据材料、言词证据材料的收集固定,具有更强的载体依附性、隐蔽性、易篡改性等特征,所以在使用规范上应当严格要求,以确保数据记载信息的客观真实性。因此,如何实现虚拟空间内"数据流转"过程的可视化,成为探寻大数据侦查法治化的一个重要议题。笔者认为,在大数据侦查过程中,应当对数据材料的每一次流转节点进行书面记录,取消口头对接模式。以大数据监控模式为例,纵观当今世界各国关于监听申请方式的设置,绝大多数国家都是采取书面方

---

[1] [美]汉密尔顿、杰伊、麦迪逊:《联邦党人文集》,程逢如、在汉、舒逊译,商务印书馆1980年版,第401页。

式,非书面方式仅被加拿大采用。[1] 以美国为例,司法机关调取私密程度不同的数据时,需要履行传票、法庭调查令、搜查令等不同严格程度的程序。[2] 以上传票、法庭调查令、搜查令等也均是以书面形式而存在的,客观上记录了数据调取的进程。其实我国已经注意到了对数据使用流程进行记录的重要性,在2016年《关于深化公安执法规范化建设的意见》中就有关于"建立健全执法全流程记录机制"的要求;在《公安机关办理刑事案件电子数据取证规则》(2019)中更是进一步强调,电子数据取证过程中需要严格规范使用《电子数据现场提取笔录》《电子数据提取固定清单》《远程勘验笔录》《网络在线提取笔录》《协助冻结电子数据通知书》《解除冻结电子数据通知书》《调取证据通知书》《电子数据检查笔录》《电子数据侦查实验笔录》等具体书面记录文书。所以,为了确保大数据侦查运行程序的规范性并遵循国际惯例,在"数据流转"过程中应当通过书面形式记录每一次数据移交使用的过程,实现"数过留痕"。

纷繁复杂的海量数据集合中蕴藏着丰富的侦查资源,但是这些资源并非可以一眼识别,需要通过大数据技术的筛选提炼,这是一个"运用相关知识将具有相关性的数据整合起来,并格式化、规范化使之成为信息分析中的有效数据的处理过程"[3]。在这个过程中,数据使用与数据安全是辩证统一的,完备的数据安全保护政策同样是数据正当流转使用的前提。所以侦查机关在对电子数据材料进行使

---

[1] 参见李明:《监听制度研究——在犯罪控制与人权保障之间》,法律出版社2008年版,第306页。
[2] 参见顾伟:《美国政府机构获取电子数据的法律程序研究》,《信息安全与通信保密》2016年第12期.
[3] 郑彦宁、化柏林:《数据、信息、知识与情报转化关系的探讨》,《情报理论与实践》2011年第7期.

用的过程中,既要配备专门的加密存储系统、计算机运行系统、访问权限控制系统、身份认证系统等,又要对以上系统的使用者、审批者进行书面情况记录,将数据库系统进入时间、退出时间、数据使用目的、数据分析结果等具体情况落实到书面记录文书中,留存备查,从而形成一种来自外部监督的约束力。

三、细化办案标准

在对大数据侦查行为进行规范的过程中,不应仅仅停留于宣示性、概括性的规则设立,还应当根据具体侦查目标对大数据侦查行为进行细化,明确办案标准。由于大数据侦查模式不同于传统侦查模式,其中最明显的一个特征就是预测警务的出现。所以在细化大数据侦查行为规则时,应当对其加以区别性分析,具体划分为"个案回溯型侦查行为"与"整体预测型侦查行为":个案回溯型侦查行为主要适用于个案、已发案件,在侦查过程中运用大数据技术实现对于案件情报线索和刑事证据的收集,从而破获案件,缉捕犯罪嫌疑人;整体预测型侦查行为往往没有具体案件指向,重点在于对未发案件的预测分析与实时监测,以达到犯罪防控的效果。

(一)个案回溯型侦查行为

对于个案回溯型侦查行为来讲,大数据运用的启动节点是在案件发生之后,即具体犯罪行为已经发生。不过需要强调的是,此时的案发节点与立案程序是存在差异的,一般情况下立案程序都会滞后于案发的时间节点。在大数据侦查语境下,笔者倾向于将"立案"视作一个程序阶段而非具体时间点,在此程序内包含了初查行为以及初查之后的正式立案节点两个部分。所以,个案回溯型侦查行为在流程上,既适用于立案程序(含初查)阶段,又适用于立案之后的侦查阶段,做此种理解有利于大数据侦查行为与现行立法规定的有效对接。在具体侦查取证过程中,个案回溯型侦查的目的非常明确,就是根据已发案件的破案需求,通过对于海量数据的分析利用,挖掘出更多情报线索和证据材料,最终实现侦查破案、查缉犯罪嫌疑人。因此,对于个案回溯型侦查行为,规制之重点仍在于侦查取证程序的规范性。

从程序法治的视角出发,在侦查过程中运用大数据技术开展的个案回溯型侦查行为,应当严格遵循比例原则,这就要求该取证行为至少满足四项基本要求,即目的的正当性、手段与目的相匹配、权力的谦抑性以及成本与收益相平衡。以上四项要求层层递进,对大数据侦查取证活动形成一套内在逻辑自洽的程序性规范体系。有鉴于此,我们可以初步归纳出大数据侦查取证时的"四步程序规则":第一,主张采取大数据技术取证的主体,应当对侦查目的的正当性作出说明,这种说明应当体现于申请审批文书的事项说明中;第二,审批主体应当根据案件具体情况,对大数据取证手段与侦查目的的匹配性作出判断;第三,在进行大数据侦查取证的过程中,应当严格保持权力的谦抑性,以实现正当目的为限度,严格控制数据分析提取的广度和深度,实现对于公民个人权利的最低干预,也即"司法意义上的帕累托最优"[1];第四,应当综合比对大数据侦查取证的成本与收益,其中,需要特别关注涉及公民个人权利的"法益成本"和涉及侦查效能的"资源成本",二者在各国立法与实践中向来是判断侦查手段合理性的重要因素。[2]

---

[1] See Julian Rivers, Proportionality and Variable Intensity of Review, 65 *Cambridge Law Journal* 2006, p.198.
[2] See J. Bomhoff, Balancing, the Global and the Local: Judicial Balancing as a Problematic Topic in Comparative (Constitutional) Law, 31 *Hastings Int. & Comp. L. Rev.* 2008, p. 555.

此种个案回溯型侦查行为,它在运用大数据技术进行分析研判时,往往通过两种方式进行:其一,搜寻比对数据库中与案件相关、有价值的原始数据信息;其二,对相关海量原始数据进行深加工,通过二次分析获取新的衍生数据信息。对于这些重组分析后的衍生数据信息而言,虽然它们与案件存在若有若无的关系,但是其并不能直接有效地被用于去证明有罪或是无罪。[1] 也正因此,有学者提出了"衍生数据是否具有作为证据而被运用的法律基础"[2]的疑问。在笔者看来,我们在进行大数据侦查取证时,应当格外注意对于数据类型的区分,对于与案件紧密相关的"原始数据"可以直接固定为电子数据;而对于与案件关联性不够明显,但对证明案件事实同样起到作用的"衍生证据",则应当在形成证据链条之后才被归入证据范畴。

涉及具体电子数据提取时,除了在主观上应当时刻秉持"印证模式"[3]理念,在客观行为上还应当注意区分适用"直接取证规则"与"间接取证规则"[4],并在外部程序形式上重点做好电子数据的提取、固定、登记和保管工作。这就要求除了装备有现代化的大数据提取设备,还要格外注重取证流程的规范化。侦查人员应当严格遵循《刑事诉讼法》《公安机关办理刑事案件程序规定》《公安机关办理刑

---

[1] See Brandon L. Garrett, Big Data and Due Process, *Cornell Law Review Online*, vol. 99, no. 45 (Aug. 2014), p. 211.
[2] 张吉豫:《大数据时代中国司法面临的主要挑战与机遇———兼论大数据时代司法对法学研究及人才培养的需求》,《法制与社会发展》2016 年第 6 期。
[3] 龙宗智:《刑事印证证明新探》,《法学研究》2017 年第 2 期;龙宗智:《印证与自由心证———我国刑事诉讼证明模式》,《法学研究》2004 年第 2 期。
[4] 直接取证规则是指将大数据侦查所获取的数据材料直接作为证据使用;间接取证规则是将大数据侦查所获取的数据线索作为其他侦查活动的信息背景,在此基础上再去获取其他证据材料。例如,可以首先通过大数据侦查,对于犯罪嫌疑人的基本情况信息有一个基本了解,然后在此基础上对其展开讯问,从而获取犯罪嫌疑人供述。

事案件电子数据取证规则》等法律规范的具体要求,以确保大数据侦查取证行为规范、取证程序合法,保证电子数据的真实性、完整性、合法性。具体而言,比如在对计算机中的电子数据进行提取时,必须一并扣押封存其所依附的载体设备,对于提取出的有价值的信息数据应当确保在无污染的存储介质当中予以复制保存,而不能在原有计算机设备中直接进行数据分析,以免破坏数据原始状态。[1] 另外,整个电子数据的提取、分析过程都应全程同步记录,并标注设备型号、取证时间、办案人员、扣押物品清单以及见证人等具体信息。

(二)整体预测型侦查行为

对于整体预测型侦查行为而言,大数据技术的运用则不受"案发"时间的限制,该行为主要是基于已发案件犯罪主体、犯罪行为、犯罪时间、犯罪地点等大量数据的汇总分析,从中得出某一类犯罪的规律性特征或趋势,从而将这一分析结果运用于犯罪预防,提前做好阵地控制,以尽可能降低犯罪危害后果的发生。国外也有学者将其称为"预测警务"(predictive policing),被定义为在风险控制理念主导下,对海量数据采用量化分析等技术,以协助警察识别犯罪并进行犯罪预防或犯罪治理的侦查活动。[2] 它不同于传统个案侦查模式下"侦查取证、缉捕犯罪嫌疑人"的目标指向,而是将识别潜在犯罪风险、预测犯罪行为作为主要目的,并将大数据分析作为主要技术支撑,通过侦查人员对大数据分析结果的评析判断,最终作出相关防控治理举措。此种整体预测型侦查行为的出现,是对侦查模式的巨大

---

[1] 参见本书附录一:《关于"大数据侦查法治化问题"的调研访谈记录》。
[2] See Walter L. Perry et al., *Predictive Policing: The Role of Crime Forecasting in Law Enforcement Operations*, RAND Corporation, 2013, p.xiii; Rutger Rienks, Predictive Policing: Taking a Chance for a Safer Future, Korpsmedia, 2015, p.19.

创新和突破。它有利于增强侦查人员对历史案件重新梳理归纳的动力,也有利于侦查人员对于案件材料归档数字化的促进,更有利于犯罪预防、社会治理现代化的实现。据了解,目前我国正在逐步建立犯罪风险等级预警平台,刑侦部门可以通过对地域性高危人员、重点人员在机场、港口、车站、宾馆、商城等活动场所产生的多维轨迹数据实现自动收集。在此基础上,侦查指挥人员一方面可以通过案件线索与空间数据的"人案关联",指导案件发生地进行针对性布控;另一方面,还可以通过轨迹流向特征,对高风险区域发布动态布警指令。例如,重庆刑侦总队针对扒窃犯罪通常习性特点,在强化扒窃案件涉案视频统一汇总、集中研判的基础上,通过与外省市交流的方式建立了有 6 万余张扒窃前科人员照片的大数据库,再结合人像比对、人脸识别系统,实现 24 小时不间断的"人案关联"比对,同时通过地域性扒窃高危人群的结伙同行规模、轨迹流向在线分析,对重点区域进行不同级别的预警提示,全面提升了对扒窃犯罪的管控和打击效能。[1] 这种整体预测型侦查行为在犯罪预防、社会治理过程中取得了良好的效果,值得各地公安机关学习借鉴,维护地区安定有序。

从上述侦查实践情况可以看出,与个案回溯型侦查不同,整体预测型侦查行为针对的是"未知案件",抑或正在发生但是尚未被发现的案件。因此,在此种大数据侦查中,充分利用大数据技术做好阵地控制格外关键。所谓"阵地控制",是指侦查人员综合利用公开行政管理与秘密侦查力量,对涉案人员的吃、住、行、消、乐等重点场所严密布控,从而将可能发生的犯罪行为控制在侦查视野之内的一项基

---

[1] 参见本书附录一:《关于"大数据侦查法治化问题"的调研访谈记录》。

础工作。[1] 而在大数据侦查语境之下,阵地控制最突出的代表形式即为"大数据监控"。因此,对整体预测型侦查行为的规制,实际上也就是对大数据监控行为的程序性约束。在这个过程中,我们还应对数据的隐私敏感程度予以格外关注。从目前世界各国立法情况来看,美国法和《欧洲网络犯罪公约》将数据进行了内容数据和非内容数据的区分。内容数据主要是指内容信息可以被直接感知的一类数据,如电子设备中的文字、图片,即时通讯记录中的聊天内容、邮件信息等。非内容数据则主要是指不可以被直接感知的,需要进行转化才可以被感知的数据,如某文档被删除或修改的时间、某账户登录网银系统的时间、某设备的 IP 地址、某服务器的登录及访问记录等。[2] 基于这种分类,也有学者提出了对内容数据与非内容数据采取不同网络监控程序的立法规制模式。[3] 这对于大数据整体预测型侦查行为的规制,具有很大的借鉴价值。总而言之,应当对大数据个案回溯型侦查与大数据整体预测型侦查这两种不同的侦查行为模式加以区分,对于主要涉及内容信息的敏感隐私数据审慎适用,原则上一般只能用于案发且已正式立案之后的大数据侦查活动;而在大数据整体预测型侦查模式之下,一般不得涉及有关不特定主体的敏感隐私数据,而只能是基于非内容信息数据进行分析利用。

此外,如何保证整体预测侦查行为的准确性,也是一个不容忽视的问题。因为大数据本身其实并不强调精确性,预测警务系统的"算法模型"也并非十全十美,所以大数据的预测分析结果也难以做到百

---

[1] 参见马忠红:《论侦查阵地控制的发展趋势》,《江西公安专科学校学报》2009 年第 4 期。
[2] 参见刘洋洋:《网络犯罪中的电子数据证据及其审查运用》,《信息网络安全》2013 年第 11 期。
[3] 参见刘梅湘:《侦查机关实施网络监控措施的程序法规制——以域外法的相关规定为参照》,《法商研究》2017 年第 1 期。

分百精确。由于犯罪行为的纷繁复杂性,仅仅通过静止的数据进行事实还原显然是不够的,还需要综合运用逻辑推理将碎片化的信息进行重组,以逻辑推理指导数据分析,用数据分析检验逻辑假设。[1]所以,依笔者所见,在适用整体预测侦查行为模式背景下,大数据分析预测结果不应直接作为启动个案侦查的依据,而应当经由侦查人员结合具体案情分析,作出最终处理结果,以防止因为预测失误而错误抓捕"犯罪嫌疑人"的情况出现。这就需要在法律规范中予以明确规定,大数据预测分析结果必须可视化,并将可视化的分析结论报告留存,以备查验,从而形成对于整体预测行为的约束力。

四、加强算法规制

在法律规范层面,除了需要明确基本原则、严密适用条件以及细化办案标准,还应当对于大数据技术规则予以关注,尤其要加强对于算法的法律规制,及时弥补算法规制缺失的不足。诚如前文所述,当前大数据侦查过程中普遍存在"算法黑箱""算法歧视""算法偏见"等问题,导致大数据分析过程透明度不高,技术权力异化风险加剧,这严重阻碍了程序法治建设。因此,在完善有关大数据侦查的法律规范时,应当加强对于算法的有效规制。具体而言,对于大数据侦查算法的法律规制,可以分别从"增设算法解释规定"与"确立算法问责机制"两个方面予以补强:前者通过明确大数据侦查各参与主体进行算法解释的权利和义务,有利于破解"算法黑箱",提高大数据算法的透明性;后者通过判断界定算法出错的原因、性质,有利于对"算法歧视""算法偏见"以及"算法适用错误"等问题提供对应的惩罚与

---

[1] 参见单勇:《基于犯罪大数据的社会治安精准防控》,《中国特色社会主义研究》2016年第6期。

救济途径,从而提高大数据算法的可责性。

(一)增设算法解释规定

在大数据侦查过程中,由于程序本身的相对密闭性,再加之技术高度专业化,导致此种侦查行为一直披着一层神秘面纱。在这种不透明的程序运转下,权力异化、权力恣意的风险极高。除了算法自身的保密性、复杂性、技术性等因素,算法使用者的刻意隐瞒,也是出现上述风险的可能因素之一。[1] 为了尽可能消除"算法黑箱"带来的负面影响,有学者提出了"可解释性第一原则"[2]。该原则要求算法的设计运用能够为公众所知晓,虽然相关专业技术原理较为复杂且不易被理解,但是对于该项技术运用的目的、方式、结果及意义等情况应当作出合理解释。这种合理解释并非要求将大数据侦查中的算法代码公开,也不要求该算法的设计者、使用者对算法运行原理做专业透彻的技术介绍,而是要求通过一种可以被社会公众普遍理解的方式来解释算法,提高算法透明度,形成对于算法权力的监督与约束,尤其是当社会公众产生疑惑时能够及时答疑,从而形成一种社会信赖。可见,通过算法解释可以有效地规避算法黑箱风险,消弭社会公众与高新技术间的认知鸿沟,提升大数据分析结果的准确度与可信度。

然而遗憾的是,我国现行法律规范中尚没有关于算法解释的明确规定,因此也就很难在大数据侦查中要求侦查机关作出关于分析

---

[1] See Joshua A. Kroll, Joanna Huey, Solon Barocas, Edward W. Felten, Joel R. Reidenberg, David G. Robinson, Harlan Yu, Accountable Algorithms, 165 *U. Pa. L. Rev.* (2017), p. 633.
[2] Paul B. de Laat, Algorithmic Decision-Making Based on Machine Learning from Big Data: Can Transparency Restore Accountability, *Philosophy and Technology* (2017), p.17.

算法的合理解释,导致"技术黑箱"叠加"保密黑箱"的"双黑箱"问题[1]突出,亟须增设算法解释规定。当前我国已有学者开始关注这一问题,并尝试从实体性权利保护角度出发,围绕"算法解释权"展开论述,认为算法解释权是指"当数据主体认为算法决策得出的结果与自己预期不相符合时,有要求对算法设计以及运行(即数据的分析处理过程)进行解释的权利"[2]。或者说是"当自动化决策的具体决定对相对人有法律上或者经济上的显著影响时,相对人向算法使用人提出异议,要求提供对具体决策解释,并要求更新数据或更正错误的权利"[3]。可见,算法解释权作为大数据时代背景下的一种新型权利类型,正在得到越来越多的关注与认可,笔者认为它在本质上实际上是一种程序性救济权利,有助于实现对知情权、隐私权以及个人信息权的有效保护,当在大数据侦查分析过程中对上述权利造成侵犯时,可以通过主张算法解释权以获取救济途径。

具体到大数据侦查的应用领域,应当进一步明确和细化有关算法解释的适用规范。在解释形式方面,可以根据前文提到的两种不同的大数据侦查行为采取不同的解释模式。对于个案回溯型侦查行为,主要是针对已发个案进行大数据分析,此时算法分析的对象主要是针对特定主体,因此在进行算法解释时往往需要该特定主体首先提出异议申请,然后再进行相关算法解释,此种解释模式可以被视作为一种依申请启动的被动算法解释模式。而在整体预测型侦查过程

---

[1] 参见党俊琦、王永宝、胡晓晖:《反恐预测算法"双黑箱"之对策研究》,《情报杂志》2019年第9期。
[2] 姜野、李拥军:《破解算法黑箱:算法解释权的功能证成与适用路径——以社会信用体系建设为场景》,《福建师范大学学报(哲学社会科学版)》2019年第4期。
[3] 张凌寒:《商业自动化决策的算法解释权研究》,《法律科学(西北政法大学学报)》2018年第3期。

中,则不能仅仅通过被动模式进行解释,因为此类侦查行为往往不针对特定个人,而是一种基于过往信息数据的整体分析。多数情况下,很多被大数据分析的对象并不知道自己已经被纳入了预测评估范围,所以也便无从提起异议。这样一来,算法解释权便难以达到规制算法权利的目的初衷。因此,在大数据侦查中,对于整体预测型侦查行为还应当设立一种依职权启动的主动算法解释模式,也即在开展此类侦查行为之前,首先发布一份"大数据侦查算法评估报告",用来解释本次侦查行为的目的初衷、预期效果、考虑因素等。而在具体算法解释时,不管是主动模式还是被动模式,均应该满足"常识认知"的解释标准。也就是说,该算法解释应以通俗易懂的语言使被分析对象知悉进行算法分析的原因、考虑因素、目的初衷以及预期效果等内容,能够为具备一般常识的人所理解。在大数据侦查中增设这样的算法解释规定,一方面,侦查人员需要更多考虑大数据算法的合法性与正当性问题,从而起到一种前置性引导作用;另一方面,如果确实因为大数据算法引起相关权利人异议时,权利人将不会再因为"算法黑箱"问题而无从诉求,完全可以通过行使算法解释权发挥一种后置性惩戒作用。如此一来,必将有利于大数据侦查法治化建设。

(二) 确立算法问责机制

算法解释权赋予了数据主体获得解释的权利,明确了数据控制者的解释义务,这对于侦查机关来说是一种限权性规定,旨在通过提高算法透明性达致重塑算法决策可责性。[1] 法律制度在对风险治理时,违法责任的承担是最有力度也是最后的治理手段。[2] 在大数

---

[1] 参见张恩典:《大数据时代的算法解释权:背景、逻辑与构造》,《法学论坛》2019年第4期。
[2] 参见姜野:《算法的规训与规训的算法:人工智能时代算法的法律规制》,《河北法学》2018年第12期。

据侦查过程中,如果大数据分析算法确实存在问题,在进行算法解释时无法给出具有说服力和可信性的解释依据,那么则有必要进行问责和惩戒。因此,在法律规范层面应当及时确立起算法问责机制。

在确立算法问责机制时,有两个方面应当予以格外关注:一是问责主体;二是问责情形。首先是问责主体的明确,在大数据侦查过程中一旦出现了算法争议问题,究竟由谁进行问责?前已述及,由于大数据侦查措施的行使主体为市一级公安机关,所以按照传统规定来看,问责主体应为上一级主管机关。但是考虑到大数据侦查分析算法的专业特殊性,以及公安机关内部的行政一体化色彩,笔者认为应当设立专门的审查问责机构进行监督。目前,在我国政府机构改革背景下,已经有山东、广东、福建等多个省份通过机构改革方案最新设立了大数据局,其职责主要是推动、指导、管理大数据发展。因此,完全可以以此为契机,由省级大数据局、省级公安机关督察部门以及同级检察机关法律监督部门组成联合问责主体。其次,应当明确问责的具体情形,算法问题的出现究竟是因为客观因素导致,还是因为主观因素导致?客观因素主要是指数据质量、数据数量、计算机故障以及算法编译缺陷等,对于此类因素导致的算法争议问题,在问责时应当主要针对数据、算法、计算机等作出调整建议,责令此次大数据侦查项目限期完善算法优化,及时消除给相关权利人带去的负面影响,并在必要时作出赔偿。主观因素主要是指由于人为过失或者故意,对于此类因素造成的算法争议问题,在问责时应当进一步区分算法设计者与算法使用者。因为大数据侦查过程中的算法模型设计者很有可能并非侦查机关,而是受委托的专门技术机构,如果是因为受委托机构存在人为因素导致算法运行出现偏差,那么应当视情节严重程度,对该机构进行行政处罚甚至追究刑事责任。如果算法争议问题是由于算法使用者(也就是侦查机关)人为因素所致,那么应当视情况按照公安机关内部行政处分规定以及刑事诉讼法相关规定进行更为严厉的问责。

总之,在大数据侦查过程中针对因为算法导致的法律问题,通过增设算法解释规定以及确立算法问责机制,可以在规制算法方面起到显著的引导与震慑作用,二者紧密衔接、互为补充,可以及时弥补大数据侦查程序法治化进程中算法规制缺失的短板。

第二节 规制大数据侦查的运行实践

大数据侦查法治化建设是一项系统性工程,除了需要在静态层面架构起一套大数据侦查的法律规范框架,还应当将其嵌入具体刑事诉讼的运行实践中,并与之融合,保障其在动态运行层面流畅运转,从而实现立法规范之"应然"向司法实践之"实然"的转化。因此,笔者接下来将基于诉讼实践的视角,分别从构建标准化的侦查取证流程、优化全程性的刑事辩护模式、健全覆盖式的监督审查机制以及开展共享型的国际司法合作等方面展开重点论述。

一、构建标准化的侦查取证流程

大数据侦查作为一种新型侦查技术、侦查模式、侦查机制,在诉讼实践中依然存在诸多适用盲区,在侦查阶段集中体现为由于取证手段特殊性而导致的证据适用困难。大数据侦查中的证据问题从根源上看即为取证规范化问题。尤其在当前以审判为中心的诉讼制度改革背景下,侦查取证工作应当有针对性地围绕审判程序之要求展开,实现侦查取证标准与审判证明标准的统一。然而,从当前大数据侦查的实践情况来看,取证质量问题依然突出,具体原因表现为:侦查机关未能与时俱进,固守传统侦查思维模式;侦查人员专业素养滞后于侦查技术革新,缺乏大数据侦查实践经验;大数据侦查硬件设施有待完善,各地区数据平台建设不均衡等。因此,在接下来的侦查实践中,应当尽快树立大数据侦查思维模式、培养大数据侦查专业人才、完善大数据侦查应用平台,从而构建起一套标准化、规范化的侦查取证流程。

(一)树立大数据侦查思维模式

思维作为人类主观意识对客观事物的反映,是人类认识世界、指导行为的重要工具。侦查思维指导侦查行为,是侦查人员对侦查客体内在本质和规律性关系的反映。[1] 当然任何思维模式都不可能一成不变,按照恩格斯的话说:"每一个时代的理论思维,包括我们这个时代的理论思维,都是一种历史的产物,它在不同的时代具有不同的形式,同时具有完全不同的内容。"[2] 侦查思维模式与时代变迁紧密关联,每一次时代变迁必然引发新的侦查思维变革。随着网络的普及发展,当我们进入信息化时代,以"信息"为逻辑起点的侦查思维将发挥出更大的侦查效能,我们应当逐步实现侦查思维由"物质"层面向"信息"层面的转化。[3] 如今,大数据时代实现了又一次跨越,侦查过程中将"数据"思维将贯穿始终,让数据说话成为侦查的基

---

[1] 参见刘黎明:《侦查思维》,群众出版社2007年版,第5页。
[2] 《马克思恩格斯选集》(第3卷),人民出版社1995年,第284页。
[3] 参见马忠红:《信息化时代侦查思维方式之变革》,《中国人民公安大学学报(社会科学版)》2011年第1期。

本思路。[1] 侦查思维的起点也理应从"信息"转向"数据",侦查过程中应当树立起一种全新的大数据侦查思维。大数据侦查思维,是指在法治思想引领下,充分发挥大数据的特征优势,在侦查活动中综合运用相关性、全局性的思维模式对涉案数据进行立体化分析,从而发现情报线索、固定证据、缉捕犯罪嫌疑人乃至实现犯罪预防综合治理。具体而言,它又包括了法治思维、关联思维以及全局思维等几种表现形态。

1. 法治思维

法治思维是一种以法律规范为逻辑出发点的理性思考模式,在认识问题、分析问题、处理问题的过程中始终遵循法治的基本要求。从本质上讲,法治思维区别于人治思维与权力思维。[2] 法治思维作为一种思考模式,外化于法律实施的行为过程中,体现在人之行为模式受法律及其基本准则的影响,具体表现为四个方面的特征[3],在开展大数据侦查过程中可以概括为:第一,大数据侦查的法治思维是一种规范性思维,强调侦查行为必须经受严格的法律规制和程序约束,严格遵守刑事诉讼法等法律规范的基本原则,坚决贯彻无罪推定原则、程序法定原则等;第二,大数据侦查的法治思维是一种限权性思维,在当前"权力"与"权利"失衡的状态下,开展大数据侦查活动时要格外限制、约束侦查权力的恣意行使,从而尽可能将"强势侦查"与"弱势防御"拉回到一种相对平衡的状态;第三,大数据侦查的法治

---

[1] 参见何军:《大数据与侦查模式变革研究》,《中国人民公安大学学报(社会科学版)》2015年第1期。

[2] 参见袁曙宏:《全面推进依法治国》,载《十八大报告辅导读本》,人民出版社2012年版,第221页。

[3] 参见陈金钊:《对"法治思维和法治方式"的诠释》,《国家检察官学院学报》2013年第2期。

思维是一种追求公平正义的思维,在打击犯罪的过程中,大数据技术的运用应当以客观取证、还原真相为基本价值目标;第四,大数据侦查的法治思维还是一种理性思维,虽然大数据技术一再强调相关关系对因果关系的颠覆作用,更加关注"是什么"而不在意"为什么",但是在侦查程序中,经得起考验的逻辑推理依然必不可少。例如,在 2016 年 G20 杭州峰会期间,"风洞"系统在安全保卫工作中做出了巨大贡献。该系统以某公司旗下各产品数据与公安机关及其他行政系统采集、掌握的大数据相结合,通过数据资源整合,充分发挥情报最大效能,实现了杭州暂住人员的"风险觉"、常住人口的"底数清"、异常动向的"轨迹明",为 G20 峰会的顺利举行起到了"护城河"的作用。从"风洞"系统的实践效果来看,其设计理念、数学模型、模块构建、数据算法都走在安全系统的前列,已经引发了一场城市治安智能管控系统的革命。[1] 但是正如该系统的研发单位所言,任何高科技的系统平台归根结底依然是技术,是辅助性的,技术研发的宗旨是为社会所用、为社会创造价值,"风洞"系统的运用必须坚持"数据法治"理念,保证数据信息使用的安全性与合法性,否则就失去了社会价值。从这个层面可以看出,我们在利用大数据技术打击和预防犯罪的过程中,法治思维依然是前提、是主导,必须尽快树立"数据法治"的新理念,引领大数据侦查的发展方向。2021 年,在中共中央、国务院印发的《法治政府建设实施纲要(2021—2025 年)》中也明确指出,要牢牢抓住数据法治这一关键因素,把公权力关进"数据法治"的笼子里。所以在大数据时代背景下,我们必须树立起数据法治思维,引领大数据侦查实践,确保科技助力下的侦查活动依然运行于法治的程序轨道中。

---

[1] 参见本书附录一:《关于"大数据侦查法治化问题"的调研访谈记录》。

2. 关联思维

开展大数据侦查还需要具备关联思维,为侦查活动拓宽思路。虽然大数据"量"的变化并不能直接转化为侦查破案"质"的提升,但树立起关联思维则有利于实现由"量"变向"质"变的飞跃,为侦查破案开辟道路。大数据侦查思维是一种关联思维,通过对海量数据集合中的碎片性信息搜集、挖掘,从而进行关联性分析,可以更为容易地发现隐性案件线索抑或证据,并从中找到关联关系,进而分析出围绕案件事实的因果关系。这种大数据侦查思维模式中的关联思维有利于提高侦查效率、保证破案质量,成为引领大数据侦查的先导。可以说,这种关联思维模式的树立,使人们对因果关系的把握从既存结果推展到潜在结果,从过去时推展到将来时。[1] 传统侦查思维引领下,侦查人员一般只能关注到具有明显因果关系的线索和证据,然而在大数据侦查关联思维主导下,侦查视野将更宽广,也更深入。在日常生活中,人们的行为轨迹、活动规律、人际关系等情况,除了可以通过直接言词证据获取,还可以基于财务账单、通讯记录、上网痕迹、GPS 定位等进行大数据分析,从而获取案件线索,并为后续侦查讯问等侦查活动提供有效指引。[2] 例如,美国警务人员就曾经根据数据分析惊奇地发现,交通安全与犯罪活动关联密切,也正是基于这个发现,美国国家高速公路交通安全管理局(NHTSA)、司法援助局(BJA)和国家司法研究所(NIJ)联合成立了一个"数据驱动的新方法:犯罪和交通安全"工作组,在很多城

---

[1] 参见王天思:《大数据中的因果关系及其哲学内涵》,《中国社会科学》2016 年第 5 期,第 29 页。
[2] 参见王燃:《大数据时代侦查模式的变革及其法律问题研究》,《法制与社会发展》2018 年第 5 期。

市开展联合治理的试点。[1] 这一试点通过整合不同警种之间的资源,开展联合治理,取得了显著成果,并引起了学术界对它的关注,将其称为"数据驱动的警务管理"或"数据驱动的司法管理"(Data-Driven Policing or Justice)。在这种管理模式当中,有一条非常重要的准则要求:数据收集和数据分析必须成为基层警务部门的一种文化,这种文化代表着基层警务部门一种管理哲学的改变,这种改变也是该项目实施过程中最大的挑战,这便是关联思维灵活运用的体现。因此,在关联思维的引领下,侦查人员应当进一步增强数据敏感性,既要关注到犯罪嫌疑人的自然属性(即人口学特征,包括姓名、性别、年龄、身高、体重、相貌等),又要关注到犯罪嫌疑人的社会属性(即血缘关系、社交网络、意识形态等),充分利用相关关系发掘因果关系,通过实现更多客观证据之间的相互印证来查明案件事实。

3. 全局思维

大数据侦查的全局思维体现在时空性与多维立体性两个方面,是相对于单一、片面的线性思维而言的。传统侦查模式包括"由人到案"与"由案到人"两种,这两种模式均是基于一种"点对点"的线性思维模式,更加依赖"人"与"案"之间的因果关系进行贯联,而一旦陷入了线索链条的中断,整个案件的侦破便陷入了停滞。大数据侦查的全局思维要求侦查人员应当具备立体化的时空思维,即以目标指向点为中心向外发散,再由各发散点进行关联、比对、挖掘、分析和呈现,从而发现更多线索、证据隐藏点,然后进行链接,进而围绕侦查目标形成立体网络,这样即使出现某一线索链条的中断也不至于使整个侦查活动陷入

---

[1] See Data-Driven Approaches to Crime and Traffic Safety (DDACTS), Data-Driven Approaches to Crime and Traffic Safety Operational Guidelines, National Highway Traffic Safety Administration, August 2009.

停摆。由此,"数据"成为贯通"人"与"案"的多维度、分布式、立体化桥梁。树立大数据侦查的全局性思维,有利于发现更多的隐性线索和证据,更好地实现对案件事实的客观还原。

从一般意义上来看,对于案件事实的客观还原往往带有"原子主义模式"色彩,证明力取决于单个证据及离散式系列推理,事实认定由零散证据的证明力聚合、拼凑而成。[1] 因此,通过单个证据的收集审查去认定案件事实,实际上是"利用样本来推断总体"的统计方法,充其量是一种小数据时代的抽样调查方法,具有一定局限性。[2] 当我们已经迈入大数据时代,全局思维引领下的大数据侦查可以实现对于物理空间乃至虚拟空间内海量数据的全局观察,指导侦查工作由点到面、由扁平向立体转变,在横向空间范围内对犯罪行为全局观察。此外,在大数据时代,人类的探寻视角不仅可以回溯既往,在一定程度上预瞻未来同样成为可能,而这也恰是大数据侦查全局思维的重要要求。事物的发展运动是有规律的,犯罪行为同样如此,一旦我们可以通过大数据技术探寻出犯罪行为发生的内在规律和变化周期,便能够更好地将侦查视角前移,在纵向时间维度内实现对犯罪行为的全局观察。

(二)培养大数据侦查专业人才

美国学者巴拉巴西在探讨大数据发展时说过这样一句话:"越是相互依赖,隐私期待就越少。"[3] 其中揭示了信任与隐私之间的二元

---

[1] 参见〔美〕米尔吉安·R.达马斯卡:《比较法视野中的证据制度》,吴宏耀、魏晓娜等译,中国人民公安大学出版社2006年版,第68—69页。

[2] 参见封利强:《事实认定的原子模式与整体模式之比较考察》,载李学军主编:《证据学论坛》(第17卷),法律出版社2012年版,第115页。

[3] 〔美〕艾伯特-拉斯洛·巴拉巴西:《爆发:大数据时代预见未来的新思维》,马慧译,北京联合出版公司2017年版,第249页。

互动关系。因此,在大数据侦查过程中,为了调和侦查权与隐私权之间的冲突,提高权利个体对于大数据技术规范行使的信任度,我们有必要尽快培养专业的大数据侦查专业人才。侦查人员加强自身素养、严格执法,从整体上提升侦查队伍形象,公众自然会减少对侦查行为侵犯隐私的担忧,反之则不断加大。根据笔者进行的实证调研访谈情况来看,不管是侦查实务界,还是理论研究学界,在大数据侦查专业人才的缺口问题上,大家不约而同地认为当下亟需培养一批高素质、综合性的大数据侦查专业人才。[1]

大数据侦查的依法高效开展取决于施行主体的法治素养与业务能力,而高精尖的专业侦查人才又依赖于侦查教学的质量保障,因此培养大数据侦查专业人才,首先应大力推进侦查教学改革与创新,顺应大数据时代背景下侦查实践工作发展的趋势。侦查教学质量应当从"硬件"与"软件"两个方面加以保障。"硬件"包括了教程教材、实验设备、实训平台等;"软件"则主要包括师资力量、教学理念等。通常而言,在政府部门重视的情况下予以财政支持,及时更新升级硬件设施相对容易完成,然而教学理念、师资力量的提升却非一蹴而就之事。因此,在大数据侦查教学方面,我们应当及时跟进大数据发展趋势,在专业设置、课程建设、师资培训等方面多下功夫,以使侦查教学内容与时俱进,为侦查实践输出更多优秀的复合型、实战型人才。[2] 所以教学与科研密不可分,唯有如此,才能确保教学理念时刻处于领域前沿,聚焦实践问题,防止理论与实践相脱节,培养出更多兼具理论与实践专业能力的高素质人才。

围绕"大数据"进行的新一轮侦查学创新研究需要从本体论、价

---

[1] 参见本书附录一:《关于"大数据侦查法治化问题"的调研访谈记录》。
[2] 参见刘枚:《侦查教学如何适应大数据下侦查工作的转变》,《河北公安警察职业学院学报》2018年第2期。

值论、认识论、方法论与实践论五个维度进行认知。[1] 因此,大数据侦查法治化研究的开展,既要厘清大数据侦查本身的基本内涵、方法模式以及运行机制,又要明确开展大数据侦查所应遵循的基本价值取向,还要综合考量此种侦查模式运行的合理性、科学性以及可能面临的法律风险性等,最后更应当回归实践,实现理论研究与侦查实践的共通。以上研究成果最终应当落实于大数据侦查教程中,据了解,已有相关政法、警察院校进行了关于"大数据侦查"课程教材编排,并有警察院校出版了专门的大数据侦查学教程。除了更新大数据侦查专业性课程,还应当强调对于侦查人员法学基础,尤其是宪法、法理、刑法、刑事诉讼法以及证据法等内容的教育指导,为今后侦查人员依法办案、规范取证打下扎实的理论基础。此外,为了更好地融通侦查教学与侦查实践,还应当积极倡导学科交叉并不断拓展侦查人才实训平台,提供更多运用大数据技术的侦查实战机会,加强院校与侦查实务部门的互动联系,真正鼓励培养出一批懂法律、懂技术的复合型侦查专业人才。

(三)完善大数据侦查应用平台

构建完备的大数据侦查取证框架体系,除了要树立起大数据侦查思维、培养出大数据侦查专业人才,还应当配备齐全先进的大数据侦查应用平台作为硬件设施保障。大数据侦查法治化目标的实现,有赖于"软件"与"硬件"的协同推进。大数据侦查应用平台的完善,是实现数据共享机制的必要保障,是构建取证标准化流程的重要组成部分。然而目前"数据壁垒""数字孤岛"等问题突出,已经成为充分发挥大数据潜在价值的重要阻碍。根据一线侦查人员的介

---

[1] 参见江涌:《侦查学研究的哲理性反思》,《中国人民公安大学学报(社会科学版)》2013年第6期。

绍,实务中要想获取相关数据信息依然程序烦琐,涉及银行账户信息的数据一般只能调取到纸质数据,涉及电信通讯话单的数据则只能在市级部门调取,这种信息数据资源共享机制的不健全在很大程度上阻碍着侦查效能的提升。[1] 因此,打破数据壁垒、消除数字孤岛、实现数据共享,成为大数据侦查取证的当务之急,必须加快完善大数据侦查应用平台建设。

侦查活动必须紧跟时代发展潮流,在如今大数据时代背景下,建立并完善综合性的侦查应用平台也是侦查现代化的重要表现,从世界各国、各地区关于数据信息平台的普遍做法中我们也可以获取经验。例如英国的情报核心分析系统(ICAS)、美国的比较数据系统(COMPATAT)以及我国香港特区警队刑事情报系统(FCIS)都是各自实施数据信息引导侦查的基础性信息平台。[2] 从整体上看,目前我国的大数据侦查应用平台建设依然处于发展阶段。为了尽快满足侦查实战需要,大数据侦查应用平台建设应当做到技术标准统一、系统模式匹配、数据兼容与智能程度提高,能够根据侦查需求,实现自动或半自动的运用。[3] 笔者认为,大数据侦查应用平台,作为一种集数据存储、数据清洗、数据分析、数据可视化等功能于一体的综合数据应用平台[4],可以从"侦查系统内部建设"与"社会资源外部对接"两个部分进行完善。

从"侦查系统内部建设"来看,我国目前已经初步搭建起了全国在逃人员信息系统、协同办案信息系统、全国刑事信息联查平台、情

---

[1] 参见本书附录一:《关于"大数据侦查法治化问题"的调研访谈记录》。
[2] 参见齐杰、苏日嘎拉图:《如何在大数据时代利用数据信息引导侦查》,《中国检察官》2017年第7期。
[3] 参见胡东林:《运用大数据推进职务犯罪侦查转型升级》,《人民检察》2016年第14期。
[4] 参见王燃:《大数据侦查》,清华大学出版社2017年版,第182页。

报信息系统、公安部搜索引擎应用系统等多个数据信息平台,为侦查协作的开展提供了技术支撑。[1] 但是各个信息系统之间的关联紧密性还明显不够,不利于大数据资源的整合与分析,需要进一步优化信息系统之间的资源对接。具体而言,首先应当打破层级之间的数据访问限制,实现信息数据的扁平化管理。其次,则要打破不同区域之间的数据共享限制,实现信息数据的横向流动。再次,还应当加强数据标准规范的完善,规范公安基础信息采集工作,通过制定数据标准,实现各个警种之间的数据统筹、系统整合,从而实现海量数据的标准化和预处理。最后,在侦查系统内部数据库建设过程中,还应当格外重视信息数据的安全性,建立起严格的数据保密机制,实现对于内部数据系统使用情况的检测预警,防止出现数据的不当使用和信息外泄。

从"社会资源外部对接"来看,侦查机关应当依托网络平台充分整合、利用社会数据资源,与银行、电信、工商、税务、物流、金融以及网络服务提供商等不同社会领域机构建立起密切的数据共享机制。目前国家也在大力推进各部门之间的数据整合,由国务院颁布的《促进大数据发展行动纲要》中就明确指出,要加快实现数据的跨部门、跨区域贡献,加强政府数据与社会数据的整合,加强执法部门之间的数据流动,从而确保大数据共享开放机制的建立。此外,中央政法委《关于推进政法部门间网络设施共建和信息资源共享的意见》、国务院《政务信息资源共享管理暂行办法》、公安部等十五部门联合发布的《关于建立实名制信息快速查询协作执法机制的实施意见》、最高人民法院与公安部联合发布的《关于建立快速查询信息共享及网络执行查控协作工作机制的意见》等一系列规范性文件也都在为大数

---

[1] 参见本书附录一:《关于"大数据侦查法治化问题"的调研访谈记录》。

据侦查应用平台的外部资源接入保驾护航。实现越来越多的社会信息数据共享对接,有利于实现跨区域、跨部门、跨行业的信息资源融汇,使数据资源在大数据侦查应用平台中得到最大限度的挖掘利用,从而提高大数据侦查取证的准确性与规范性。

二、优化全程性的刑事辩护模式

刑事辩护作为司法运行机制中不可或缺的重要一环,是保障犯罪嫌疑人、被告人合法权益不受侵犯的重要保障,是针对权力恣意风险的一种防御权,可以起到约束权力正当行使的作用。刑事辩护制度以无罪推定、程序正义为法理基石,以会见权、调查取证权、阅卷权、质证权等基本权利为法律表征,成为追求公平正义过程中平衡公权力与私权利、实现控辩平等的一项重要制度设计。然而随着高新技术对侦查活动的助推,控辩平等的天平进一步倾斜,大数据侦查过程中的犯罪嫌疑人、被告人合法权益面临重重危机,因此必须通过一系列改进举措,保障辩护权的有效行使,实现对于全程性辩护模式的优化。

(一)审前程序的有效辩护

如果当事人不能公平地接近证据,将会影响到程序公正与正义,更有可能严重阻碍实体公正的最终实现。[1] 长期以来,我国控辩不平等的现象集中体现在审前程序(特别是侦查程序),在公诉案件中,辩护律师进入诉讼程序的时间大大滞后于侦控方权力启动的时间。所以,为了首先在时间上实现控辩双方的形式对等,我国在《刑事诉讼法》2012年修改时予以明确规定:犯罪嫌疑人自被侦查机

---

[1] 参见高波:《从制度到思维:大数据对电子证据收集的影响与应对》,《大连理工大学学报(社会科学版)》2014年第2期。

关第一次讯问或者采取强制措施之日起,有权委托辩护人;在侦查期间,只能委托律师作为辩护人。这也就意味着,辩护律师在侦查阶段即可以会见当事人。因此,在大数据侦查过程中,针对已发个案,犯罪嫌疑人可以在第一次被通知对其开展大数据侦查时聘请律师进行辩护。然而,辩护律师如何在大数据侦查中实现有效辩护,依然存在巨大争议,其中一个重要议题就是"大数据侦查过程中辩护律师是否具备调查取证权"。针对该问题,我国在立法规范层面确实存在一定冲突。一方面,我国在2012年《刑事诉讼法》修改时,虽然并没有完全采用《中华人民共和国律师法》关于律师调查取证权的提法,但是在第33条还是明确了律师在侦查阶段的辩护地位;另一方面,该次《刑事诉讼法》修改并没有取消第41条关于律师调查取证的限制性规定,而且还在第40条增设了律师收集特定证据的义务性规定,这显然不利于律师调查权的自由行使。这种立法的模糊性带来的最直接的后果就是,"辩护律师在侦查阶段调查取证如履薄冰、战战兢兢"[1]。由此可以看出,阻碍律师自行取证的主要因素并非"客观不能",而是由于法律规定模糊性带来的"主观不想"。因此,在大数据侦查过程中,除了继续倡导加大对辩护律师调查取证机制的保障,还需要明确辩护律师在大数据侦查取证过程中的全程参与权,即辩护律师有权了解侦查中数据调取、数据封存、数据筛选、数据分析以及数据结果呈现等内容的全过程。这样辩护律师一方面可以在参与的过程中,形成对于侦查权规范行使的一种外部约束力;另一方面,也可以通过记录大数据侦查取证的过程,发现其中可能存在的程序性瑕疵并提出辩护意见,同时还可以留作后续庭审阶段的重要质证手段。当然,在辩护律师得以全程参与大数据侦查之前,出于个人隐

---

[1] 陈在上:《侦查阶段律师辩护权研究》,西南政法大学2016年博士学位论文。

私、信息数据安全、商业秘密以及国家安全的综合考量,辩护律师应当签署保密协议。

在审查起诉阶段,辩护律师及其当事人则主要是围绕大数据侦查所获取的证据材料进行阅卷查看。当然,为了解决前文曾经谈及的"文件倾倒"问题(主要是指公权力机关依托技术优势,利用大数据的庞大体量进行审前证据交换以提高对方诉讼成本和质证难度),笔者认为在审查起诉阶段,犯罪嫌疑人及其辩护律师即有权申请鉴定或聘请专家辅助人对大数据侦查材料进行辅助查阅并出具专家建议。恰如达玛斯卡教授所言,随着科学技术的不断进步,传统的事实认定方法正在经受挑战,越来越多对诉讼程序非常重要的事实现在只能通过高科技手段查明;而与应用技术手段密切联系的是,对技术性专家意见的依赖也在增加。[1] 因此,在对涉及大数据侦查取证技术的刑事案件中,辩方尤其应当充分意识到技术性专家意见的重要性,以弥补自身技术能力先天不足的劣势,尽可能实现"平等武装"前提下的有效辩护。

(二)庭审阶段的有效辩护

进入庭审阶段,具有针对性的质证质量决定着辩护效果的优劣。在涉大数据侦查的刑事案件辩护中,由于大数据技术的专业性和特殊性,出现于法庭调查阶段的专家辅助人,实质上也成了诉讼中已有鉴定意见或其他专家意见的重要质证人。[2] 虽然如此,但并不意味着辩护律师就可以袖手旁观,恰恰相反,辩护律师应当在庭审当中主导质证进程,根据质证策略的需求选择专家辅助人发表意见的最佳

---

[1] 参见〔美〕米尔吉安·R.达马斯卡:《漂移的证据法》,李学军等译,中国政法大学出版社2003年版,第200页。

[2] 参见李学军、朱梦妮:《专家辅助人制度研析》,《法学家》2015年第11期。

时机。此外,在庭审阶段应当树立起一种"数据质证"的全新理念,"快播案"中辩护团队的辩护无疑树立了很好的典范,为后续涉数据犯罪的刑事辩护工作提供了很好的参考。

在"快播案"庭审过程中,辩护团队紧紧抓住了影响定罪量刑的两个关键证据展开质证:一个是涉案数据载体,也即涉案的四台服务器;一个是涉案数据内容,也即服务器中提取出的21251个淫秽视频。所以在整个一审过程中,控辩双方重点围绕上述两个方面展开了针锋相对的辩论。首先,辩方对涉案数据载体查封、扣押、保全、移交等程序提出了种种质疑:第一,在对四台服务器进行查封扣押时,北京市海淀区文化委员会未对数据载体特征进行固定,对服务器及其内置硬盘的型号、数量、容量未做记录;第二,服务器被查封扣押后的保管情况缺乏监督,服务器存在被修改甚至被调换的可能;第三,海淀公安分局在调取服务器时程序违法,调取证据通知书"2015"被人为涂改为"2014";第四,公安机关调取服务器后,仍未对服务器的外部特征拍照固定,具体型号、数量、容量不明;第五,庭审过程中公诉方出示的相关鉴定意见多处存在自相矛盾,且有关硬盘数量、内存等基本信息表述不一致;第六,涉案服务器身份属性证据不足,公安机关出具的行政执法证据记录不完整,难以有效证明涉案服务器与快播公司之间的关系。其次,针对涉案数据内容方面,辩方提出了"服务器内容存在被污染的可能性"的质证意见:第一,在服务器被行政扣押期间,没有任何证据可以证明它的每一次使用是在监督下完成的,硬盘内容存在被污染、被调换的可能性;第二,侦查阶段对涉案数据的提取,是由文创公司提供技术支持协助完成的,而该公司与本案被告存在竞争关系,且不具备鉴定资质,也没有证据表明它在对服务器数据转码提取的过程中有执法人员或见证人监督;第三,电子证据的解码不应破坏原始数据形态,应当在复印件中进行转码查验,然而在审验鉴定前有两台服务器是直接转码的;第四,涉案视频数据材料均是在缓存服务器中找到的,然而缓存文件很有可能与快播公司软件的抓取、存储、下载等行为有关;第五,硬盘中的部分数据生成时间存在疑点;第六,在公安机关出具的三份淫秽物品审查鉴定书中,存在同一鉴定人,明显违反了鉴定实施规则。[1] 在涉数据的质证过程中,辩护律师不能固守传统辩护理念,而应该灵活运用技术规则进行质证,例如对 MD5 值[2]等哈希值的综合运用,可以对电子数据的完整性、真实性、合法性等进行更为科学的判断。

由此可见,在涉及大数据侦查取证的刑事案件中,"鉴真"问题将成为控辩双方攻防转换的焦点议题。"鉴真"一词追其本源,作为一个舶来品,其英文表述为"authentication",最早出现在美国《联邦证据规则》第九章"Authentication and Identification"中,我国学者张保生教授于 2006 年翻译美国著名证据法学者艾伦教授等人的经典著作《证据法:文本、问题和案例》一书时,首次将"authentication"译为"鉴真",而后在其《证据法学》著作中,开始使用"鉴真"一词并进行了详细研究。"鉴真,旨在证明物证、书证等展示性证据与案件特定事实之间联系的真实性。"[3] 按照陈瑞华教授的概括,它有两点独立含义:"一是证明法庭上出示、宣读、播放的某一实物证据,与举证方'所声称的那份实物证据'是一致的;二是证明法庭上所出示、宣读、播放的实物证据的内容,如实地记录了实物证据的本来面目,反

---

[1] 参见北京市海淀区人民法院(2015)海刑初字第 512 号刑事判决书。
[2] MD5 值是一种被广泛使用的密码散列函数,可以产生出一个 128 位(16 字节)的散列值(hash value),用于确保信息传输完整一致,防止信息数据被篡改。
[3] 张保生主编:《证据法学》,中国政法大学出版社 2009 年版,第 200 页。

映了实物证据的真实情况。"[1]质言之,证据"鉴真"内容所指涉的主要是证据的保管和取证这两个环节。[2] 可见,鉴真规则本质上是一项关于数据的重要证据规则,关乎证据资格与证明价值。因此,在庭审环节辩护律师应当对大数据侦查所获取的数据材料进行全面审查,对数据的来源载体、数据的查封扣押、数据的封存保管、数据的调取分析、数据的鉴定结果等全过程予以高度关注,能够灵活、准确、熟练地运用鉴真规则进行辩护。

三、健全覆盖式的监督审查机制

侦查阶段作为刑事诉讼程序中控制犯罪与保障人权两种利益最容易发生冲突的阶段[3],也是被中外刑事诉讼历史反复证明了的错误审判之恶果产生的病枝。[4] 因此,侦查监督向来是检察机关履行法律监督职能的一个重点。不过从以往司法实践的反馈情况来看,检察机关的侦查监督效果并不理想,未能实现对侦查权的有效控制。[5] 其中一个非常重要的原因是,在侦查中心主义的诉讼模式之下,犯罪控制的司法理念居于主导,检察机关的侦查监督权威不足,检警之间"合作配合"多于"监督制约"。所以在如今以审判为中心的诉讼制度改革背景下,一方面,检察机关应当树立起人权保障、权力制约占主导的司法监督理念,实现对于大数据侦查的动态监督;另一方面,从长远法治发展角度来看,还应当逐步确立起审判机关的

---

[1] 陈瑞华:《实物证据的鉴真问题》,《法学研究》2011年第5期。
[2] 参见刘品新:《电子证据的鉴真问题:基于快播案的反思》,《中外法学》2017年第1期。
[3] 参见宋英辉、吴宏耀:《刑事审判前程序研究》,中国政法大学出版社2002年版,第112页。
[4] 参见李心鉴:《刑事诉讼构造论》,中国政法大学出版社1992年版,第179页。
[5] 参见左卫民、赵开年:《侦查监督制度的考察与反思——一种基于实证的研究》,《现代法学》2006年第6期。

司法审查制度,形成一种具有约束性的静态审查,从而在诉讼实践层面,健全对于大数据侦查的覆盖式监督审查机制。

(一)检察机关的动态监督

1.端口监督:事前审批与事后审查

大数据侦查的"端口监督"主要体现在对整个侦查程序"输入"与"输出"两个节点的严格把控。具体而言,就是通过严格的事前审批以及对所获取材料的严格审查,对大数据侦查起到监督规范作用。

对大数据侦查的事前审批,需要检察机关根据具体案件类型、社会危害性、措施手段必要性等因素进行综合分析,判断大数据侦查是否满足法律所规定的适用条件,然后作出是否批准大数据侦查程序启动的决定。这里需要再次说明的是,在理想状态下大数据侦查的审批者应当是中立的审批机关,但是基于当前司法实践可操作性的制度构建角度来看,目前先将检察机关作为大数据侦查的审批者更为现实。为了防止审批流于形式,检察机关有权要求侦查机关出具"大数据侦查程序启动申请书",该申请书应当注明案情简要、适用范围、起止时间、申请单位等具体信息,检察机关依据申请情况说明作出批准抑或驳回的决定,并将该申请书留存备案。

对大数据侦查的事后审查,则主要体现在对于大数据侦查所获取材料的实质查验上。在信息时代背景下,当大数据技术运用于侦查实践时,海量的数据集合中既蕴含着与案件事实息息相关的证据线索,当然也包含着大量与案件并无关联的,甚至是不真实的信息数据。如若不能进行准确有效的区分,则会造成虚假数据对客观真实的"稀释效应",影响数据分析的结果,进而影响到刑事证据的使用和诉讼效率的提升。所以在开展以大数据为主导的技术侦查时,应当对"信息数据"进行严格筛选和把关,强化监督制约机制。审查起诉阶段作为连接侦查和审判的关键一环,对"证据材料"的查验审核一方面可以倒逼侦查取证规范,另一方面还可以减轻审判环节证据审查的压力。在这一过程中,检察机关应当根据证据合法性、真实性、相关性等情况进行自由裁量,采取"非法排除"与"瑕疵说理"相结合的方法,对发现的侦查取证问题进行程序性制裁。

2. 流程监督:侦查程序的全程参与

对大数据侦查的流程监督要求检察机关全程参与到该侦查程序中,从而将侦查监督工作由"书面材料"向"动态程序"深入。在参与大数据侦查取证的过程中,检察机关应当树立起"数据追踪"的新型法律监督理念,除了要关注一般侦查取证流程,还应格外关注侦查过程中数据的"使用痕迹"。例如,当前不少侦查大数据平台实行"UKey"实名登录,并在数据查询、浏览页面上打上操作人姓名的水印,以保证权责一致以及操作过程的可溯性。[1] 检察机关的法律监督职能同样应该根据侦查技术手段进行更新,对侦查人员数据使用时的权限、资质等情况予以关注。

另外,为了保证动态监督的效果,有必要进一步完善检察引导侦查和介入侦查机制,并明确检察官的客观公正义务。[2] 一方面,检察人员不应游离于大数据侦查取证的程序之外,否则基于书面材料审查的侦查监督只能是一种被动监督、间接监督。由于大数据侦查活动最终呈现的往往是一种数据分析结果抑或对相关电子数据的鉴定意见,所以在多数情况下,检察人员只能通过证据材料的形式瑕疵再去倒推侦查活动中可能出现的非法取证行为,既不能有效规制违法取证行为,又影响了整体诉讼时效。所以,确保检察人员参与到大

---

[1] 参见本书附录一:《关于"大数据侦查法治化问题"的调研访谈记录》。
[2] 参见朱孝清:《检察官客观公正义务及其在中国的发展完善》,《中国法学》2009年第2期。

数据侦查过程中非常关键。检察人员可以对侦查人员提取数据的来源、分析数据的算法、鉴定数据的依据等提出建议,一旦发现存在可能突破程序限制、侵犯公民个人信息权的行为,应当立即作出纠正违法意见,防止危害后果的发生。另一方面,检察人员在侦查监督时应当客观中立,克服追诉主义倾向。在参与大数据侦查程序的过程中,不仅要听取侦查机关对于大数据技术取证的相关情况说明,还要听取犯罪嫌疑人及其辩护律师的意见和诉求,从而在审前程序中确立起一种"以检察机关为中心的侦查权控制模式"[1]。因此,在审前程序中实际上也形成了一种"等腰三角"的两造平衡格局,侦查机关运用大数据技术寻求线索、固定证据;辩护律师及专家辅助人可以参与其中发表意见;检察机关则保持客观中立的法律定位,对数据流转的整个适用过程进行全程动态监督。

(二)审判机关的静态审查

法院对于侦查中大数据运用规范性的审查,主要是通过证据的采信与否表现出来的。当前我国正大力推进以审判为中心的诉讼制度改革,旨在改变侦查中心主义影响下的线型诉讼结构,转向一种"等腰三角"型的诉讼模式,使得审判机关作为等腰三角的"顶点"居中审理,发挥客观公正裁判的功能。侦查机关与犯罪嫌疑人分别作为等腰三角的两个"底点",位于同一水平线上,由此实现"侦查机关+控诉"与"犯罪嫌疑人+辩护"的平等对抗。在"等腰三角"的诉讼构造中,法院是唯一可以对被告人作出有罪判决的机关。审判中心主义不仅强调法院在诉讼进程中的中立、终决地位,而且要求庭审实质化。[2] 笔者认为,在大数据侦查案件中,法院应当严格落实庭审实

---

[1] 詹建红、张威:《我国侦查权的程序性控制》,《法学研究》2015年第3期。
[2] 参见张建伟:《审判中心主义的实质内涵与实现途径》,《中外法学》2015年第4期。

质化的要求,允许控辩双方围绕争议焦点展开充分辩论,并在这一过程中实现对于证据材料的严格审查和认定,将非法证据排除在外,从而倒逼大数据侦查取证规范化。

证据审查,是一种检验和判断,通过对证据材料是否具备证据能力的分析,实现从"证据材料"向"合法证据"的演进。我国最新的刑事证据立法已经通过"材料—证据—定案根据"这三个基本范畴确立起证据准入的两道审查门槛。[1] 对"定案证据"的审查认定是刑事证据准入的最后一个阶段,也是对证据采信与否起到决定性作用的一个阶段。对于大数据侦查取证的法律规制,最为行之有效的一个途径,无疑就是让此类通过特殊取证手段所获取的证据材料接受法庭的严格审查。通过审判机关对大数据侦查证据完整性、原始性、合法性进行实质调查的方式,平衡追诉犯罪对公民个人隐私权提出的挑战。[2] 在大数据时代,刑事案件侦办所需的大量证据材料都将更依赖于数字化信息。在一定程度上,当前的证据收集与运用已经步入以电子数据为核心的新时期。在借助大数据技术进行侦查的过程中,信息数据多以电子数据的形式存在。根据我国现行的相关法律规定,虽然电子数据已经被纳入八种法定证据类型,但是对电子数据的审查却只是作了较为笼统的框架性规定,当面对"大数据"所带来的冲击与改变时,还需要我们从证据的客观真实性、合法性、关联性等几个方面作出新的判断。在大数据时代,笔者对于以上"证据三性"的审查上有一个初步的判断:证据客观真实性与合法性联系将更为紧密,且审查力度会进一步加大;对证据关联性的审查将发生明显变化。以电子数据为例,真实性通过数据完整性的审查与合法性

---

[1] 参见吴洪淇:《刑事证据审查的基本制度结构》,《中国法学》2017年第6期。
[2] 参见李章仙:《技侦证据使用问题研究》,《山东警察学院学报》2016年第2期。

紧密关联,构成确认可采性的前提。[1] 对于电子数据的验真,往往可以通过数据载体与保管链条完整性的审查达到目的。除此之外,还应当格外加强对"同一性"的判断,也即对犯罪嫌疑人、被告人网络身份与现实身份的认定。在这一过程中,应重点检查电子数据载体的完整状态、取证流程的程序规范等,这也是对证据合法性的判断。然而,在关联性审查方面,随着大数据技术的引入,信息之间的交互性将更为复杂,注意力也更侧重于相关关系的发现和使用,数据之间的直接关联程度将更为隐性,所以在审查此类大数据侦查所获取的证据材料时,应当对电子数据之间的间接关联性予以格外关注。

除此之外,从我国大数据侦查法治化建设的长远目标来看,我国应当从本国国情出发,循序渐进地建立起司法审查制度。基于比较法视角,通过对法治发达国家相对成熟的司法审查制度考察,对于强制侦查行为的经典审查模式可以概括为"授权式的司法令状模式"与"救济式的非法证据排除模式"[2]。其中授权式的司法令状模式,要求侦查机关在申请法院的司法令状时必须提交相关强制侦查措施的申请理由,法院依据申请理由的合理性决定是否签发令状;救济式的非法证据排除模式,则是指法院通过排除非法证据以使侦查目的落空,从而实现对于侦查行为的事后审查。从目前情况看,我国未来司法审查制度完善的一个重点将是授权式司法令状模式的构建。笔者一个初步的构想是,在法院中设立专门的侦查法官,由其对包括大数据侦查在内的一系列特殊侦查行为进行事前审查,判断该侦查措施适用的必要性与合理性,决定是否准予签发令状。等到该案件侦查

---

[1] 参见刘品新:《论电子证据的认证规则——以可采性的认定为视角》,《证据学论坛》2002年第1期。
[2] 陈在上:《强制性侦查司法审查制度是权利保障的必需品》,《广西社会科学》2018年第5期。

终结,经检察机关审查起诉之后,应当再由该侦查法官负责启动审前大数据侦查证据开示程序。在证据开示过程中,侦查法官应当尽可能保证辩方对控方相关数据收集、处理、分析等情况充分了解,从而为后续进入正式庭审阶段的实质化审理工作奠定基础。

四、开展共享型的国际司法合作

大数据侦查作为一项与信息数据、网络技术息息相关的侦查活动,多数情况下都是在虚拟空间内发挥作用。区别于物理空间、地理空间,"万物互联"是网络空间非常显著的一个特点,使得不同区域、不同国别之间的联系更为紧密。互联网作为全球化的信息连接系统,它虽然没有传统地理区域那般的国界分割,但是近年来"数据主权"的概念却随着各国维护网络安全的需要不断强化。与此同时,现今国际犯罪治理形势日益复杂,跨区域性、有组织化的高科技犯罪越来越多且不断升级。因此,为了有效预防和打击此类犯罪案件,并遵循统一的法治精神指引,世界各国、各地区之间必须建立起以尊重数据主权为前提、以实现数据共享为纽带的刑事司法合作模式,进而逐步搭建起一套大数据侦查国际合作框架体系。

(一)逐步划定个人信息数据保护共同标准

共识是合作之前提。在开展大数据侦查国际合作的过程中,各个国家、地区之间是否存在对于个人信息保护的共同认定标准,将决定着大数据侦查是否具备合作的前提。从目前来看,世界各国、各地区之间对于个人信息数据尚未形成相同理解,分别存在"个人数据""个人隐私""个人资料"等多种不同表述。因此在立法保护层面也表现为多种不同模式,如欧盟及其各成员国的单独立法模式[《关于个人保护中有关个人数据处理以及此类数据的自由流动指令》《通用数据保护条例(GDPR)》],还有以美国为代表的隐私法[《隐私权法(1974)》]保护模式等。我国2016年颁布了《中华人民共和国网络安全法》,其中将个人信息数据界定为"以电子或者其他方式记录的能够单独或者与其他信息结合识别自然人个人身份的各种信息"。2021年6月,《中华人民共和国数据安全法》审议通过,将数据界定为"任何以电子或者其他方式对信息的记录"。2021年8月,《中华人民共和国个人信息保护法》几经修改终于得以审议通过并颁布,明确了"个人信息是以电子或者其他方式记录的与已识别或者可识别的自然人有关的各种信息,不包括匿名化处理后的信息。个人信息的处理包括个人信息的收集、存储、使用、加工、传输、提供、公开、删除等"。以上各国、各地区间对于个人信息数据的差异化理解,成为了限制国际、区域间数据自由流动的阻碍。

伴随着大数据时代的到来,个人信息数据已经日渐成为各国普遍关注的焦点,而且又进一步催生出了个人数据知情权、被遗忘权、删除权、数据可携带权、个人数据财产权等一系列新型权利。[1] 这对于凝聚个人信息数据保护的共识来讲既是机遇、亦是挑战。因此,各国之间应当顺应大数据时代发展趋势与全球化合作浪潮,逐步推进国际社会对于个人信息数据在定义、内涵、类型、特征、适用范围等多方面的统一认定,从而为国家间数据流动、数据利用搭建起一个共同标准平台,为大数据侦查国际司法合作奠定法治基础。

(二)以"数据主权"为前提实现共享共治

数据具有共享性,越是重复使用,其价值可能越高,数据开放与共享是大势所趋。除了制定个人信息数据保护的共同标准,开展大

---

[1] 参见相丽玲、高倩云:《大数据时代个人数据权的特征、基本属性与内容探析》,《情报理论与实践》2018年第9期。

数据侦查国际合作还应当以尊重主权、互利共信为前提,国际社会应在尊重数据主权的基础上实现数据资源的开放共享。

在大数据时代背景下,互联网已经深度嵌入人类生活的方方面面,网络空间已经成为继领土、领海、领空、太空之后的第五空间,国际竞争日趋激烈,"数据主权"的概念正是作为网络主权的一个重要组成部分被提出的。[1] 当然,真正引起世界各国对于数据主权的高度关注,美国政府的"棱镜门"事件可谓直接导火索。2013年英国《卫报》和美国《华盛顿邮报》相继曝出了一个代号为"棱镜"的绝密电子监听计划。据爱德华·斯诺登(前美国中情局雇员)透露,该计划于2007年启动,美国国家安全局(NSA)和联邦调查局(FBI)可以直接进入美国网际网路公司中心服务器里挖掘数据、收集情报,查看大量个人聊天日志、存储信息、语音通信、文件传输、个人社交情况等网络数据。该消息一经曝出,立刻引起了国际社会的谴责与担忧,此后欧盟、俄罗斯、中国、加拿大、澳大利亚等国纷纷加速了数据保护立法的进程,捍卫数据主权。在该事件中,虽然美国政府一再强调,其利用信息数据主要是为了打击恐怖主义犯罪的正当目的,但是显然该行为不仅侵犯了普通公民的隐私权、信息数据权,还侵犯了其他主权国家的数据主权,严重动摇了国际数据共享共治的法治根基。

因此,在大数据侦查中,即使是出于打击恐怖主义犯罪、网络犯罪、跨国有组织犯罪等正当性目的,但是当涉及跨国、跨区域问题时仍要以尊重主权、互利共信为前提,通过刑事司法合作的法治化路径开展侦查行动。以中美为例,两国均是当前世界的网络大国、数据大国,然而两国之间围绕网络安全、数据安全等问题的纷争却从未停止,其中一个主要的原因乃在于"数据霸权"对"数据主权"的漠视。

---

[1] 参见翟志勇:《数据主权的兴起及其双重属性》,《中国法律评论》2018年第6期。

以美国的《澄清境外合法使用数据法》(Clarifying Lawful Overseas Use of Data Act,简称 CLOUD 法案)为例,该法案所确立的"境外合法使用证据规则"实际上就是"数据霸权"思维引导下的一种双重标准规则,一方面它通过"合格外国政府之认定""签署双边数据协议""遵循严格数据调取程序"等要求严格限制位于美国的数据的境外调取;另一方面它却通过采用"数据控制者标准",保障美国可以合理地调取境外数据。显然,这有悖于大数据时代的发展要求与国际司法合作的发展趋势。正如有学者所言:"一个国家固然可以将数据主权的边界向外拓展,但只有经由不同国家之间的公平互动,建构和遵守国际准则,求同存异、相互谅解,才能真正促进实现网络主权。"[1]所以,开展大数据侦查国际合作的一个重要前提就是克服"数据霸权"思维,尊重"数据主权",在互利共信的基础上实现各项积极有益的刑事司法合作。

(三)推动《大数据侦查国际合作公约》的制定

国际侦查合作是国际刑事司法合作开展过程中的首个阶段,一般是指主权国家、法域地区以及某些国际组织依据国际公约、双边条约或互惠原则,就特定刑事案件的侦查事项相互提供协助、支持和配合的刑事司法活动,它是国内刑事诉讼国际化与国际司法合作程序化的共同结果。[2] 在推进大数据侦查国际合作框架体系的构建过程中,国际公约的制度保障至关重要。因此,我国除了积极签订相关双边、多边刑事司法协助条约和引渡以外,还应当主导并推动《大数据侦查国际合作公约》的制定与完善。

---

[1] 许可:《数据主权视野中的 CLOUD 法案》,《中国信息安全》2018 年第 4 期。
[2] 参见吴瑞:《论国际侦查合作的概念》,《北京警察学院学报》2012 年第 5 期。

目前国际社会涉及刑事侦查合作的公约主要有联合国《打击跨国有组织犯罪公约》《反腐败公约》以及欧洲《网络犯罪公约》，其中《网络犯罪公约》是与网络犯罪、大数据侦查联系最为密切的一项公约。不可否认，2001年通过的《网络犯罪公约》作为世界上第一部也是唯一一部专门针对网络犯罪的国际公约，对促进国际网络犯罪侦查合作起到了非常重要的作用。但是经过十几年的时代变迁，如今我们已经迎来了一个崭新的大数据时代，网络犯罪形态也进一步演化、变异，《网络犯罪公约》日渐表现出时代滞后性与适用局限性。而且，由于公约中主要表达的是西方发达国家的利益诉求，因此签署国除了欧盟以外，仅有美国、日本、加拿大、南非、澳大利亚等少数国家签署加入，所以适用范围也相对有限。因此，为了更好地回应大数据时代背景共同打击犯罪、实现国际合作的目标，有必要在联合国框架下制定新的国际性公约，积极推进发达国家与发展中国家之间的互动交流，最大限度地实现彼此双方共利益诉求之表达，并以"网络主权"作为我国参加网络安全国际事务的最核心立场。从国际侦查合作的法治化视角出发，具体表现为由联合国与国际刑警组织共同发起《大数据侦查国际合作公约》的倡议，我国在该公约的制定完善过程中则应当起到主导性的推动作用。

第三节　强化大数据侦查的社会制衡

在积极推进大数据侦查法治化的进程中，不仅需要法律规范的健全完善以及诉讼实践的协同推进，还需要法治氛围浓厚的社会环境作为支撑，并形成对于强势侦查权的社会制衡力量。接下来，笔者将从大数据侦查法治化建设的社会维度展开剖析,重点围绕"型塑公民数据权利观念""促进第三方网络信息平台对数据保护职责与侦查协助义务的合理平衡"以及"完善舆论监督机制以确保外部制衡力量充足"三个方面进行论述,为大数据侦查法治化建设保驾护航,积极构建良好的社会外部环境。

一、型塑公民数据权利观念以培植社会基础

18世纪英国著名政治学家埃德蒙·伯克曾一针见血地指出"所有的政府,都是建立在妥协和交换的基础之上"[1]。实际上,在现如今的大数据时代同样如此,当我们让渡了自身行为痕迹的相关数据利益时,必须同时树立起关于数据的新兴权利观念,由此形成一种交换,以约束政府行为能够实现对于数据利益的规范利用。在大数据侦查活动中更是如此,由于侦查权自身强制性、侵犯性、扩张性的属性特征,再加之大数据技术的前沿性、隐蔽性以及对虚拟空间内数字信息的高度整合分析能力,公民的个人信息、隐私安全势必面临着严峻挑战。因此,每个公民应当首先从数据权利主体地位出发,明确自己在整个数据流转过程中所享有的相关权利。

(一)数据权属观

数据的产生基于每个公民个体行为及相互活动,公民个体是数据的制造者,也是数据的所有者。虽然在大数据侦查中,数据的价值往往体现在侦查机关、大数据公司等社会组织对于分散数据的收集、汇总、挖掘、分析等环节。但是不管是侦查机关还是大数据公司,都不能取代公民个体作为数据所有者的地位,它们只能看作是数据的

---

[1] 涂子沛:《大数据:正在到来的数据革命》,广西师范大学出版社2015年版,第23页。

占有者、保管者抑或利用者。只有首先明确了数据的权属关系,围绕数据产生的其他权利义务关系才能得以明晰。公民个体作为数据的制造者,享有对于数据的绝对所有权,具有了解个人数据信息被依法收集、保管、利用等情况的知情权,同时也具备依根据情况对个人数据作出自由处分的权利。而侦查机关、大数据公司等依法实际占有公民个人数据的机关团体,应当履行妥善保管义务,并不得超出法律规定,在未通知数据所有者的情况下擅自使用,更不能基于营利、非法目的使用数据。否则,就是侵犯了公民的数据权利。[1] 当然,权利价值的发挥依赖于权利意识的觉醒,法律永远不会帮助躺在权利当中睡觉的人。当大数据技术已经在社会各个领域广泛适用时,尤其是在"权力—权利"张力越发明显的大数据侦查活动中,每个公民个体都应该具备敏感的数据权属观,关心个人数据的收集、适用情况,一旦遇到个人数据利益受到不法侵害时,能够及时拿起法律武器主张个人的数据权利。

(二) 数据知情观

"知情权"的概念最早由美联社执行主编库珀提出,他认为:"知情权是指人民有权知道政府的运作情况和信息。"[2]在大数据侦查活动中,公民的知情权具体表现为一种"数据知情权",是指数据的所有者依法享有知悉侦查机关何时、何地、何种程度使用个人数据的权利。显然,这是一项为有效规范侦查权正当运行而进行的重要权利设计。也正因此,大多数侦查机关对于数据知情权往往是一种消极、被动的态度。在大数据侦查的程序法治建设过程中,我们既要明确侦查机关承担"通知"义务的要求;同时,为了更好地扭转侦查机关怠

---

[1] 参见龚子秋:《公民"数据权":一项新兴的基本人权》,《江海学刊》2018年第6期。
[2] 涂子沛:《大数据:正在到来的数据革命》,广西师范大学出版社2015年版,第17页。

于履行义务的态度,公民个人还必须树立起一种积极的数据知情观。作为一种观念,数据知情观的树立不可能一蹴而就,需要社会公众首先能够实现权利意识觉醒,然后紧跟时代发展趋势,真正从内心深处认识到数据之于我们每一个公民个体在衣食住行等方方面面的重要性。唯有如此,公民在个人数据权利遭到侵犯时才能得以知晓,进而通过相应救济途径捍卫自身合法权益。此处的"数据知情权"可以与前文提到的"算法解释权"形成呼应,一同确保大数据侦查过程中公民个人的数据权利主体地位。

(三)数据处分观

公民作为数据的制造者和所有者,除了具备对于数据使用情况的知情权,还当然地享有对数据作出自由处分的权利。因为数据本身存在虚拟性、流动性和可复制性的特点,所以它的传播速度更快、保存时间也更长久。然而随着时间流逝以及社会情势的变化,数据的所有者可能会发现,过往行为时有数字记忆的,自己曾经发表的观点或者动态可能在当下看来已经不合时宜,此时就需要根据情势变化及个人需要实现对过往个人数据信息的修改甚至删除。但是,此时的个人数据往往已经转移为政府机关抑或大数据公司等机关团体所实际占有和控制。所以需要赋予公民数据处分权,要求个人数据的实际控制者对数据进行修改甚至删除,从本质来看这是一种信息自决权。根据当前相对成熟的欧盟数据保护体系来看,公民对于个人数据的自由处分集中体现于"被遗忘权"的行使上。按照欧盟对"被遗忘权"的定义,它是指"公民在其个人数据不再有合法之需时要求将其删除或不再使用的权利,如当时使用其数据是基于该公民的同意,而此时他/她撤回了同意或存储期限已到,则其可以要求删除或不再使用该数据"[1]。特别是在当今大数据时代背景下,积极构建刑事领域的被遗忘权制度已成为一种必然选择。[2] 但是作为一项新兴权利,很多公众对此并不了解,所以在社会层面亟须进一步加强此种数据处分观的普及。尤其是伴随着大数据侦查的广泛开展,我国公民更应当尽快树立并学会熟练运用该项权利,做好个人数据的主人,切实维护好个人的数据信息利益。

二、促进数据公司对保护职责与协助义务的合理平衡

在大数据侦查中,目前主要的信息数据来源有两个:一个是侦查机关与相关部门的自建数据库,另一个则是收集了大量社会用户数据的互联网公司数据库。相较而言,后者的数据体量更大,而且多涉及公民个人生活起居、消费习惯、兴趣爱好等,更能鲜活且全面地反映一个人的行为规律。有鉴于此,在大数据侦查活动中,侦查机关往往需要前往大数据公司进行相关数据的调取工作。对于作为信息数据实际占有者、控制者的大数据公司而言,其在大数据侦查中既具有保护、管理用户个人数据的职责,亦承担披露数据协助侦查的义务。在这一过程中,大数据公司必须加强数据技术规范,在"保护职责"与"协助义务"之间进行平衡。

(一)大数据公司的数据保护职责

大数据公司就其所保管的数据安全,首先应当向数据所有者负责,对于数据的有效规范管理决定着公民个人信息数据的安全性,甚至涉及国家安全。以著名的"Facebook 数据泄露事件"为例,信息数

---

[1] 欧盟委员会 http://ec.europa.eu/justice/data-protection/document/review2012/sec_2012_73_en.pdf,访问日期:2022 年 1 月 23 日。
[2] 同上注。

据的不当泄漏不仅严重侵犯了公民的个人隐私,甚至还对民主选举、国家安全产生了重大影响。于 Facebook 公司本身而言,这次泄露事件带来的危害后果巨大,不仅遭到了来自社会各界的广泛抨击,其市值也大幅缩水,经济损失惨重。其实在我国,各种各样的数据泄露问题也时有发生,如"简历数据泄露门""2000 万酒店入住信息遭到泄露""网络黑产团伙公然贩卖公民数据信息"等现象时常可以见诸报道。阿里集团对于此类数据泄露事件曾有过这样一个表述:解决数据泄露问题的最佳方案,就是尊重数据,尊重安全,尊重隐私。

其实纵观所有数据泄露问题,究其根本无非三个方面的主要原因:一是利益驱使,二是技术缺陷,三是制度不健全。所以大数据公司要想做到长远发展,切实保障用户信息数据安全,首先应当明确自身角色定位。大数据公司持久发展的生命力源自用户的信任,对用户信息数据规范管理、保护隐私是大数据公司应当肩负的责任,同时这也是一种社会义务。所以在数据保护问题上应当予以高度重视,而不能仅以经济利益为导向,忽视了对数据安全的规范管理。其次,大数据公司必须与时俱进,紧跟当前技术突飞猛进的发展趋势,不断升级自身数据库安全级别。在保管数据的过程中,可以通过相关安全防控技术、匿名处理技术、大数据脱敏技术、保密技术等,严格把控数据库进出的两个端口,实行严格的数据访问控制等,从而实现对于数据的规范管理,维护用户信息数据安全。最后,大数据公司还应当制定与法律对接、与实践契合的数据管理规范。尤其是近几年我国相继颁布实施了《网络安全法》《数据安全法》《个人信息保护法》等法律规范,其中对于网络平台、大数据公司的权利义务也作出了更为细致的规定。如果说数据的价值在于整合,那么数据的增值则在于流动。因此,大数据公司对于数据的有效管理并非一味地去限制、去禁锢,而是应当根据数据自身的隐私敏感程度进行分层、分类管理,实现数据合规治理。例如,可以将数据分为一般信息数据和敏感信息数据[1],也可以分为个人一般信息数据、个人重要信息数据、个人关键信息数据[2],还可以分为个人身份信息、敏感信息、准标识符信息、日志信息、公开信息[3]等。总之,对于私密程度较高的数据,应当着重强调数据保护,并在该数据的流动、利用过程中作出较为严格的条件限制;而对于私密等级不算高的数据,则应当更加侧重数据流动、利用过程中价值的发挥,在数据保护力度上可以适度放宽。

(二)大数据公司的侦查协助义务

在大数据侦查中,大数据公司等第三方网络信息服务商具有配合、协助侦查机关调查取证的义务,这就需要大数据公司在保护用户个人信息数据和提供信息数据之间进行权衡。实际上,二者并非完全对立的关系,只不过需要实现大数据公司自身数据管理规范与侦查机关调查取证程序的有效衔接、合理平衡。在法律上,大数据侦查有着自己特殊的取证程序和规范要求,但是从目前情况来看,大数据公司却缺乏制度化的协助取证规范。因此,为了更好地实现大数据公司信息数据保管责任与侦查协助义务的平衡,亟须制定完善的"公司数据调取协助规范",明确侦查协助的标准与程序。

首先,大数据公司应当明确在侦查协助中的角色定位,其不仅是数据调取的提供者,还应当是整个数据调取流程的监督者、见证

---

[1] 参见《信息安全技术公共及商用服务信息系统个人信息保护指南》第3.7条。
[2] 参见史卫民:《大数据时代个人信息保护的现实困境与路径选择》,《情报杂志》2013年第12期。
[3] 参见刘雅辉、张铁赢、靳小龙、程学旗:《大数据时代的个人隐私保护》,《计算机研究与发展》2015年第1期。

者,与侦查目的的实现与否不存在直接关系,需要在整个过程中保持客观中立。其次,在具体的数据调取程序开始前,大数据公司应当首先查看侦查机关开展大数据侦查所应具备的相关法律文书(如大数据侦查启动申请书、审批书、协查取证通知书等)是否完备并符合法律规定要求;除此之外,还应当核验侦查人员是否证件齐全、技术人员是否具备相应资质等。再次,在具体的数据调取工作开展时,应当实现数据调取程序与数据保管程序的对接,依数据隐私敏感程度不同,分别适用不同调取手段和流程,确保数据真实安全以防篡改。另外,在数据调取范围方面也应当加以严格限制,对于与案情无关的信息数据、超出审批范围的数据,大数据公司有权拒绝协助调取。最后,大数据公司应当建立专门的数据协查部门或者专员,全程参与整个数据协助调取过程,并将整个流程信息进行书面化、电子化的记录归档,以备后续审查。例如当前我国的互联网公司巨头腾讯、阿里巴巴、百度等都已设立安全管理部、网络安全部、数据合规管理部等机构部门,可以专门用来负责与侦查、司法部门之间相关业务协助工作的开展。当然,该部门负责人以及协助取证工作人员等也应当履行相应的保密义务,对数据调取中获取的国家秘密、个人隐私及商业秘密等要严格保密。[1] 总之,大数据公司应当加强自身"数据调取协助规范"的完善,这本身也是企业合规、数据合规的内在要求,通过健全完善公司内部规章制度,实现保护公民个人信息数据安全与协助侦查机关打击犯罪的目标统一,在保护隐私权不受非法侵犯的前提下,与侦查机关进行良性互动,并尽可能地减少"政府俘虏

---

[1] 参见王燃:《大数据时代个人信息保护视野下的电子取证——以网络平台为视角》,《山东警察学院学报》2015年第5期。

理论"[1]所带来的消极影响,从社会公共利益角度出发,发挥出其在大数据侦查法治化进程中的应有作用。

三、完善舆论监督机制确保外部制衡力量充足

"足够多的眼睛,将使所有的错误都无处遁形。"社会舆论监督是提升大数据侦查法治化水平的重要外部环境。每个公民都应当在大数据时代尽量走出"经济理性人"[2]的枷锁,否则个人权利将会被掌握大数据的公司或机关所侵蚀。在开展大数据侦查过程中,权利的觉醒尤为必要。按照奥尔森"公共选择理论",公共利益代表缺位、权利伸张不足的困境可以通过建立合适的激励机制,奖励那些为公共利益实现而作出贡献的人,惩罚未尽义务者,从而营造关心公共利益的社会文化和运行机制。在这一过程中,作为价值观念传输媒介的舆论媒体将起到至关重要的作用,既可以倡导广大公民树立起新型数据权利观,又可以通过信息披露实现对于大数据侦查的舆论监督。在笔者看来,对大数据侦查的社会舆论监督体系,可以分别从传统媒体监督与新兴自媒体监督两个方面进行构建,二者并行不悖,一同支撑起大数据侦查法治化的外部环境。

---

[1] 1970年,诺贝尔经济学奖得主乔治·斯蒂格勒(George Joseph Stigler)提出了著名的"政府俘虏理论",他在考察了美国联邦政府以及各州政府的诸多案例之后断言:"尽管政府总是号称他们在代表公共利益对产业界进行管制,但现实并非如此,产业界会通过种种手段来影响政府制定标准的过程,最终俘虏政府、左右监管标准的制定。"

[2] 美国经济学家、社会学家曼瑟尔·奥尔森(Mancur Olson)在《集体行动的逻辑》一书中指出,每个人都是经济理性人,也就是说,每个人都会首先考虑自己的利益得失。因此,当面对一些不合理、不合规甚至不合法的情境时,每个人都希望别人出头,自己搭便车。这种集体想"搭便车"的结果,就是公共利益得不到有效的照顾,大家的权益最终都受到损害。

(一)传统媒体监督

长期以来,舆论监督被誉为除了立法、执法、司法的"第四股力量",特别是对于公权力的正当行使起着不可替代的作用。我们不妨回顾前文已经提到的几个经典案件,从中总能找到传统媒体的身影,如著名的"棱镜门事件""Facebook 数据泄露事件"等,它们都是由《卫报》《华盛顿邮报》《观察家报》《纽约时报》等权威报社首先进行了信息披露,从而引发社会广泛关注,形成了要求作出解释、及时补救的舆论压力。这对于政府权力机关以及互联网公司而言,都是一股巨大的行为约束力量。虽然进入网络时代之后,传统媒体面临着种种发展瓶颈,甚至一度出现"纸媒已死"的声音。但是,传统媒体很快适应了网络时代的新闻传播方式,并日益凸显出其权威性、准确性、专业性以及政府对接性等优势特点。在如今大数据侦查的舆论监督过程中,传统媒体监督依然将占据重要位置。

侦查中的舆论监督是侦查活动在侦查公开与侦查独立之间的平衡[1],这也恰恰符合大数据侦查所要求的"相对公开原则"。当然,要想真正发挥出传统媒体的舆论监督价值,须具备两个基本前提:一是新闻自由;二是职业素养。因此,在对大数据侦查进行新闻报道和信息披露时,一方面媒体应当基于客观中立的视角对案件进行如实报道,而不受侦查机关或其他政府部门的权力干预;另一方面也应注意对涉案人员个人隐私、商业秘密、国家秘密等方面的保护。另外,传统媒体还应当充分利用好新闻发布会、听证会等平台,实现与侦查机关合作与制约共存的良性互动。以美国为例,美国警察局就确立了新闻发言人制度,并设立了专门的公共信息警官(Public In-

---

[1] 参见张昃、李波阳:《侦查阶段网络舆论监督的问题及其规制》,《湖北警官学院学报》2012 年第 2 期。

formation Officer),负责向媒体提供准确的案件侦查信息,以及确保媒体发布信息没有违背保密原则等。[1] 在适用大数据侦查的刑事案件中,我们同样可以借鉴这种成功经验,设立专门的信息通报机制,让社会公众对此种新兴特殊侦查行为有一个更为全面、客观、理性的认识,进而让该侦查行为接受更广泛的监督制约,最终形成侦查实践与舆论监督的良性互动,推进大数据侦查法治化建设。

(二)新兴自媒体监督

随着时代发展、科技进步,一股新兴舆论监督力量涌现出来,并已成蓬勃发展之势,那便是网络自媒体。"自媒体"(We Media)又称公民媒体、个人媒体,这一概念最早由谢因·波曼(Shayne Bowman)和克里斯·威理斯(Chris Willis)提出,是指"一个普通市民经过数字科技与全球知识体系相联,提供并分享他们真实看法、自身新闻的途径"[2]。目前在我国自媒体的主要平台有微信、微博、博客、贴吧以及各种网络社区等。在大数据侦查中,公民的社交数据本身就是一项非常重要的侦查资源,所以通过发动每一个数据制造者来监督数据使用是否准确合法的做法,其监督效果将更为直接和全面。数据产生于网络、传播于网络,从网络中被收集,进而才被运用于大数据侦查,因此,网络平台中的各数据权利主体天然具有便利条件,能够起到更好监督效果。

相较于传统媒体监督,新兴自媒体监督的时效性、互动性更强,有利于对侦查中大数据使用不当的情况及时发现并予以纠正,避免危害后果的扩大。但同时,自媒体监督具有主观情感色彩浓厚、容

---

[1] 参见柴艳茹:《刑事侦查与大众传媒关系研究》,中国人民公安大学出版社 2013 年版,第 83—84 页。
[2] 邓新民:《自媒体:新媒体发展的最新阶段及其特点》,《探索》2006 年第 2 期。

易出现"反智"现象、缺乏法治规范性等弊端。[1] 因此,对新兴自媒体监督应当予以严格的法律规制,进行法治引导,坚决杜绝自媒体监督偏离法治轨道而误入网络谣言、网络暴力的歧途。依笔者所见,新兴自媒体监督并非对传统媒体监督的替代,而应是一种继承基础上的发展,二者应当有机结合、取长补短。首先通过传统媒体与侦查机关良性互动的合作制约机制,确立起关于大数据侦查案件的信息通报机制,对外界发布权威案情通报以及大数据技术合理使用的情况说明。再以此为基础,通过广泛发动各数据权利主体,对案情及大数据侦查过程进行监督,从而形成"足够多的眼睛",将错误排除在正当程序之外,最终实现大数据侦查程序法治化的目标。

---

[1] 参见崔凯、魏建文:《自媒体传播对"侦查不公开"的影响研究》,《湖南社会科学》2017年第4期。

结　语

　　大数据侦查过程中技术权力与数据权利之间的紧张关系,本质上是大数据时代法治建设滞后于科技发展的一个缩影。随着经济发展、互联网络的普及,人类的社会行为已经不再局限于物理空间,越来越多的行为痕迹正在以数字化的形式存储于虚拟空间当中,并且越来越多的信息交互正往返于虚拟与现实之间,催生出指数级增长态势的海量数据。正如著名历史学家尤瓦尔·赫拉利在其著作《未来简史》中提到的那样,"人类未来将面临三大问题:生物本身就是算法,生命是不断处理数据的过程;意识与智能的分离;拥有大数据积累的外部环境将比我们自己更了解自己"[1]。当我们畅游在虚拟与现实交融的"双层社会",无处不在的数据资源也正在汇聚成为一座座信息提取的财富矿山,从中我们甚至可以刻画出任何一个行为个体的行为痕迹、行为特征乃至接下来的行为动态。真若如此,那么诸如隐私等基本权利如何保障?权利源自法律,唯有通过立法规范、司法实践,才能回应社会公众的诉求,奠定法治基础。所以,伴随着技术进步和侦查权力运行方式的变化,包括隐私权在内的权利体系保护也在发生改变,法律理应及时跟上时代的

---

[1] 〔以色列〕尤瓦尔·赫拉利:《未来简史》,林俊宏译,中信出版集团2017年版,第1页。

步伐。大数据侦查法治建设,是一项系统性工程,不可能一蹴而就,必将经历一个漫长甚至曲折的过程。虽然法治化的道路可能会经受阻碍、经历曲折,但前途终将光明,我们应当树立起足够信心,在迈向法治的道路上留下坚定有力的足迹。侦查技术化、技术法治化,路虽漫漫,始于足下!

附录一：
关于"大数据侦查法治化问题"的调研访谈记录

一、调研访谈背景

对大数据侦查法治化问题的研究，是一项来源于实践又终将反哺于实践的课题，学理论证需要具备扎实的实践素材作为支撑。由于侦查活动自身的特殊性，尤其是大数据侦查这种技术性、秘密性较高的侦查行为模式，其在实践运行中的很多问题并不容易被发现，学界在研究探讨时也很难触及问题实质。因此，要想对大数据侦查的程序法治问题进行深入全面的了解，就必然要深入侦查实践，从中获取更多研究素材，进而形成有价值的研究成果。

二、调研访谈目标

通过与侦查实务工作人员的深入访谈，了解大数据侦查的实践运行状态，分析大数据侦查迈向程序法治所面临的现实困境，进而思考大数据侦查程序法治建设的可行路径。

三、调研访谈对象

主要针对侦查机关工作人员（主要针对刑侦、经侦、治安、情报、技术以及法制部门的侦查人员)、公安政法院校警务教师、诉讼法学者以及刑辩律师。

四、调研访谈形式

包括但不限于面谈交流、电话访谈、线上问询等形式。

五、调研访谈提纲

1. 您是怎样理解大数据技术的,对于侦查工作带来哪些改变?

2. 您是否认同"大数据侦查"这种提法,实践中它有哪些独特之处?

3. 据您了解,当前已经开始适用的大数据侦查系统平台有哪些?有何特点?

4. 当前大数据侦查中的具体方法,如数据搜索、数据挖掘、数据碰撞、数据画像等,您有哪些了解?哪种适用最多?

5. 从侦查实践情况来看,您认为大数据侦查对于提升破案效率是否明显?有哪些经典案例可以分享一下?

6. 根据您的经验及了解,有没有关于大数据侦查案件的相关数据统计?

7. 目前在侦查实践中,开展大数据侦查有哪些限制性的条件?如何审批?

8. 在具体大数据侦查案件过程中,遇到的比较多的现实问题有哪些?

9. 进行大数据侦查时,侦查人员主要有哪些法律规范性文件作为参照?

10. 侦查人员如何看待"侵犯公民个人信息罪"?

11. 侦查实践中,侦查人员如何界定和权衡公民个人信息、隐私与打击犯罪之间的关系?

12. 不少学者提出提升侦查透明度,您从侦查实践的角度对此怎么看?

13. 当前大数据侦查实践中,关于办案人员构成及专业背景能否简单介绍一下?

14. 大数据侦查除了打击犯罪功能,还有着犯罪预防的重要作用,当前侦查机关是如何运用大数据技术进行犯罪预防的?

15. 实践中,侦查人员是如何区分理解大数据侦查与技术侦查的?

16. 大数据侦查对于立案程序是否造成了冲击?初查中是否可以适用大数据侦查技术?

17. 大数据侦查过程中如何固定证据?是否在后续诉讼程序中出现过证据排除的情况?

18. 当前在大数据侦查中,公安机关内部有哪些程序规范?

19. 目前是否有涉及大数据侦查的国际合作案件?

20. 侦查机关在调取、提取数据信息材料时,遇到过哪些棘手问题?

21. 在具体案件侦查时,银行、医疗、网络平台公司等相关部门和企业是否配合数据的收集、调取?一般需要准备哪些文书材料?

22. 请您谈一下如何看待大数据、算法、人工智能对侦查实践的影响?

(非常感谢您接受本次访谈,我们承诺对您个人信息保密,再次感谢!)

六、调研访谈实录汇总

(一)访谈对象:G 省 A 市公安局侦查人员

1. 问:当前侦查人员对大数据接触得多吗?对于侦查工作有哪些显著改变?

答:其实不只是我们搞侦查的关注大数据,现在大数据、人工智能、区块链等好像已经成为普遍关注的焦点。不过由于侦查工作可能给公众的感觉稍微神秘一点,尤其是秘侦工作,所以大家可能就会更加好奇。目前我们对于大数据侦查工作还是非常重视的,这也是当前公安部、省厅一直提倡的一个方面。包括大数据在内的一系列高新技术手段,确实给侦查实践带来了很大改变,对于获取尽可能多的侦查线索以及提升侦查破案效率都有很大帮助。同时,对于侦查一线工作人员而言也是好事,一方面可以降低工作压力,另一方面通过数据分析判断也可以从一定程度上降低侦查风险。

2. 问:能不能具体介绍一下当前大数据侦查运用的具体情况?

答:我目前所接触或者个人所理解的大数据侦查,主要就是通过分析并利用尽可能多的数据信息来展开侦查工作,在具体侦查破案的过程中对于电子数据的依赖程度会比较高,同时需要借助一些非常专业的技术手段,如删除数据的还原、隐藏信息的挖掘等。这一部分我们现在已经运用得比较成熟了,不管是专业人员还是硬件设施保障,还是积累了很多成功的实战经验。

3. 问:那有没有比较成功的案例可以分享一下?

答:现在通过大数据侦查取得案件突破的经典案例还是比较多的,目前我们局也确实比较注重这一块,还经常组织专门的技术人员或者专家进行指导,另外有一些成功案例后我们也会进行实战经验的总结分析。就以经济犯罪案件为例吧,当前我们一直在大力提倡"智慧新经侦",近几年来借助高科技手段打击了一大批高智商犯罪案件,其中有关"地下钱庄"的犯罪案件比较突出。

4. 问:"地下钱庄"犯罪案件?

答:对。"地下钱庄"是民间对从事非法金融业务的一类组织的俗称,是指不法分子以非法获利为目的,未经国家主管部门批准,擅自从事跨境汇款、买卖外汇、资金支付结算业务等违法犯罪活动。这类案件不仅扰乱金融市场秩序,还为洗钱提供了方便,滋生助长贪污、走私、贩毒、骗税、侵吞国有资产等大量上游犯罪行为。近年我们办了几个比较大型的这类案件。这类案件往往涉案金额都比较大,而且资金流转情况非常复杂,涉案人员也多与境外人员存在关联。我印象比较深的有"XXX案"和"YY案"(后因受访者要求,已将案例名称隐去)。

5. 问:那在办理这类案件中,大数据侦查起到了哪些具体的作用?

答:这和我前面介绍的案件特点有着很大关系。由于涉案金额大、资金交易复杂,且往往这类高智商犯罪案件的犯罪嫌疑人反侦查意识很强,所以传统侦查手段往往很难发现线索,更不好轻松固定证据。所以,我们在打击这类案件时确定了"智慧新经侦"的工作思路,以前是"打团伙,端窝点,精准打击,成熟一个,收网一个",后来是"打团伙,端窝点,扩线经营,集约化,链条式打击",现在已经发展成"数据建库,研判先行,联动打击,深挖扩线"。通过大数据技术,我们可以更为全面地对分散的、频繁的、异动的资金交易数据进行甄别,依托云端数据,通过数据关联、数据挖掘,对该犯罪行为形成协同打击战略。

6. 问：感觉这种协同战略还是比较抽象，是否方便详细介绍一下具体怎么开展的？

答：主要就是依托公安部的"云端系统"，现在已经构建起了全国经侦协同作战的有效模式，支队可以依托"云端"数据开展打击"地下钱庄"犯罪的侦查活动，先后通过云端系统开展与SH、ZJ、JS、FJ等省市的联动打击，从而实现对此类案件的全链条清除。除了地域之间的协同联动，借助"云端"还可以实现警银综合管治一盘棋，通过与国家外汇管理局、人民银行反洗钱部门以及相关金融机构的紧密合作，我们可以接触更多的数据进行可疑排查、数据调取、分析研判、综合整治等具体工作。

7. 问：您刚刚讲的"云端系统"看来确实比较具有实战价值，可以重点介绍一下吗？

答：刚刚提到的"云端系统"，实际上就是一开始我提到的"数据建库"。具体而言，这个建库过程又可以分为"建立人员数据库"和"建立资金数据库"两部分。"人员数据库"当中会纳入通过协查关注的重点人员、通过微信关联关注到的重点人员、上级部门转发过来的关注人员、外汇管理局或人民银行移送过来的关注人员以及银行转账记录中关联的关注重点人员等。而建立的"资金数据库"则主要是围绕着银行流水数据、网络交易IP以及MAC物理地址等数据信息。

8. 问：那么这些数据信息具体是怎么利用的呢？

答：这些信息数据在获取之后，我们通常会对它们进行分析研判，比如说进行数据碰撞、数据排除、数据筛选以及数据核实等具体的侦查工作。当然在具体数据研判过程中还会借助一些其他系统工具，如公安部资金查控平台、某省级公安经济犯罪信息快查系统以及

IBMI2等信息平台。通过基于海量数据的分析研判,传统侦查强调的"由人及案"或"由案找人"变得更为高效,也更有利于我刚刚介绍的这类案件的集约化、链条式打击。

9. 问:对您刚刚提到的那些系统平台很感兴趣,我们平时还是接触比较少,感觉很神秘,请您介绍一下。

答:其实就是对一些数据整合利用,我们可以更加高效地通过一条微小的线索,借助这些情报平台,对工商、电话、社保、银行、房产、车辆、物管等诸多信息进行综合比对分析,从而及时锁定嫌犯。而且通过这些电子数据信息的综合比对,它们相比于传统类型(纸质版)的数据,在很大程度上能够避免由人为操作造成的计算失误、数据遗漏,通过电子文档对账户数据进行的操作具有精准、清晰、高效等特点。至于你好奇的可能是IBMI2系统,这是一种专门为调查、分析、办案人员设计的可视化数据分析软件,它可以将结构化或者非结构化的数据全都转化为图片,从而为侦查人员提供一个非常直观的实体关系图,有助于侦查人员高效研判分析,现在在反洗钱、反欺诈、反贪腐等一系列犯罪案件中已经广为运用,它最大的优势就在于实现了大数据背后有价值关联信息的可视化。

10. 问:在综合比对分析的过程中,有没有依照的固定程序或者思路方法?

答:根据我们以往的办案经验,现在比较成熟一点的有"三步串并分析法",也就是首先通过三级查询,这个三级查询是指借助部里的违法资金查控平台,省厅快查系统、人民银行反洗钱、商业银行等,对线索涉及的主体账号进行查询,至少对涉及账户上下游各查三级买卖交易,有需要时再进一步延伸;然后再进行数据分析,主要是确定哪些账户符合地下钱庄交易的特征、方式、特点、对象以及数额等;最后进行主体核查分析,再借助公安部云搜索、情报平台、通话记录等核查分析,从而刻画相关人员的关系圈。

11. 问:对于具体查哪些数据信息,又怎样对它们进行分析可以再介绍一下吗?

答:在进行三级查询时,我们主要是查询涉及账户的开户信息和资金交易明细的电子资料。资金交易明细包含有交易对手方的户名、账号、所属银行、最近一个交易月的 IP 地址、MAC 地址和提现视频以及交易总次数、总数额等。具体分析时,一般会进行数据碰撞分析,目的主要是为了追查涉案账户,厘清犯罪资金链条情况。其中主要运用到的大数据分析工具有透图分析,这种比较适用于批量数据分析;EXE 透视表分析,这种适用于单个重点账户的分析;还有 IP 地址碰撞分析,这种往往用来查找关联交易账户。

12. 问:确实,正如我们现在经常说的一句话"得数据者得天下",在现在侦查实践中看来还真是如此,能够接触足够多的数据,将对侦查破案带来极大帮助。那么现在侦查实战中的数据平台建设得如何,数据体量足够了吗?

答:你说的没错。在当前信息化时代背景下,不光我们重视电子数据,其实犯罪嫌疑人也非常重视,所以这是一个道高一尺魔高一丈的博弈过程。目前我们的数据平台建设依然还在进行当中。从目前来看,主要还是依靠内部数据资源,也就是公安机关自建数据库,如我们这边用得比较多的资金查控平台、情报导侦平台、公安部云搜索、省公安综合平台以及市局实战平台等。除此之外,银行开户信息、电信通话记录、微信登记信息以及网络 IP 地址等也是我们的重要外部数据来源。关于数据,只怕不够多,永远没有嫌多的时候,就像你说的,得数据者得天下,我们也是一样,占据的数据资源越多,对犯罪嫌疑人的打击力度也就越及时有效。

13. 问：那么在开展大数据侦查的过程中，数据的收集、调取、分析等工作是否也曾遇到过阻碍呢？

答：基于我个人以往侦查经验来看，当前大数据侦查还是处于起步阶段，不管是数据平台建设、还是大数据分析技术运用以及电子数据提取等工作依然存在很大上升空间。虽然我们已经取得了一些不错的成绩，但是和当前的犯罪率高发且不断上涨态势相比，我们还需要进一步优化完善。其实在具体的侦查实践中，侦查人员并不是像老百姓抑或专家学者认为的那么强势，侦查人员吃闭门羹的现象也时有发生。就以刚刚提到的"地下钱庄"案件的电子数据提取为例，侦查人员往往需要去银行调取相关电子数据，但是有些时候银行的工作人员并不会非常配合，给正常的数据收集、调取工作带来影响。

14. 问：那遇到这种情况，往往是什么原因造成的，又会如何解决呢？

答：原因可能是多方面的吧，有时候可能是因为侦查人员自身对一些业务流程规范不熟悉，有时候则可能是因为银行方面自身的一些业务要求，或者说是公安局与不同银行之间的协同机制还不够成熟。遇到这种情况，首先还是应当加强自身程序规范建设，然后尽可能地与各个其他涉及所需数据的机构建立起合作机制，以便于电子数据的收集调取。例如，我们这边现在在办理相关涉及工商银行的案件时，会要求侦查人员必须去×××路省工行进行调取，而且在送协助查询财产通知书的时候会让侦查人员记得带介绍信，而且介绍信上一般都要写明："我方承诺不会对贵行提供的查询结果电子文档信息进行修改、向第三方透露、复制和转载。如违反上述约定，我方愿意承担一切责任。"

15. 问:这就涉及了程序规范的问题了,您觉得当前大数据侦查的开展还有哪些程序上的问题需要完善?

答:现在社会上讨论比较多的应该是隐私保护问题。不可否认,现在大数据侦查在程序规范方面确实还不是很成熟,之前公安系统内部也出现过一些违规违法行为,个别办案民警会通过公安内网平台帮朋友或者为了营利而查询一些私密信息,导致有些公民的隐私权利受到了侵害,也给公安机关带来很多负面评价。现在公安系统也是非常重视数据隐私、数据安全问题,比如现在登录很多数据库平台都需要首先通过数字证书认证,通过身份识别之后才能进入系统,而且整个信息查询过程会留下痕迹,以防止个别侦查人员的违规违法操作。当然这些主要是在技术上做了一些规范要求。在程序方面究竟应该如何优化和规范,可能还需要法学专家学者们进行充分论证和思考。但我也有一点个人不成熟的想法,那就是不能抛开"义务"只谈"权利",法律虽然讲究打击犯罪与保障人权的协调性,但是如果仅从侦查实践的视角出发,过多地要求侦查人员去保护人权并不符合实际情况,那将可能导致很多侦查工作陷入僵局,无法开展。所以关于大数据侦查的程序法治问题,确实非常值得研究,但也确实比较复杂,需要综合考量多方面的利益冲突。

16. 问:是的,非常感谢您给了这么多经验指导,很多建议都非常值得我们作进一步的思考,耽误您这么久时间,再次感谢!

答:欢迎交流,不用客气。

(二)S 省 J 市公安局侦查人员 A、情报人员 B、法制人员 C

1. 问:各位专家领导好,很荣幸能有这样一次难得的机会深入交流学习,能否首先谈一下对于大数据以及大数据侦查的理解?

C 答:大数据现在确实很火,我看现在市面上关于大数据的著作已经有很多,法学领域现在讨论的也越来越多。根据我所接触到的信息,大数据并不只是一种高新技术,它带来的改变是多方面的,更多的可能表现在思维模式的转变。目前在侦查领域内大数据技术也得到了较多的运用,但更多还是一种技术手段的角色定位,要想实现侦查思维模式的转型可能并不是一蹴而就的事情,需要一个过程。具体关于大数据侦查的情况,可能 A 政委更了解一些,他是这方面的专家。

A 答:专家谈不上,但是对于大数据侦查的一些情况还是稍微了解一些。现在大数据技术极大地提升了犯罪综合治理的能力,不管是对于已发案件的侦查取证,还是未发案件的情报研判,大数据都起到了非常重要的作用。通过一些公开数据我们也可以看到,近些年来我国的犯罪形势依然非常严峻,尤其像电信诈骗、网络犯罪等违法犯罪活动层出不穷,手段也越来越高科技化。公安系统也提出了"向科技要警力"的口号,大力推进技术升级,其中推进大数据侦查实践就是一项非常重要的举措,从而占据信息数据的"制高点",有效打击各类犯罪行为。这样说可能还不够直观,震惊全国的周克华系列杀人案你可能比较有印象。在那个案子的侦办过程中,我们了解到南京警方动用了上百名警力花费了好几天的时间用来分析比对监控数据,从而研究嫌犯的行动轨迹。而前段时间同样是一个震惊全国的案子,那就是北大才子弑母案,犯罪嫌疑人在重庆江北机场露面时被抓,而这一次完全是借助高新技术手段"天眼"系统,通过人脸识别进行了锁定,后续的抓捕过程总共不到十分钟。这套天眼系统的重要支撑就是大数据技术,通过对海量视频、图片等信息数据的抓取、保存、智能分析,从中高效获取有价值的侦查情报,既节省了侦查资源,又提高了侦查效率。

2. 问：您觉得大数据侦查与传统侦查相比有哪些独特之处？

C 答：现在我们通常情况下提到的"大数据侦查"和传统侦查相比应该还是有着显著差异的。我觉得刚刚 A 政委提到的那两个案例就很直观，周克华那个案子就可以看作是一次传统侦查实践，而吴谢宇那个案子则是大数据侦查的功能体现。相较传统的信息化侦查，大数据侦查更加强调对于半结构化或非结构化数据的智能分析，对于侦查人员的经验依赖程度要更小一些，它对于流动性、数字化的犯罪行为的打击更为实时、高效。关于大数据侦查的具体情况和特点，你可以再请教一下 B 科长，他是信息技术专业毕业的高才生，目前主要负责情报信息工作。

B 答：我还在上学的时候，记得有句话印象非常深刻，大致是"只是一味地依赖技术，却不懂它的原理，对于技术使用者而言是一种职业灾难。"当前我们上到国家，下到企业个人都在倡导大数据的运用和发展。然而不可否认的是，我们很多时候对于这些高新技术的了解依然比较浅显。大数据技术不仅仅是指数据之大，它实际上可以分为四个方面：大数据收集、大数据存储、大数据分析与大数据呈现。通俗地讲就是"拿数据""存数据""算数据"和"用数据"。数据首先得拿得多，通过各种渠获取数据，比如建立并对接各种各样的数据库，抑或通过网络爬虫等技术进行数据的收集；然后要把这些海量的数据安全有序地分类保管存储起来，比如借助一些云端系统等；其次就要通过各种算法分析数据，通常用得比较多的有分类、回归分析、聚类、关联规则等；最后就是将大数据分析结果运用于实践，现在比较强调数据可视化，利用图表的形式直观形象地把人物关联性展现出来，用以案情研判。这些都是传统侦查难以做到的，具有大数据时代鲜明的技术特征，给我们的情报导侦工作带来了极大便利。

3. 问:您觉得"大数据侦查"这种提法是否准确,侦查实践中是否认可?

A 答:这种说法没有问题,实践中也确实这么用的,近年来公安部也一直在大力推进公安大数据战略,还专门成立了公安大数据工作领导小组,不管是在技术上还是思维上以及侦查模式等方面均提出了明确要求,尽快实现对传统侦查模式的智能化改造。只不过我们在具体侦查实践中,对于概念的使用没有你们这么严谨,"大数据侦查""公安大数据""大数据研判""大数据+情报""数字侦查"等叫法没有进行明确的区分。前段时间省厅里还刚刚提出了"大数据+合成战"的要求,强调要紧跟时代发展,充分利用高新技术手段打造数据警务,整合情报中心、网安、经侦、法制、刑侦、治安等部门形成联合办公联合研判的新模式。我们市局这边也是积极响应,早在几年前就和某大型技术研发中心合作启用了"公安云计算中心",基于这个大数据分析平台,刑侦、治安、户政等警务工作能力得到了明显提升。而且前段时间我们还又专门组织人员去其他公安局参观学习了警务大数据建设。

C 答:刚刚 A 政委提到了很多我们侦查实践中关于"大数据"的一些叫法,我个人感觉现在侦查理论和侦查实践还是有所脱节的。作为理论研究者可能往往更注重进行概念的界定和辨析,而对于大部分侦查人员而言更加讲究实效性,也就是这种新的技术,抑或新的侦查模式能不能推动侦查效能的提升,提高破案率,提升破案速度,这是实务工作者更加关心的问题。

4. 问:在侦查实务工作中,有没有关于大数据比较有代表性的案例或者经验可以分享一下。

A 答:前段时间我们刚刚进行了一次侦查实验,仅提供给侦查人员一张人物 X 的画像,其他任何有关 X 的信息都没有,然后让 X(由一位具有丰富侦查经验的警务人员扮演)进行反侦查活动避免遭受抓捕。然而侦查人员在获取人物 X 画像之后不到一个小时的时间内,就成功锁定并通知附近警力控制住了这位"经验丰富"的"犯罪嫌疑人 X"。而且 X 还曾一度戴上眼镜采用私家车的交通方式行进以避免被侦查人员发现。在这背后大数据发挥了重大作用,融合了人脸识别、电子串号、情报中心、交警指挥平台等技术,现在强大的大数据整合分析能力确实让我们也感到惊讶。

B 答:最近我们还刚刚破了一个案子,就是通过大数据分析获取的情报信息。现在网络犯罪确实非常隐蔽,具有很强的反侦查意识,如果不及时转变侦查思维学会运用这些高新技术手段,绝对会助长犯罪分子持续犯罪。我说的这是一个涉黄案件,现在在一些公寓、酒店、洗手间甚至更衣室会有犯罪分子提前安置好隐蔽摄像头,从而进行偷拍,然后将偷拍视频上传抑或打包发送给一些买家从中营利。这些行为操作通常都是通过网络进行的,而且由于很多时候受害人自身并不知情,也就更不用说主动报案了。我们发现并破获这个案子的过程,并不是基于传统的由人到案或者由案到人模式,而是基于数据分析。通过网监、刑侦与情报部门的对接,借助大数据对于一些电信流量进行分析,尤其是对于一些特定时间段内的网络流量异常值进行深入研判,从而获取了有价值的情报线索,并进一步对异常电信流量输出值所在 IP 进行定位,抓捕犯罪嫌疑人、固定证据,从而侦破此案。

5. 问:能否具体介绍一下网络流量分析?

B 答:这是我们现在网络取证分析中常用的一种方法,主要是对网络数据包进行捕获、记录和分析,一般主要采取"识别—保存—收集—检查—分析—展示—决策"的流程模式。简单点说,网络流量就是咱们平时所说的网络上产生的数据流量,当然稍微专业一点,我们还会把它们区分用户层、管理层、网站层、综合层等,分析重点是不一样的。在进行分析的时候,主要会采用软件流量统计分析、硬件流量统计分析以及网络力量粒度分析等。软件分析主要会借助一些专业的工具软件,比如 pcap(packet capture),硬件分析则主要是流量镜像的方式。网络流量粒度分析主要关注的是网络线路传输速率、吞吐量变化等情况。当然具体的网络流量分析技术其实有很多,比如 RMON(也就是远程监控)、SNMP、实时抓包分析、FLOW 技术等。其中 FLOW 技术也是一种网络监控技术,主要采用数据流随机采样的方式,可以提供全网范围内的流量信息,能够在超大网络流量环境下进行流量分析。

6. 问:听起来确实让人眼前一亮,根据您刚刚的讲述,这个涉黄案件的突破口应该在于对异常信息流的识别和分析,不知道这是否属于"大数据监控"的范畴,您对这种"大数据监控"提法又持怎样一种态度?

B 答:我们在进行情报分析研判时,需要尽可能多地获取有价值的信息资源,从而保证情报的准确性。大数据技术的应用发展确实让情报信息来源、情报研判手段等方面更加多元化,也更加智能化了。你刚刚的理解基本上是对的,当前网络犯罪高发,而且隐蔽性极高,如果我们不采取对等的技术手段进行回应,这些网络犯罪行为势必会更加肆无忌惮。所以进行所谓的"大数据监控"确实存在现实必要性,据我了解,现在咱们国家公安机关运用的比较多的有"苏—27"和"美亚网警"等重要网络监控取证系统,已经比较成熟。你要是对网络数据这一块感兴趣可以重点关注一下"美亚柏科"这个公司,它和很多公安部门都建立有合作关系,在网络取证、大数据侦查这一方面提供了很多技术支持。言归正传,刚刚说的这些网络监控系统功能还是比较强大的,可以监控流经网络的所有信息流,包括监控目标正在浏览的网页内容、即时聊天内容,而且甚至可以借助远程技术实现对于本地存储硬盘资料的提取分析,这些在技术层面完全可以实现。至于你刚刚提到的第二个问题,对"大数据监控"这种提法的态度,我个人认为这是一种客观描述。现在身处大数据时代,我们的每一言行举止实际上都可以被数字化记录下来,只要有数据记录就可以通过数据进行样态还原,甚至是实时监控。前段时间我还看到一则新闻,在世界监控严密程度的前十名城市中,我们国家占了8个。据说我们国家现在总共有超2亿个监控探头在使用中,到2020年将达到六七亿。再加上现在大家对于电子产品的高度依赖,手机、平板、笔记本电脑等形影不离,不管是在监控数量还是监控形式上,都会呈现出"大数据监控"的趋势。这对于侦查情报研判、犯罪治理来说当然是好事,但是从公民个人角度而言,肯定也会有更多关于隐私保护的担忧。

7. 问:是的,其实现在围绕大数据侦查与隐私权保护的问题就已经争议很多,不知道我们在侦查实务中是否会关注这一块,在程序法治方面是否有所要求?

C答:我平时主要负责一些法治工作,你提的这个问题确实很前沿也很值得思考。就我所接触到情况来看,不可否认,目前在程序规范层面确实存在一些问题,但是法治化进步也非常明显,对个人权利的关注程度也在不断提高。还是以刚刚探讨的网络监控为例,公安机关实际上应当遵守很多法律规范,比如《刑法》《刑事诉讼法》《网络安全法》《反恐怖主义法》《警察法》等,此外,公安机关内部还出台了《公安机关执法细则》《公安机关办理刑事案件程序规定》《公安机关电子数据鉴定规则》《公安机关办理刑事案件电子数据取证规则》等。刚刚我想到的这些法律法规都与大数据侦查活动存在非常紧密的关联，而且一个主要的出发点就在于确保侦查规范化，扭转过去侦查恣意的不好印象。不过这也不是说现在侦查活动就没有问题了，回到你的问题上来，大数据侦查作为一项新生事物，它在侦查实践中目前还是缺乏必要的法律约束。由于立法的滞后性，对大数据侦查究竟怎么界定其实并没有非常清晰的表述，这也就导致了刚才说的那些法律法规在大数据侦查问题上无所适用。尤其是在程序层面，开展大数据侦查活动究竟能否直接照搬技术侦查的相关法律规定，现在确实存在争议，侦查实践中要求一般也没有那么严格。所以说，你提到的这个大数据侦查法治化的问题确实值得好好研究论证一下。

A 答：我补充几句话，很多来自侦查一线的工作人员其实内心也一直背负着很大压力。一方面，我们公安机关的职责就是打击犯罪、防控犯罪，维护社会秩序稳定；另一方面，广大公安干警有时确实还要面临较大的法律风险，现在动辄以"人权"为口号企图逃避刑事制裁的也大有人在，甚至倒咬警察一口，严重影响了侦查人员的工作积极性。当然我这里并不是说强调隐私、强调个人权利不好，而是想把身边很多一线办案民警遇到的实际情况以及他们内心很多真实的想法表达一下。现在很多侦查人员的工作强度很大，而且还不被社会理解，甚至被妖魔化，尤其现在很多小年轻缺乏对于警察职业的基本尊重，我们一些基层办案民警在处理一些案件时，明明犯罪事实摆在眼前还要睁着眼睛冲警察喊"人权"。说得稍微有点远，我的意思是，我们在推进侦查法治化或者程序法治建设的过程中，也不能只是一味地强调隐私和人权，不然案件破不了，受害人怎么办，国家社会秩序怎么办,这都是需要综合考虑的问题。

8. 问:谢谢,刚刚提到的这些问题确实非常值得思考。再请教一下 B 科长,大数据技术的一个显著特点是通过海量数据的相关关系可以大幅提升预测的准确性,那么目前咱这边通过大数据进行犯罪预防的情况如何?

B 答:传统侦查模式下我们的侦查工作往往是被动的,也就是犯罪发生了我们再出警展开侦查活动,虽然平时我们也一再强调犯罪预防的重要性,但是在实践运行中往往很难做到这一点,最多是给社会群众多宣传一些自我保护技能、参与普法宣传活动等。但是大数据解决了很多技术层面的难题,使得我们预测犯罪发生的能力得到了很大提升。其实其运行机理也不难,主要是由于我们现在社会数据化、电子化程度不断提高,越来越多的信息材料被数据储存下来,通过对这些海量数据的分析研判找出其中的犯罪规律,然后根据这种规律建立模型,然后再将现在的数据运用于该模型,就可以在一定程度上实现预判。在大数据预测犯罪过程中,运用得比较多的分析工具叫作"贝叶斯网络",是一种有效的概率推算方法。但是这种大数据预测犯罪往往需要足够多的信息数据、成熟的应用平台以及非常专业的技术人员,目前我们 J 市公安局在实践中运用得相对还比较少,平时用得比较多的还是针对已发案件的侦查,大数据犯罪预防应该属于大数据侦查未来发展的高级阶段。

9. 问:您也提到大数据应用平台的重要性,它是保障大数据侦查有效运行的重要硬件支撑。但是据我了解,好像每个地方的大数据平台叫法都不太一样,我不清楚究竟是不同机关有不同代号称谓,还是确实用的是不一样的应用平台?

B 答:你说的这种现象实际上反映出了我们公安"条块结合、以块为主"的管理模式，"条"是指纵向上公安机关系统内部的上下级管理，"块"是指横向上各地党委政府对公安机关的领导。一方面，近年来公安部一直在推动大数据战略，陆续推出了很多警用大数据平台，比如说"金盾工程"，包含了"刑事案件信息系统""治安管理信息系统"等八大信息库，目标就是实现全国公安联网联查，这些基本上在全国各地都是较为统一的，顶多在查询级别权限上有所区别。另一方面，还有一些大数据平台系统则是各地公安机关自己搭建的，比如刚刚提到的"公安云计算中心"就是完全由我们J市公安局联合某大型科技软件公司建成的。此外，据我了解在大数据侦查平台方面做的比较好的还有，比如G省的"智慧新警务"、Z省的"云上公安"、C省的"公安大数据情报分析系统"等。现在每个地方实际上也都在比赛，响应国家大数据战略，积极推进公安大数据建设。换一个角度思考，其实这也是地方政府、公安机关的重要业绩体现。所以，有些大数据平台是全国统一性的，而有些则是地方性自建的，还是有所区别。

10. 问：这是否会导致不同地区之间公安情报信息的"数字鸿沟"和"信息壁垒"？

B答：你可能对我们的公安情报系统还不够了解。现在我们的刑事情报系统主要分为四级，公安部刑侦局有基础业务指导处，各省市公安厅局级设有刑侦情报资料科，各地市公安局的刑侦支队设有情报室，然后每个区县的刑侦大队同样配备专门的情报员。就情报信息而言，我们会有自己的统一协作机制，所以情报信息还是比较通畅。我猜你想问的可能是有关警务大数据的整体共享机制问题，这个确实是当前在开展大数据侦查过程中遇到的阻碍。像你提到的"数据壁垒"问题，实际上是一种不同地区之间、不同行业之间、不同警种之间的数据分享不充分,一方面,现在大数据侦查的数据来源主要还是依托公安自建数据库,其他行业数据库的接入程度还不够;另一方面,在公安系统内部由于警种分工不同,比如技侦、网安、交警等部门业务数据各成体系,公安数据的横向流通同样存在问题。另外,刚才也讲到了公安机关的"以块为主",经费主要来源于地方政府,所以由于各地市经济发展不均衡,每个地市在大数据这种高新技术的投入方面存在较大差异,数据端口不统一也会导致侦查资源数据共享存在问题。

11. 问:数据共享实际上也是一种侦查协作,我们国内的侦查资源整合相对来说难度还没有那么大,但是如果放眼全球视角,国际社会在大数据侦查合作方面应该就会遇到比较大的阻力,想请教各位老师是如何看待这个问题的?

A 答:其实这个问题对我们来说稍微有点"超纲"了。为什么这么说呢,因为涉及国际侦查合作、跨境侦查取证问题,这需要公安部刑侦局统一负责协调,而且公安部里也有专门的国际合作局和港澳台办公室负责,我们市一级公安局通常情况不会涉及这一部分,即使遇到一些重大涉外案件,比如发现大型电信诈骗案件情报线索,往往也需要按照程序向上一级机关逐级呈报。

B 答:从技术层面来看,现在确实很多犯罪分子发现了这种法律对接、侦查协作中存在的漏洞,比如你刚刚提到的电信诈骗案件,大部分犯罪分子都潜藏在国外,比如东南亚和非洲一些国家,另外他们用来作案的主要服务器也安置在国外,这就给侦查取证工作带来极大困扰和阻力。即使是在现在的国际合作框架范围内,由于每个国家对个人数据权利的认识不同,我们在想要调取涉及国外的通讯电话、邮箱信息等情况内容时,往往也会遭到拒绝。再比如当下盛行的黑产交易问题，很多犯罪分子已经不再使用 QQ、微信等社交软件，而是通过一些翻墙软件下载注册一些类似 Telegram 的软件，在上面肆无忌惮地进行黑产交易、黄赌毒等，而且很多公民个人信息在上面明码标价，危害极大。但是由于 Telegram 自身数据传输的加密性和隐蔽性，使得很多网络犯罪信息躲避了侦查，更难以取证。所以说，现在针对 Telegram 这种国外平台系统，我们在侦查取证方面依然束手无策，打击利用国外社交平台进行网络犯罪的任务依然任重道远，需继续进一步加强涉数据国际侦查合作工作。

C 答：在我看来，国际侦查合作不仅受国际公约、司法协助条约的影响，很多时候最关键的可能还是出于国家利益考虑。网络安全问题现在是全世界普遍关注的问题，这个问题涉及一个国家的主权和安全。所以我们在进行大数据侦查、国际合作时，想要调取获得他国的个人信息数据难度很大，当然从自身国家主权安全考虑，我们也应该同样注意对于数据的有效保护，维护网络数据安全。

12. 问：看得出，大数据已经给侦查工作带来了翻天覆地的变化，那么在未来的大数据侦查发展中，各位还有哪些担忧和建议吗？

A 答：其实刚才已经提到了一些，比如说大数据侦查中的隐私权保护问题，抑或刚刚讲到的数据壁垒问题。从侦查实务的角度来看，我感觉大数据侦查专业人才培养的问题还是非常重要的。现在大数据侦查运用得越来越多，技术也越来越先进，但是我们的侦查队伍建设还没有及时跟上时代步伐，既懂侦查又懂技术的这种复合型人才还是非常紧缺，这将从根本上影响甚至限制大数据侦查效果的发挥。这与我们现在的侦查人员培养机制有着紧密关系，长期以来，我们的警察学校、政法院校往往更侧重于理论教学，四年的大学时光中通常满打满算也就不到一个学期的见习期，导致理论与实践脱节比较严重。再者，由于大数据侦查这种前沿技术手段的高科技属性，而且往往需要借助于高性能计算机设备以及信息系统平台等，强调实践操作性，所以也就需要侦查人才培养单位投入更多的经费去建设这些实训实验室，但以我了解到的情况看，目前这一方面依然比较欠缺。由于大数据侦查专业人才的缺口，所以我们单位每年在招录人员的时候，除了要从各警校、政法院校选拔一批侦查专业的毕业生，还会拿出一定的名额专门引进计算机、软件工程等方面的专业人才，像B科长就是计算机专业毕业的。总之，从长远来看，大数据侦查肯定是侦查领域内的一个发展趋势。在这个过程中，侦查人员的综合素质将会起到至关重要的作用，涉及思维观念的转变、理论知识的学习、技术实操的训练等等。所以在这种复合型人才的培养方面，务必得多下功夫才行。

B答：我对大数据侦查的未来发展是一直抱以积极态度的，这是现代侦查的必然走向，在大数据时代背景下，人们的一举一动不可能摆脱数据的记录存储，所以说"得数据者得天下"一点不假。但也正是如此，数据安全问题才越发显得重要。我觉得我们在大力发展公安大数据、倡导大数据侦查模式的同时，还必须对数据安全问题予以高度重视。这不仅仅关系到每一个老百姓的隐私权利，说的大一点，和我们国家的网络安全也息息相关。像之前美国暴露出的"棱镜门"等事情，这其实只是冰山一角，其实还有很多秘密情报工作都与数据安全相挂钩，这一点我们不得不防。当然从老百姓个人权利保护的角度来看，数据安全问题同样值得高度重视，我们在新闻上也会经常看到谁谁谁又被人肉搜索了，又或是几十万条开房记录被泄露出来了，以及我们平时经常接到的各种各样的骚扰电话等，这些都是个人信息数据外泄造成的问题。所以说，我们在大数据侦查建设发展过程中,务必要确保信息数据的安全性。这就需要我们加快建设有关数据安全的保密机制,以及在技术层面不断更新和升级数据加密保管技术等,从而确保公安大数据系统里的绝对安全。

C答:我知道你是研究刑事诉讼的,可能对于大数据侦查的程序规则更感兴趣。在这一方面,我倒是建议你可以多关注一下大数据侦查取证后的证据适用问题。因为现在在刑事案件中,电子数据证据材料所占的比重只会越来越多,包括现在微信聊天记录也都明确可以被认定为证据,那么将来通过大数据侦查得到的分析结果是也可以直接被认定为证据类型,还是必须依然需要经过转化才可以,这个问题还是值得研究的。从侦查实务的角度出发,公安机关可能确实更倾向于发现犯罪真实,所以有些时候在程序上难免存在瑕疵,尤其是像大数据侦查这种现在立法、司法还没有明确认定的侦查形式,其所获取的证据材料在后续诉讼程序中的合法性问题肯定会成为一个讨论的焦点。其实如果你稍微注意观察就会发现,近些年来的一些重大案件,都有涉及电子数据的证据合法性问题。比如说前几年引起广泛关注的"快播案",围绕服务器存储"涉黄数据"的提取、固定、保管以及鉴定等,在程序合法性方面产生了很大争议,对证据的合法性以及侦查人员的可信度都造成了一些负面影响。一方面,侦查工作人员应当尽可能地提升个人综合素质以及法治观念;另一方面,也需要专家学者积极建言立法,明确大数据侦查的法律地位,使这种新型侦查模式有法可依,在程序上尽可能地做到规范,从而保障移送案件证据材料的合法性,减少退侦、补侦概率。

13. 问:非常感谢三位专家领导给出这么多有价值的建议指导,受益匪浅,再次感谢各位!

答:不必客气,有机会欢迎多来我们这里交流。

(三) L 省公安警察院校电子数据取证专家

1.问: 您好,非常感谢能有这样一次难得的机会向您学习请教。我知道您一直专注于电子数据取证方面的研究,并与侦查机关长期合作,有着丰富的实务经验,能不能首先结合您的专长谈一下对大数据侦查的整体认识?

答: 现在是一个大数据、人工智能无处不在的时代,各种各样的电子数据分布于你所能接触到的任何电子产品当中,比如你随身携带的智能手机、平板电脑、电子手表,抑或大街小巷的视频监控,甚至你们家的上网流量、Wi-Fi 接入用户、电表电量等等,都会以数据的形式被记录下来,而且往往都有规律可循,这是循证侦查的基础,更是大数据侦查的灵魂。当然大数据侦查可能依然是一个比较抽象的概念,我一时对它也下不了一个非常精确的定义,但是以我的了解和判断,它绝对不是大数据取证那么简单,必然还涉及大数据的思维理念、大数据的技术运用对于传统侦查模式的变革式影响。从这个意义上来看,大数据侦查必然涉及电子数据取证的大部分内容,但是二者并不能等同起来。电子数据取证所要研究的领域比较宽泛,既涉及 IT 技术,又涉及侦查法学,是一个更侧重于实务的学科,近些年来在学科建设方面已经得到了卓有成效的发展进步,但是大数据侦查作为一个新概念、新形态,对它的研究还处于初步阶段,在很多方面还需要我们一起探讨。

2.问: 谢谢您,能否对我国当前电子数据取证的现状做一下简单介绍?

答: 不谦虚地说,个人感觉我们国家的电子数据取证工作目前还是处于世界前列的,不管是在硬件设备的研发方面,还是在实战经验积累方面,都取得了一系列成果。这一点,我们确实没有什么好妄自菲薄的，但是与国际上最发达、最领先的国家相比，在某些方面也依然需要学习交流，加强合作。你以前也是学侦查的，可以想想在大学期间自己有没有真正参加过电子数据取证的实训，我估计是没有。这就是一个问题，说明我们在电子数据取证专业人才的培养方面还不够成熟，理论与实践有所脱节，侦查人才队伍的整体素质有待提升。再者，就是在规范层面有待加强，现在我们有很多的技术研发公司设计生产出了一大批高效的取证产品，但是在具体运用过程中如何保证不违法、不违规，却依然任重道远。这主要是由于电子数据取证的标准体系还不健全，对于电子数据的收集、提取、鉴定以及诉讼等程序，在立法上还需要进一步细化和完善。

3. 问：现在学界对于大数据侦查的具体方法往往概括为"数据搜索""数据碰撞""数据挖掘""数据画像"四大类，您认为电子数据取证与这些具体的大数据侦查方法之间是什么样的关系？属于其中的哪一类？

答：从字面意义上来，从"数据搜索"到"数据碰撞"，再到"数据挖掘"和"数据画像"，这是一个运用电子数据的全过程。"数据搜索"解决的是"找到证据材料"的问题，而"数据碰撞""数据挖掘"则是一个"分析证据材料"的过程，"数据画像"就是"呈现证据分析结果"的一种形式。电子数据取证，我们一般是指通过先进的取证仪器设备对存储设备里面的、抑或网络运行环境中的相关电子数据进行恢复、提取、固定的一个过程，所以从概念上我们也可以看出，电子数据取证往往主要解决的是第一个问题，也就是"找到证据材料"，至于后续电子数据的分析和呈现，电子取证人员虽然也可以继续参与并提供一定的技术支撑，但其作用可能就是辅助性的了，因为我们侦查机关都有专门负责案情分析、数据研判的侦查人员、情报人员，他们在这一方面更有经验,对整体案情的把握也更全面。所以这样分析看来,有效的电子数据取证是开展大数据侦查的前提基础。当然,在某些案件侦查中,也未必一定进行电子数据取证工作,我们目前公安大数据建设已经取得了很大进步,公安机关内部有着很多不同类型的自建数据库,如果利用这些已有的数据信息足以破案,又不涉及电子数据这种证据类型,那么自然也就无需电子数据取证。所以,电子数据取证与大数据侦查的联系非常紧密,但是并不能简单地用包含与被包含的从属关系去概括,其中存在很多交叉部分,但也存在差异,这是我的理解。

4. 问:能不能具体介绍一下侦查实务中都有哪些电子数据取证方法?

答: 其实电子取证方法还是技术性、专业性比较强的,方式方法也很多,这主要取决于取证对象、取证载体的情况,我尽可能通俗地简单介绍几种较为常见或者实用的吧。一种是对于 Docker 的应用取证方法,这项容器技术实际上就是一种虚拟化技术,具有启动快、效率高的特点,现在很多网络犯罪活动都是利用的它,比如网络赌博、传销、色情等。由于在 Docker 应用中,它的相关数据非常容易被销毁,在取证时应当格外注意方式方法的准确选择,坚持安全无损原则,所以一般不要通过 export 命令直接导出容器,这会损害原始数据,而是选择通过 docker inspect 容器 ID 查看数据挂载信息,然后获取数据卷文件夹,然后将该文件夹完整固定下来。再比如说关于 Linux 系统的入侵取证方法,这种电子取证主要是为了发现攻击者入侵的网络痕迹以及入侵后的后门植入、非法控制等操作,在具体取证方式上主要有静态提取分析和动态仿真模拟等。其中,静态提取分析主要是将系统内的相关日志文件、系统配置文件等与案件存在关联性的证据文件提出来,恢复被删除的文件数据。我们在恢复删除数据时用得比较多的有 R-Studio、D-Recovery for Linux 等软件;动态仿真模拟则主要是指对系统原始环境再现,对网络链接信息、系统进程信息以及 MySQL 数据库等进行检测,从而实现数据动态在线分析和保全。除此之外其实还有很多各种各样的取证方法,比如常规的手机取证、无人机取证、车载系统取证等等。

5. 问:这些电子数据的取证方法确实具有非常专业化的技术色彩,很多内容如果不具有一定的知识储备可能一时还真难以消化。但是刚刚听您提到了一个"安全无损原则",除此之外,在电子数据取证过程中还有哪些基本原则吗?

答:其实关于电子数据取证的基本原则有很多,但是大家可能会在一些叫法上存在差异,比如我刚刚提到的"安全无损原则"主要是侦查取证实务人员经常使用的一种表述,它在学理上可能就会被称为"客观真实性原则",其实都是一个意思"不要破坏了原始数据,保证数据的安全性,避免被篡改"。当然从宏观概念的角度来看,取证原则主要涉及"合法性原则""全面性原则""客观性原则""真实性原则""及时性原则""保密性原则"等。另外从具体电子数据取证注意事项的微观层面来看,除了刚刚提到的"安全无损原则",还应当遵循"取证备份原则""电子证据保管流转链记录原则""取证主体资质符合原则"等。这些基本原则我可能表述得也不是特别准确,其实你完全可以参照国内外具体的取证规则进行提炼梳理,比如说公安部前段时间刚刚颁布了最新的《公安机关办理刑事案件电子数据取证规则》,里面明文规定了电子数据取证的很多具体要求,例如要遵循有关技术标准,全面、客观、及时地收集、提取涉案电子数据,确保电子数据的真实、完整,其中就可以提炼出全面客观原则、真实完整原则。

当然这个《取证规则》中具体还有哪些规定我一时间肯定记不全,你可以把它找出来好好琢磨琢磨,对于你研究的大数据侦查的程序法治问题会比较有帮助。

6. 问:您认为现在侦查实务工作中电子数据取证的程序规范性如何?有没有什么典型的反面案例是值得我们从中吸取经验教训的?

答:当前我们国家在法治建设方面一直稳步推进,尤其是十八大以来在刑事司法改革领域内进行了一系列改革,比如说刑事诉讼法的不断修改和完善,比如说以审判为中心的诉讼制度改革,再比如说在电子数据这一个证据类型得到了法律确认等等。这些具体的司法改革举措都对侦查程序、侦查行为产生了明显影响,促使我们现在的侦查取证活动在程序上更为规范化、法治化。当然也不可否认,过去侦查活动确实存在一些较为任意的现象,也出现了不少冤假错案,这给公安机关形象造成了比较大的负面影响。但是以我的个人经验观察来看,在电子数据取证的程序规范性方面是一种整体向好的趋势。至于典型的反面案例,其实也算不上"反面教材",其实很多时候侦查取证人员自身并没有主观恶意,只不过是在一些操作规范性方面还不够专业,出现了一些疏忽,从而影响到了后续的诉讼进程以及司法认定。不过有一个美国的案例你有时间可以找出来重点分析一下,state v. Dingman 案,在这个案件中,美国的上诉法院最后推翻原审判决发回重审,其中一个非常重要的原因就是初审法院在审理过程中没有接受被告关于获得搜查硬盘访问权以及硬盘镜像的请求,且有专家证明原审证明被告有罪的文件和日期均是伪造的,原始证据硬盘曾被修改过。其实这个案子可以给我们带来一些启示,那就是刚刚提到的"安全无损原则"的重要性,侦查取证人员一定要严格遵循电子数据取证规则，避免因为程序规范上的疏忽而导致对犯罪的追诉功亏一篑。

7. 问：在大数据时代背景下，侵犯公民个人信息罪案件越来越多，您是如何看待的？

答：确实，进入到大数据时代，数据与隐私的关系越来越紧密，很多个人信息都被数字化记录下来，也正是因此，数据才体现出越来越高的经济价值、商业价值，比如我们所熟知的大数据杀熟现象，都是基于商家对消费者个人信息数据的分析判断。当然数据的价值不仅体现在商业经济方面，在国家管理层面更是非常重要。不过近年来，也发生了一些国家工作人员非法查询、泄露公民个人信息数据的情况，比如早几年我们有些干警会时常收到朋友的请托电话，不是别的事，要么是查查谁的开房信息，要么是查查谁的婚姻状况等，这些都是违法违规现象。随着我们国家立法越来越完善，大家的法治观念越来越普及，对个人信息保护的重视程度也越来越强，侵犯公民个人信息罪的设置就是一项有力的刑事规制手段。对待这种侵犯公民个人信息罪的犯罪案件，我们除了要对具体犯罪行为人进行处罚，其实我认为更重要的是，加强相关单位集体对于数据安全的重视，进行科学规范化的管理，严格规范工作人员接触、查询、使用数据库信息的程序流程。具体到侦查取证程序，就是要严格遵循电子数据取证规则和刑事诉讼法的相关规定，除了加强外部制约以外，还应当从公安机关系统内部强化数据安全意识、法治观念，明确权责一致，从主观上消除利用公民个人信息非法牟利的动机，这可能才是避免此类犯罪案件发生的治本之策。

8. 问：您是否赞成"侦查程序公开"的提议？

答：这个问题已经争论了很多年，一直以来理论学界和侦查实务界分歧比较大。理论研究者倾向于侦查公开,批评侦查活动过于密闭而导致出现了很多权力滥用侵害犯罪嫌疑人基本权利的现象,是冤假错案发生的一个主要原因。侦查实务界则对侦查公开较为抵触,认为一旦公开将会对侦查工作的顺利进行造成阻碍,给侦查破案提高难度,这对被害人而言也不公平,而且从犯罪预防的角度来看,一旦侦查完全公开将会使准犯罪人了解学习更多的反侦查技巧,不利于社会安全治理。其实最好的做法是实现"相对公开",还是以电子侦查取证为例,一方面是根据案情只向特定当事人公开,另一方面则是只对电子数据取证的形式规范进行公开。如果证据材料涉及国家秘密和个人隐私则不能对外公开,对特定涉案诉讼当事人可以在保密的基础上,保证公开的内容应该尽可能不涉及具体的取证技巧和策略,而主要是一些程序上的审批规范。其实说到底,还是刑事司法活动打击犯罪与保障人权两个目标指向的调和问题。

9. 问:您认为在大数据侦查过程中,涉及电子数据取证时,还有哪些方面值得改进和优化?

答:大数据侦查正在成为一种新的侦查模式,这是侦查现代化发展的必然趋势,数据在侦查活动中的作用,乃至在整个刑事司法过程中的作用都会越来越突出。在进行大数据侦查活动时,数据自然成为了非常重要的侦查资源。但是有一点需要注意的是,这并不意味着一定会进行电子数据取证工作,只有根据案情需要将电子数据提取、固定并作为证据类型追诉犯罪时,我们的专业人员才会进行电子数据取证,而像大数据侦查的一些预测预防功能,并不需要电子取证。如果确实需要进行电子数据取证,我认为在数据质量方面是非常值得注意的一个方面。因为大数据之大,不仅表现在数据量的多,也表现为数据的分散性、复杂性,相较以往更加庞杂。比如我们以前主要是对硬盘文件进行提取,它的数据量往往是比较有限的,而且类型结构也比较单一,难度就比较小。然而现在,各种云端系统、各种新型处理器、服务器、存储器,记录着各种各样碎片化的数据类型,稀释了目标数据,所以我们在电子数据提取时的难度也增加了很多。因此,在大数据侦查取证过程中,更要严格把控数据质量,进行电子数据的预处理,防止有价值的数据被遗漏、修改,甚至不当删除等。

10. 问:对于电子数据的质量把控,一般都有哪些保障性的举措?

答:其实在侦查环节对电子数据的取证过程可以分为两个部分,一个是对电子数据的收集提取活动,另一个则是对电子数据的检验鉴定活动。关于电子数据的收集提取其实前面已经谈了很多,比如说坚持"安全无损原则""取证备份原则""流转记录原则"等,整个取证过程应该严格遵循法律规范、程序规定,这是对电子数据质量把控的第一步。当然除此之外,其实公安机关内部还有自己的电子数据审核机制,也就是我们平时经常听说的司法鉴定。一般侦查案件在移送审查之前,公安机关会通过法制预审部门对证据材料进行初步审核,而对于涉及电子数据的侦查案件,则往往需要通过公安机关内部的司法鉴定机构对电子数据进行审核判断并出具《电子数据鉴定书》,形成鉴定意见,从而在实质上起到内部审核、质量把控的效果。

11. 问:侦查实务中,不管是数据的收集提取,还是数据的检验鉴定,具体落实情况怎么样?

答:还是接着刚才谈到问题说,在对电子数据侦查取证时尤其要注意相关特殊的程序规范,因为电子数据和一些传统证据类型不同,它更容易被污染、被篡改、被删除,而且一旦发生改变之后就很难再进行恢复,即使成功恢复,它的证据效力也受到了极大影响。所以要在数据的收集、提取、鉴定全过程都保证电子数据的安全完整。这就需要我们在侦查时,从对相关电子数据载体的扣押环节就要提高重视,必须对电子数据的原始存储介质做好封存记录,形成封存笔录,确保在不解除封存的情况下数据不可以任意增加、删除和修改。现在通常的做法是,要在封存前后进行拍摄记录,清晰记录封存的过程以及封条封口的详细情况。在对手机、平板等数字产品封存时,还要注意采取屏蔽信号、阻断电源、防磁防电等措施,尽可能降低外界对原始存储介质的干扰。在做好封存之后,对数据的妥善保管同样重要,应对其移送、接收、备份、分析、保存、返还、清理等各个环节进行全程记录,形成书面材料,从而保证整个电子数据取证全过程的完整性和可回溯性。这样一来,即使出现问题,也可以通过记录进行追查,知道问题出在哪个环节,从而进行追责和反思,保证电子数据取证的程序规范。

12. 问:据我了解,已经有警察院校在论证设立大数据侦查专业并编写了专门的《大数据侦查学》教材,您作为警务专家教师,对"大数据侦查"的学科建设和人才培养有哪些建议?

答:这是非常有必要的,这符合现在侦查实务的现实需求。我们公安类院校和普通院校还是有着明显不同,有着自身专业的特殊性,在人才培养方面也更倾向于实战能力的培养。很多公安院校都是接受省公安厅和省教育厅的双重管理,其中主要是以公安厅管理为主,警察学校也是公安机关的重要组成部分,像我们老师也是有警衔、需要穿制服的。所以在专业设置和人才培养方面,一定要结合侦查工作的实际情况,考虑学科建设的必要性和可行性。从这个层面来看,大数据侦查都是符合的。你说的《大数据侦查学》教材我知道,这是××警察学院的规划教材,其实我们最近也在论证这方面的课程规划。对于大数据侦查的学科建设和人才培养,我主要会从技术层面进行更多思考,现在我们学校已经成立了关于电子数据取证的实验平台,也已经培养了一批批非常优秀的侦查人才,而且之前也提到了,电子数据取证工作和现在所讲的大数据侦查有着非常紧密的关联性,所以我们会充分发挥这方面的技术优势,再结合大数据侦查的相关理念、思维、程序、法律等内容,尽可能完善课程设置,为侦查实务工作输送更多复合型人才。

13. 问:非常感谢您的耐心指导,今天与您交流收获很大,再次感谢!

答:不用客气,非常欢迎有机会来我们这里,平时多交流。

(四)D省Q市公安局技侦人员

1. 问:您好,一直以来技侦都给我们一种非常神秘的感觉,能不能就您的工作情况首先做一下简单介绍?

答:我们的侦查工作技术性色彩更浓厚一些,主要是依照《刑事诉讼法》《公安机关办理刑事案件程序规定》以及《公安机关办理刑事案件电子数据取证规则》的相关条文,在符合条件的基础上运用相关技术侦查措施,从而实现侦查破案的目的。

2. 问:请问您所在的技侦支队在公安序列是一种什么性质,具体开展的侦查活动是否方便介绍一下?

答:我们技侦支队现在是市局的一个相对独立的部门,通常情况也只有市一级以上的公安机关才会有技侦部门,部(公安部)里有技侦局,省厅(公安厅)里有技侦总队,然后到了我们市级公安机关就是技侦支队,像很多分局和派出所是没有技侦部门的,这主要是因为我们这个部门在设置上需要一定的技术设备和专业侦查人员,再者就是要有一定的经济和技术支持,这些在公安基层目前来看还不具备,也不必要,况且基层暂时也没有这方面的编制。至于具体的侦查活动,主要就是运用技侦措施进行案件侦查,比如监听、监控、邮检等。

3. 问:您对大数据侦查是怎么理解的?

答:没有专门研究过,但是以我的理解,应该就是充分借助数据信息去发掘侦查资源,从而更有力地打击犯罪的一种新模式。其实现在我们很多技侦的手段措施应该就属于你说的大数据侦查,比如电子串号比对、网络远程数据提取、即时通讯截留分析等,这些都与电子数据有着非常紧密的关联,而且数据内容非常庞杂,当然其中蕴含的侦查资源也非常多,对于侦查破案有着非常重要的意义。

4. 问:您刚刚提到几种侦查措施平时我们还真接触的比较少,能具体介绍一下吗,还有哪些比较神秘、有意思的举措?

答:这些措施确实具有较高的技术性和保密性,我们也有自己的工作纪律,很多新型的技术侦查手段的能力确实会超乎想象,而且现在公安系统也一直在强调信息化、智能化,并和很多高科技技术公司都有合作,一起研发了很多更具侦查效果的技术设备和系统软件。比如我们最近就有一款代号"××"的技术设备,将很多传统技术手段与大数据、人工智能结合在一起,只需要携带它从目标对象附近经过,然后这个嫌疑目标的相关基本信息数据我们就可以基本掌握清楚,然后再进行更深入的侦查研判工作。

5. 问:像这些高新技术手段,侦查实务中一般都会在哪些情况下使用?

答:技术侦查措施的使用有着严格的适用条件和审批流程,我们在侦查实务中主要只针对重大疑难案件,比如说涉及国家安全的情报收集工作,抑或严重的刑事案件侦查,这在我们公安机关办理刑事案件程序规定中有着比较详细的规定,比如危害国家安全犯罪、毒品犯罪、黑社会性质犯罪、恐怖主义犯罪以及其他严重危害公共安全的刑事犯罪案件等。而且在进行技术侦查之前,一般都需要首先经过局长(设区的市一级以上公安机关负责人)的审批才可以,通常情况下需要提交报告申请,说明情况,在获取批准决定之后才能展开。

6. 问:您认为技术侦查和大数据侦查是一种什么样的关系?

答:大数据侦查涉及的面应该更广一些吧,因为在实际办案过程中,即使不使用技术侦查手段也可能在进行大数据侦查行为,比如我们有专门的网安人员或者侦查人员在进行一般案件侦查的时候,并不需要受到重大疑难案件的条件限制,当然在审批上也不需要报请局长批准,在性质上等同于常规侦查措施。但是它也有自己的特殊性,技术性色彩以及接触数据量等情况和技术侦查的特征又存在很多相似。另外,还有一点要强调的是,刚刚我们谈的技术侦查是狭义上的技术侦查,要是严格按照刑事诉讼法和程序规定的一些表述,隐匿身份侦查和控制下交付的侦查行为也属于技术技侦措施,这就是广义上的技术侦查概念了。

7. 问:据您了解,不属于技术侦查手段但又具有大数据侦查特征的侦查行为有哪些,能否具体介绍一下?

答:我个人认为,大数据侦查必然包括视频侦查,但是从实务上来看,它并不属于技术侦查措施,现在视频侦查在侦查实务中运用得非常多,已经成为与刑侦、网侦、技侦相并列的"第四大侦查技术"。在视频侦查过程中,往往需要依托视频监控系统、大数据技术、人脸识别技术以及其他相关信息捕捉技术等,通过对视频资料的碰撞关联、比对分析等,从而发现案件线索或者犯罪嫌疑人并及时固定电子数据。据我和同事交流掌握的一些信息,现在视频侦查工作做的比较好的应该是 G 省公安那边,他们现在安装的视频监控摄像头数量应该是全国领先的,而且基本上 90% 以上的县级公安局都设立了专门的视频监控中心,而且即使是最基层的派出所也都有专门的视频侦查员,24 小时全天候地在视频监控室值班守护。现在我们省也越来越重视视频侦查与大数据技术的深度融合,一方面在硬件设备上不断进行更新布局,争取实现城市监控无盲区,同时还借助大数据技术实现不同监控系统之间的数据对接,不断优化数据库建设和视频图像智能分析技术,从而可以更好地实现实时监控,提升视频侦查的效率。所以说从外观特征上来看,大数据侦查所具备的技术特点视频侦查基本全部符合,但是在法律规定和侦查实践中它并不完全属于技术侦查措施,不光我们市级公安机关在用,下面各个分局以及派出所也都在使用,并且对于维护社会治安、打击犯罪行为均起到了很好的效果。

8. 问:那么现在侦查实务中,视频侦查与传统的一般侦查行为在程序上有什么区别吗?

答:视频侦查就是一种一般性的侦查行为,只不过它的技术性色彩更突出一点,往往会借助比较先进的技术手段,就像刚刚提到的大数据、云存储、人脸识别、人工智能等,但是在本质上还是为侦查破案来服务的,在程序上并没有太多的特殊性,毕竟它并不算作是技术侦查措施,不需要经过严格的条件限制和审批手续,基层公安民警认为确有案情需要就可以自行进行,不需要我们技侦部门行动。而且据我了解的一些情况,其实很多时候基层派出所视频监控的调取甚至是由辅警完成的,对于视频监控系统的使用权限管理并不严格,这很可能对我们公安机关一些办公设备、系统平台以及老百姓的个人隐私等造成不良影响,从这一点来看,我倒是觉得在程序上是亟须完善和规范的。

9. 问:那么您对技术侦查和侦查技术又是怎么理解的呢?

答:技术侦查是一个法律概念,非常具体明确,就是刚刚谈到那一些技术手段,主要就是由我们技侦部门负责开展的相关侦查措施。侦查技术是我们平时口语化的一种表述,其实不是很严谨,它可能既包括技术侦查措施,又包括了一些侦查策略、刑事技术等,但实际上是两码事。比如我们在侦查过程中,在勘查犯罪现场的时候会进行指纹、足迹、工具痕迹的发现、提取、检验、鉴定等工作,其中也会用到很多高科技应用,比如 DNA 比对技术、全反射 X 射线荧光光谱检验、微量物证分析等,这些都属于广义上所说的侦查技术,准确地说应该是刑事技术。在我们公安机关内部,技侦部门和刑事技术部门是分开的,并非一回事,技侦支队是个独立的部门,而刑事技术则是在刑警支队下面分设的技术大队。除此之外,现在很多公安部门还设有专门的"科信部门",主要负责大数据侦查的平台设置、系统维护以及数据处理等工作,他们除了具有编制内的公安干警以外,往往还会有技术研发公司的工程师驻扎,主要就是为了给大数据侦查工作提供强有力的技术支撑,现在不管是实务工作中还是法律规定上都还没有将它们纳入技术侦查措施,但实际上这种侦查技术行为已经在实质上和我们的技术侦查措施存在交叉了。

10. 问:技术侦查中往往也会涉及数据的收集提取,那么在电子取证的过程中,现在都有哪些问题阻碍值得关注?

答:大数据时代也可以看作是信息大爆炸时代,所以现在我们已经研发或者正在研发的很多技侦手段都是针对信息数据设计的。当然,在收集提取数据的过程中,也会遇到一些阻碍,比如反侦查手段、数据加密保护措施等,这些都不利于数据的及时调取。比如现在的Windows系统引入了XTS-AES加密算法,苹果IOS和谷歌Android也都已经采用了全盘加密方式防止通过相关技术直接提取存储介质中的相关数据。而且越来越多的网络犯罪人员都具有较高的技术专业性,反侦查意识很强,这些都会给侦查取证工作造成阻碍。

11. 问:面对大数据时代背景下的取证难题,我们有哪些应对之策?

答:就以现在重点打击的网络犯罪、电信诈骗案件为例,现在的犯罪嫌疑人都非常狡猾,不管是诈骗手法还是技术手段相较以往都有很大的改变,隐蔽性、反侦查能力更强,尤其是电信诈骗中的VOIP技术(它可以将模拟信号数字化,以数据封包的形式在IP网络上进行实时传递,如虚拟电话、虚拟语音等)给侦查破案造成很大阻力。现在很大一部分网络电信诈骗都是通过这项技术进行的,而且他们往往都有自己专业化的"线路商",也就是专门铺设通信线路的团伙,安置GOIP无线语音网关、SIMPOOL,以及VOS服务器等,给诈骗团伙创造基础条件。我们在这类诈骗案件中的侦查方向一般情况下有两个:一个是信息流,另一个是资金流,其中VOIP技术就与信息流紧密相关。在此类案件中,犯罪嫌疑人往往会把GOIP、SIM-POOL设备放置在租用的单身公寓里,而且为了逃避侦查以及及时销毁数据,他们还会对放置场所进行远程监控摄像,以观察室内动态。所以我们在侦查时就必须采用一定的技术手段对网络信号进行屏蔽干扰,防止犯罪嫌疑人知道窝点已经被查。然后再对GOIP、SIMPOOL上的相关设置信息、网络状态信息、设备端口状态、短信息内容、号码列表、网管信息、日志信息等进行全面的大数据提取和分析,进而固定电子数据。所谓"魔高一尺,道高一丈",办法总比困难多。

12. 问:在侦查实务中,我们开展的技侦工作是不是真的像《窃听风云》里演的那样?

答:人家那毕竟是电影,肯定得让观众看起来惊心动魄、津津有味,而我们的实际工作还是比较单一枯燥的,压力强度也比较大,要在技战术上和犯罪分子斗智斗勇。《窃听风云》里涉及技术侦查的主要是监听这种技术手段,当然侦查实务中,监听手段只是其中之一,也是比较直观的一种。正如我们所探讨的,现在已经进入大数据时代,数据的关联性同样值得我们高度关注,除了要收集一些直接的情报线索、证据材料以外,我们还会借助高新技术手段对一些隐性证据、碎片信息进行深度挖掘、关联分析。以"安卓文件监控"取证为例,现在很多有价值的信息都会留存在犯罪嫌疑人的智能手机中,当然犯罪分子也深知这一点,所以当他发现自己案情暴露的时候往往会进行敏感信息的删除和销毁。在这种情况下,由于信息被销毁,所以如何在现有数据基础上挖掘恢复提取出有价值的敏感信息至关重要。这时就可以借助文件监控技术,利用 inotify-tools 对文件系统时间监控,查看相关 App 从安装到删除卸载的全过程,发现遗漏的信息痕迹,然后再借助这些信息痕迹去关联查找被删除的重要敏感信息,这其实也是大数据关联分析、深度挖掘的一种表现。

13. 问:请问技术侦查的适用是不是一定要在立案之后才可以进行,初查中是否也会使用?

答:这个问题确实问得已经很细了,按照我国《刑事诉讼法》和《程序规定》的要求,技术侦查是一种强制性措施,它需要在立案之后进行使用;而我们说的刑事初查主要是为了确定案件性质,看是否能达到立案标准的一个过程,原则上只能进行任意性侦查,尽量不使用强制措施。但是随着大数据侦查的兴起，这些原则性的规制要求似乎也在经历严重冲击，就像前面我们提到过的一些视频侦查、大数据挖掘分析等，在侦查实践中并没有受到立案标准的影响，而且很多时候出于犯罪预防、维护社会治安的目的，在没有明确的已发案件的条件下，公安民警也会对视频进行实时监控，或者对于以往收集起来的数据信息进行研判分析寻找规律，这些行为如果要严卡你说的"立案条件"才能适用，那一些社会治安问题就很难有效遏制了。当然话说回来，法律所明文规定的技侦侦查行为通常情况还是应该遵循适用标准的，这是我们规范执法的要求，但是在遇到一些非常紧急的情况，出于案件侦破、防止危害后果扩大的必要，一些技术手段也有可能提前介入。

14. 问：您认为大数据侦查在程序规范上是否应当采用与技术侦查同样的规制标准？

答：因为没有专门研究过这一方面，所以说得不一定准确，我的感觉是不应该，大数据侦查和技术侦查还是存在一些差别。就像我们之前已经聊过的，技术侦查现在在程序规范上要求的已经非常严格了，不管是在适用案件范围，还是在报请、审批、决定的程序流程，以及具体的技侦手段等方面，都有着比较严格的规定，而且最近我们还在学部里新发了电子证据规则等。其实限制太多了，反而不利于侦查工作的开展，侦查效率、侦查效果都会受到影响。所以，像大数据侦查这种比较前沿、新兴的侦查行为，出于打击犯罪、预防犯罪的目的初衷，在进行程序规范上，其实不必过于严苛，确实有些大数据侦查手段达到技术侦查标准的时候进行同等规制就好，像一般情况下的数据收集、分析研判，只需要遵循常规侦查程序规定即可。

15. 问：请问还有没有一些涉及大数据的经典案例可以分享一下？谢谢。

答：这个我可以帮你收集一下看看，回头再联系。不用客气。

（五）X省公安厅刑警总队侦查人员

1. 问：您好，请问平时接触大数据侦查实务方面的案件素材多不多？

答：您好，我们是机关，现在我的业务主要是打击××犯罪，这一部分涉及数据的内容比较少。但是我感觉大数据侦查确实是一个很好的研究方向，现在我们省厅主要领导非常重视大数据的运用，通过大数据搞研判也已经取得了一些成功。而且，我们现在还在专门培训大数据，安排有专门的讲座课程。不过以我的学习经验看，理论与实践还是有差距，侦查归根结底还是需要实践。另外，我们现在弄了个"一网通一次办"，这算是一个大数据的成功实践，但是好像和侦查破案联系不大。

2. 问：能否具体介绍一下"一网通一次办"是什么情况，是个系统平台吗，有没有相关宣传材料？

答：这是我们去年和腾讯一起合作推出的一个平台，主要是基于"一云多网、两级中心"的公安大数据架构，构建"服务集成—数据汇集—信息流转一网通、网上预约—综合受理—限时审批一次办"服务模式。目的初衷主要是用来提供审批服务的，和刑事侦查关联度不是很大。通过整合公安原有信息数据，消除原来部门之间的数据壁垒，实现全网信息互通，让人民群众在办理相关业务时节省时间、简化流程、提高效率，目前这个平台承担的审批项目已经达到二百五十余项。这个平台操作也比较简单，用微信就可以登录，现在已经实现了从省厅到市、县、所队的四级公安便民服务体系。

3. 问：那么在犯罪侦查方面，大数据有哪些成功应用吗？

答：我们公安厅近年来对大数据侦查这方面一直非常关注，先后邀请了包括腾讯、华为、蚂蚁金服等高新技术公司的技术专家来我们这里举办讲座，厅里领导更是在很多讲话中提到要充分利用大数据、人工智能、区块链等技术来为侦查工作服务，创新侦查模式。比如在今年先后发起了"净网2019""清源一号"等专项行动中，我们重点对侵犯公民个人信息、网络诈骗、网络赌博、网络淫秽等案件进行重点打击，此外还对一些重大疑难案件实现突破，其中大数据均起到了至关重要的作用。

4. 问：有没有这方面具体的数据统计或者典型案例？（在不涉密的前提下，获取了以下公开数据材料）

答：××省公安机关大力推进公安大数据的建设应用。依托××公安大数据优势，各地整合各警种部门资源优势，成立了刑侦研判专班，以"大数据抄底"作为积案攻坚的突破口，做到全方位研判，精准式打击，取得显著成效。"净网2019"专项行动中，全省共侦破各类涉网案件8553起，抓获犯罪嫌疑人2162人，其中，在侦黑客类案件2起；侦破网络诈骗类案件7744起，抓获犯罪嫌疑人1547人；侦破侵犯公民个人信息类案件17起，抓获犯罪嫌疑人12人；侦破网络赌博类案件176起，抓获犯罪嫌疑人156人；侦破网络色情类案件35起，抓获犯罪嫌疑人26人。同时，开展互联网企业安全检查1万余次，约谈整改相关网站及App1000余家次，行政处罚187家次。2019年，××公安机关侦破命案积案共计105起，其中30年以上命案积案1起，25年至29年命案积案9起，20年至24年命案积案25起，15年至19年命案积案46起，10年至14年命案积案18起，10年以下命案积案6起。上述案件的成功侦破，大数据侦查功不可没。

5. 问：大数据侦查对情报收集、案情研判、缉拿破案等提供了强有力的技术支撑，但同时，现在理论界也有一些担忧，这种新型侦查模式是否会突破法律规制造成冤假错案？对于一些负面顾虑您是怎么看的？

答：从我们省公安系统现在大数据侦查的有关落实情况来看，我认为这种担忧不是没有道理，但是也没有必要过于夸大。客观而言，大数据的引入使用，其实在一些方面反而会有利于公安机关执法办案的规范化。在公安大数据战略部署下，我们最近正在建设执法全流程智能平台，整合了17个警种，43个省部级业务系统，并将指挥中心、案管中心、办案中心、财物管理中心以及监所进行数据关联，实现"四中心一场所"的一体化。借助大数据技术支撑，公安执法的每一个活动、每一个环节也都会被数字化地记录下来，实际上对于警察执法工作而言是一种非常有效的监督，我们把这种监督模式叫作"管得住""看得见""算明白账"。

6. 问：能否具体介绍一下这个智慧警务平台？

答：我们现在建设使用的智能管理平台，已经实现了与242个智能化办案中心的对接，从110接警开始，相关警情信息的语音数据、出警记录、执法记录仪视频资料等就可以实现同步云存储，固定在平台当中保存，实现对报警情况的全部数字化记录，通过数据痕迹实现可回溯管理。在指挥中心，我们依托智能平台大数据建立了"一长三班"机制，"一长"是指指挥长，"三班"是指指挥调度班、情报支撑班、执行督办班，由于所有接处警信息都会记录在平台系统中，这其实大大减少了"抽屉案"、隐匿案，这叫"管得住"。从程序上来看，一般刑事案件会经历强制措施、提请批捕、移送审查等环节，法制部门可以利用智能平台进行大数据研判，对每一个环节实现严格把关,对案件证据材料等进行统一管理监督,到了法定的时间节点,平台还会智能提醒办案民警,这叫"看得见"。另外,系统平台中还在不断补充相关法律法规、指导案例、证据标准等,现在已经录入了5392万余个法院文书及案例、362万个检察文书、179个罪名证据标准。根据数据显示,实行该措施以来,检察机关推侦案件同比下降了27.1%,纠正违法同比下降30.6%,监督立案撤案同比下降27.3%,纠正漏捕同比下降15.02%。另外,在涉案财物保管方面,借助大数据还可以算清"明白账"。民警在办案过程中收缴的涉案财物应当及时移交财务管理中心,而且要对收缴财物形成电子档案录入系统当中,这就避免了管理不规范造成的财物遗失、挪用、损坏等问题。而且,现在我们还实现了律师远程会见,有利于犯罪嫌疑人的权利保障和律师的刑事辩护。这些都是大数据带来的积极影响,总体上看是有利于我们警务工作规范化、法治化建设的。

7. 问: 非常感谢给了这么多经验介绍和数据统计,谢谢!

答: 不客气。

(六)Q省刑辩律师

1. 问: 您是如何看待大数据侦查的?

答: 大数据面前无隐私。我记得之前看过一本书叫作《大数据时代的隐私》,有时间你也可以找出来看一下,里面写的挺好,作者围绕"隐私、法律和技术"的互动关系对大数据带来的影响进行了深入分析,讲到了现在不管在哪里,街头、商场、办公室甚至自己的家里,不管是实体空间还是虚拟空间,我们都有可能成为被监视的对象,被大数据技术所俘虏。至于大数据侦查,无非是大数据技术在侦查领域内的实践应用,但是它又不同于技术侦查,目前在法律规制方面没有明确的定性,这就加剧了侦查权力滥用的风险,对公民个人权利造成无影无痕但又有实质性的影响。

2. 问：您认为大数据对刑事辩护有哪些影响？

答：就大数据而言，让法律服务和高新技术相结合这是必然趋势，现在我们很多律师，尤其是年轻律师都在积极学习前沿技术，比如大数据、人工智能、区块链等，毕竟法律服务工作不是一劳永逸的，必须得紧跟时代潮流，保持学习状态才行。其实我们现在可以看到，有很多优秀的律所也都成立了自己专业化的大数据平台系统，提倡用技术驱动法律。比如我们现在经常用的裁判文书网、聚法、无讼、听讼、KindleLaw、Alpha等平台软件，都是基于大数据技术，让我们现在的办案效率和效果都有了很大提升。这些是我们律所接下来迈向专业化、技术化、智能化的努力方向。整体而言，我认为大数据对于刑事辩护也好，还是整个律师业务能力提升都是非常有力的支撑。

3. 问：那您认为大数据侦查对刑事辩护带来的积极作用大还是消极影响多？

答：如果从这个角度考虑，大数据侦查确实是会给我们刑事辩护工作带来很大阻力，但严谨地说也不能算是消极影响，而应该是一种挑战。在涉及大数据侦查的刑事案件中，我们刑辩律师首先要站在委托人的立场上考虑他们的诉求，尽可能保证他们的合法权益。但实际上刑辩工作要比其他诉讼业务难度大、风险高，主要是因为我们的对手不是其他律所的律师或者当事人，而是握有国家公权力的公检法。其实在正常刑辩工作中，由于各种因素我们在会见、阅卷、律师在场等方面已经比较被动，现在如果再加上大数据技术等高新技术手段的运用，会见难、阅卷难、在场难的问题肯定会更加凸显出来，所谓的"控辩平等"很难达到平衡状态。

4. 问：您对大数据侦查给刑辩工作带来的挑战，有哪些建议思考吗？

答：我认为最重要的就是要让"大数据侦查"在法律概念层面予以明确，因为从现行法律规范来看，大数据并不能被涵盖在技术侦查那一部分范围内，所以在侦查实践中很多大数据侦查的行为手段是绕开了刑事诉讼法规定的，甚至是一种不受相关法律法规约束的状态。在现行法律框架范围内，刑辩律师应该更多聚焦于大数据侦查的程序合法性，因为实体技术内容你很难介入进去了解，但是可以通过程序规范形成一些牵制，《公安机关办理刑事案件的程序规定》、"两高一部"《关于电子证据的规定》以及新近出台的《电子数据取证规则》等，这些是明确的，可以成为我们在刑事辩护中有力的辩点。再者，就是从电子数据以及相关鉴定报告的"三性"入手进行质证，从而形成对大数据侦查的回应。

5. 问：这方面有没有经典案例可以分享一下？

答：其实这种案例还是比较多的，因为在侦查实务中一些侦查人员自身法治意识并没有想象中那么强，在侦查取证过程中就会存在不规范甚至违法的地方，这自然会影响到证据能力和证明力。比如说在我办过的一个案件中，涉案的计算机存储设备是本案重要电子数据材料的原始载体，但是通过仔细翻阅卷宗我们发现，在搜查笔录和查封扣押清单中，没有持有人的签字，也没有记录持有人相关情况，而且在见证人签字部分并非手写，而是机打的名字，这显然是不符合电子数据收集提取程序的，我们完全有理由对电子数据的真实性提出合理怀疑，最终这个案件辩护成功，公诉机关撤回了起诉。还有一个案子，虽然我们经过分析认为不具备定性辩护的条件，但是在量刑幅度上我们取得了胜利，让当事人刑期大大减少。其中一个重要原因就在于我们打掉了对方的"电子数据"和"鉴定意见"这两个非常关键的点。在这个案件中，由于电子数据是从第三方大数据公司调取取得，按照法律规定应当制作《调取证据通知书》和《调取证据清单》，并附调取过程笔录，然而本案中侦查人员并没有按照要求记录清楚调取证据的案由、对象、时间、地点、数据来源等，导致我们对数据的来源合法性和鉴定同一性产生怀疑，不能成为认定依据。除此之外，还有很多案例，我认为最经典的还是"快播案"的辩护词，给我很大启发，值得学习借鉴。在大数据、人工智能、算法、云端等高新技术的发展之下，辩护工作绝对不是仅靠抠法条就能解决的，我们还要多学多了解这些技术手段才行，从而在法律适用中能够发现更多的辩点。

6. 问：那么您认为大数据时代背景下我们该如何进行个人权利保护？

答：仅仅通过个人权利诉求的表达是微不足道的，在大数据侦查之下，每个人都是一个透明人，就以手机为例，里面涉及了一个人多少个人数据、隐私内容，一旦破解之后，通过大数据分析，基本上一个人的基本情况、行踪轨迹、兴趣爱好、社交关系、人性弱点等也就全都暴露无遗了。就以手机安装的各种 App 为例，公安机关完全可以通过技术手段获取里面的个人信息、通讯好友、聊天记录、位置信息以及平时所关注的信息内容等。所以在个人权利保护方面，在大数据时代背景下，这不再单单是一个人的事情，而需要全社会尤其是公权力机关对私权利的尊重和保护。

7. 问：感谢您留出宝贵时间分享经验和观点。

答：不客气，多联系。

(七) ××大学诉讼法学者

1. 问：您好，请问您是如何理解大数据侦查的？

答：我是一直比较关注电子数据方面的理论研究，最近也是看到了很多关于大数据侦查的理论成果，拜读学习了一部分。虽然现在还不能给出一个非常精准的定义，但以我初步的理解认识来看，"大数据侦查"实际上就是全数据侦查，需要尽可能调动收集所有的数据，既包括公开的数据又包括隐私的数据，进行侦查活动。但实际上我认为"大数据"的"大"字并没有体现大数据侦查的核心特点，它不仅表现在数据之大，更体现在这些海量的信息数据需要比对分析，需要借助人工智能、智能算法等。按照"两高一部"的《电子证据规定》和公安部的《电子取证规则》，我理解的大数据侦查行为既包括冻结、调取数据的行为，也包括侦查实验、检验鉴定数据的行为。

2. 问：您认为现在大数据侦查的法律规制情况如何？

答：很显然，现行法律规定对于大数据侦查是规制缺失的，这与侦查实务界公安大数据战略如火如荼地推进施行形成鲜明对比。而且，即使在现行法律体系内，很多概念交叉使用极易造成混乱，比如"网络在线提取""远程勘验""技术侦查"与"大数据侦查"究竟是一种什么样的关系。

3. 问：求教您是怎么思考的？

答：我的一个初步思考是，网络在线提取的范围要大于远程勘验，需要借助账号密码才能提取数据的叫作远程勘验，而公开收集提取数据的行为叫作在线提取，如朋友圈、微博发布的内容等。而技术侦查则包括传统技术侦查和网络技术侦查，往往需要严格的程序审批，比如对邮件、网页、支付记录、交易记录等进行长期监听监控等。这样看，如果根据《电子证据规定》，网络在线提取包括远程勘验，远程勘验包括网络技术侦查,三者之间是一个包含与被包含的关系。但是如果根据《电子数据取证规则》,网络技术侦查则不必然地包括于远程勘验之中,它还会涉及一部分网络在线提取的内容。而大数据侦查则是涵盖了我刚刚提到的网络在线提取、远程勘验以及网络技术侦查的内容,这些都可以被视作大数据侦查。

4. 问:您认为怎么才能对大数据侦查进行有效的法律控制,实现程序法治目标?

答:要对大数据侦查进行有效的法律控制,首先就要明确大数据侦查的性质、范围、原则等,并在法律规范中予以明确,比如现在已经有学者提出了一些关于"同意""脱敏""不得侵犯隐私"等针对侦查权力的法律控制建议,并且建议在《刑事诉讼法》技术侦查那一节的后面增添上"大数据侦查",作为单独的一节。此外,我们还应该注意宪法里关于通信自由、通讯隐私等权利的表述,要把这些基本权利的保护问题落实到大数据侦查之中。现在比较遗憾的是,《电子取证规则》当中我只看到了远程勘验由谁实施,但是却没有明确由谁进行审批,是不是意味着它不需要经过严格审批?当然我也注意到,现在也有一部分学者认为不应该对大数据侦查过于严苛限制,有时候出于集体利益考虑,以个人信息换取公共安全也是必要的。在实现程序法治的问题上,实际上还是一个利益权衡的过程,需要综合把握。如果仅就现行法律体系来看,我认为"规定""规则"中提到的网络远程勘验实际上已经构成搜查、扣押的实质内容,既要有勘验笔录又要有取证笔录,但是在司法实践中它却绕开了我国《刑事诉讼法》的规定。很多时候,我们的个人权利可以适当让与,或者说是不可避免地受到一定侵犯,但是这种行为必须经过严格的审批、按照正常的程序进行,偷换概念以绕开法律规制,那是不能容忍的。在大数据侦查背景下,更要注意这一个问题。

5. 问:您对大数据侦查的程序法治发展还有哪些期待?

答:大数据侦查具备非常强的自我升级能力,它在未来发展过程中必然会与更多高科技技术手段相结合,比如云端、区块链、人工智能、5G技术等,所以法律也必须不断更新、不断完善,才能确保程序法治目标的实现。我们同样可以借助技术来规制技术,比如区块链是一种分布式账单,具有不可篡改性,这是不是可以和我们所讲的程序规范结合起来;比如云端存储,可以让我们不一定非要进行现场勘查,完全可以借助技术远程提取、备份。再比如大数据侦查中的电子数据,这类证据的真实性、合法性、完整性如何保证,我知道现在已经有一种很好的鉴定方法,叫作"计算电子数据完整性校验值",主要就是对被鉴定的电子数据要通过相同算法相同软件计算它的MD5值,如果得到相同的32位序列值,那么就可以认定它完整一致,如果电子数据中哪怕有一点删改,那么这个32位的序列值就会显著不同。当然这种MD5值只是哈希值中的一种,还有很多方法可以拿来运用,为程序法治建设提供技术力量。当然,在程序法治建设中,还有一些经验做法是通用的,比如要强调律师在诉讼中的平等地位,注重专家证人的适用,尽可能实现程序公开透明,注意对电子数据合法性的审查,完善证据规则等等。整体而言,大数据侦查的程序法治建设值得期待,但也任重道远。

附录二：

最高人民法院　最高人民检察院　公安部关于办理刑事案件收集提取和审查判断电子数据若干问题的规定

为规范电子数据的收集提取和审查判断，提高刑事案件办理质量，根据《中华人民共和国刑事诉讼法》等有关法律规定，结合司法实际，制定本规定。

一、一般规定

第一条　电子数据是案件发生过程中形成的，以数字化形式存储、处理、传输的，能够证明案件事实的数据。

电子数据包括但不限于下列信息、电子文件：

（一）网页、博客、微博客、朋友圈、贴吧、网盘等网络平台发布的信息；

（二）手机短信、电子邮件、即时通信、通讯群组等网络应用服务的通信信息；

（三）用户注册信息、身份认证信息、电子交易记录、通信记录、登录日志等信息；

（四）文档、图片、音视频、数字证书、计算机程序等电子文件。

以数字化形式记载的证人证言、被害人陈述以及犯罪嫌疑人、被告人供述和辩解等证据,不属于电子数据。确有必要的,对相关证据的收集、提取、移送、审查,可以参照适用本规定。

第二条 侦查机关应当遵守法定程序,遵循有关技术标准,全面、客观、及时地收集、提取电子数据;人民检察院、人民法院应当围绕真实性、合法性、关联性审查判断电子数据。

第三条 人民法院、人民检察院和公安机关有权依法向有关单位和个人收集、调取电子数据。有关单位和个人应当如实提供。

第四条 电子数据涉及国家秘密、商业秘密、个人隐私的,应当保密。

第五条 对作为证据使用的电子数据,应当采取以下一种或者几种方法保护电子数据的完整性:

(一)扣押、封存电子数据原始存储介质;

(二)计算电子数据完整性校验值;

(三)制作、封存电子数据备份;

(四)冻结电子数据;

(五)对收集、提取电子数据的相关活动进行录像;

(六)其他保护电子数据完整性的方法。

第六条 初查过程中收集、提取的电子数据,以及通过网络在线提取的电子数据,可以作为证据使用。

二、电子数据的收集与提取

第七条 收集、提取电子数据,应当由二名以上侦查人员进行。取证方法应当符合相关技术标准。

第八条 收集、提取电子数据,能够扣押电子数据原始存储介质的,应当扣押、封存原始存储介质,并制作笔录,记录原始存储介质的封存状态。

封存电子数据原始存储介质,应当保证在不解除封存状态的情况下,无法增加、删除、修改电子数据。封存前后应当拍摄被封存原始存储介质的照片,清晰反映封口或者张贴封条处的状况。

封存手机等具有无线通信功能的存储介质,应当采取信号屏蔽、信号阻断或者切断电源等措施。

第九条 具有下列情形之一,无法扣押原始存储介质的,可以提取电子数据,但应当在笔录中注明不能扣押原始存储介质的原因、原始存储介质的存放地点或者电子数据的来源等情况,并计算电子数据的完整性校验值:

(一)原始存储介质不便封存的;

(二)提取计算机内存数据、网络传输数据等不是存储在存储介质上的电子数据的;

(三)原始存储介质位于境外的;

(四)其他无法扣押原始存储介质的情形。

对于原始存储介质位于境外或者远程计算机信息系统上的电子数据,可以通过网络在线提取。

为进一步查明有关情况,必要时,可以对远程计算机信息系统进行网络远程勘验。进行网络远程勘验,需要采取技术侦查措施的,应当依法经过严格的批准手续。

第十条 由于客观原因无法或者不宜依据第八条、第九条的规定收集、提取电子数据的,可以采取打印、拍照或者录像等方式固定相关证据,并在笔录中说明原因。

第十一条 具有下列情形之一的,经县级以上公安机关负责人或者检察长批准,可以对电子数据进行冻结:

（一）数据量大，无法或者不便提取的；

（二）提取时间长，可能造成电子数据被篡改或者灭失的；

（三）通过网络应用可以更为直观地展示电子数据的；

（四）其他需要冻结的情形。

第十二条 冻结电子数据，应当制作协助冻结通知书，注明冻结电子数据的网络应用账号等信息，送交电子数据持有人、网络服务提供者或者有关部门协助办理。解除冻结的，应当在三日内制作协助解除冻结通知书，送交电子数据持有人、网络服务提供者或者有关部门协助办理。

冻结电子数据，应当采取以下一种或者几种方法：

（一）计算电子数据的完整性校验值；

（二）锁定网络应用账号；

（三）其他防止增加、删除、修改电子数据的措施。

第十三条 调取电子数据，应当制作调取证据通知书，注明需要调取电子数据的相关信息，通知电子数据持有人、网络服务提供者或者有关部门执行。

第十四条 收集、提取电子数据，应当制作笔录，记录案由、对象、内容、收集、提取电子数据的时间、地点、方法、过程，并附电子数据清单，注明类别、文件格式、完整性校验值等，由侦查人员、电子数据持有人（提供人）签名或者盖章；电子数据持有人（提供人）无法签名或者拒绝签名的，应当在笔录中注明，由见证人签名或者盖章。有条件的，应当对相关活动进行录像。

第十五条 收集、提取电子数据，应当根据刑事诉讼法的规定，由符合条件的人员担任见证人。由于客观原因无法由符合条件的人员担任见证人的，应当在笔录中注明情况，并对相关活动进行录像。

针对同一现场多个计算机信息系统收集、提取电子数据的,可以由一名见证人见证。

第十六条 对扣押的原始存储介质或者提取的电子数据,可以通过恢复、破解、统计、关联、比对等方式进行检查。必要时,可以进行侦查实验。

电子数据检查,应当对电子数据存储介质拆封过程进行录像,并将电子数据存储介质通过写保护设备接入到检查设备进行检查;有条件的,应当制作电子数据备份,对备份进行检查;无法使用写保护设备且无法制作备份的,应当注明原因,并对相关活动进行录像。

电子数据检查应当制作笔录,注明检查方法、过程和结果,由有关人员签名或者盖章。进行侦查实验的,应当制作侦查实验笔录,注明侦查实验的条件、经过和结果,由参加实验的人员签名或者盖章。

第十七条 对电子数据涉及的专门性问题难以确定的,由司法鉴定机构出具鉴定意见,或者由公安部指定的机构出具报告。对于人民检察院直接受理的案件,也可以由最高人民检察院指定的机构出具报告。

具体办法由公安部、最高人民检察院分别制定。

三、电子数据的移送与展示

第十八条 收集、提取的原始存储介质或者电子数据,应当以封存状态随案移送,并制作电子数据的备份一并移送。

对网页、文档、图片等可以直接展示的电子数据,可以不随案移送打印件;人民法院、人民检察院因设备等条件限制无法直接展示电子数据的,侦查机关应当随案移送打印件,或者附展示工具和展示方法说明。

对冻结的电子数据,应当移送被冻结电子数据的清单,注明类别、文件格式、冻结主体、证据要点、相关网络应用账号,并附查看工具和方法的说明。

第十九条 对侵入、非法控制计算机信息系统的程序、工具以及计算机病毒等无法直接展示的电子数据,应当附电子数据属性、功能等情况的说明。

对数据统计量、数据同一性等问题,侦查机关应当出具说明。

第二十条 公安机关报请人民检察院审查批准逮捕犯罪嫌疑人,或者对侦查终结的案件移送人民检察院审查起诉的,应当将电子数据等证据一并移送人民检察院。人民检察院在审查批准逮捕和审查起诉过程中发现应当移送的电子数据没有移送或者移送的电子数据不符合相关要求的,应当通知公安机关补充移送或者进行补正。

对于提起公诉的案件,人民法院发现应当移送的电子数据没有移送或者移送的电子数据不符合相关要求的,应当通知人民检察院。

公安机关、人民检察院应当自收到通知后三日内移送电子数据或者补充有关材料。

第二十一条 控辩双方向法庭提交的电子数据需要展示的,可以根据电子数据的具体类型,借助多媒体设备出示、播放或者演示。必要时,可以聘请具有专门知识的人进行操作,并就相关技术问题作出说明。

四、电子数据的审查与判断

第二十二条 对电子数据是否真实,应当着重审查以下内容:

(一)是否移送原始存储介质;在原始存储介质无法封存、不便移动时,有无说明原因,并注明收集、提取过程及原始存储介质的存放

地点或者电子数据的来源等情况;

（二）电子数据是否具有数字签名、数字证书等特殊标识;

（三）电子数据的收集、提取过程是否可以重现;

（四）电子数据如有增加、删除、修改等情形的,是否附有说明;

（五）电子数据的完整性是否可以保证。

第二十三条 对电子数据是否完整,应当根据保护电子数据完整性的相应方法进行验证:

（一）审查原始存储介质的扣押、封存状态;

（二）审查电子数据的收集、提取过程,查看录像;

（三）比对电子数据完整性校验值;

（四）与备份的电子数据进行比较;

（五）审查冻结后的访问操作日志;

（六）其他方法。

第二十四条 对收集、提取电子数据是否合法,应当着重审查以下内容:

（一）收集、提取电子数据是否由二名以上侦查人员进行,取证方法是否符合相关技术标准;

（二）收集、提取电子数据,是否附有笔录、清单,并经侦查人员、电子数据持有人（提供人）、见证人签名或者盖章;没有持有人（提供人）签名或者盖章的,是否注明原因;对电子数据的类别、文件格式等是否注明清楚;

（三）是否依照有关规定由符合条件的人员担任见证人,是否对相关活动进行录像;

（四）电子数据检查是否将电子数据存储介质通过写保护设备接入到检查设备;有条件的,是否制作电子数据备份,并对备份进行检查;无法制作备份且无法使用写保护设备的,是否附有录像。

第二十五条 认定犯罪嫌疑人、被告人的网络身份与现实身份的同一性,可以通过核查相关 IP 地址、网络活动记录、上网终端归属、相关证人证言以及犯罪嫌疑人、被告人供述和辩解等进行综合判断。

认定犯罪嫌疑人、被告人与存储介质的关联性,可以通过核查相关证人证言以及犯罪嫌疑人、被告人供述和辩解等进行综合判断。

第二十六条 公诉人、当事人或者辩护人、诉讼代理人对电子数据鉴定意见有异议,可以申请人民法院通知鉴定人出庭作证。人民法院认为鉴定人有必要出庭的,鉴定人应当出庭作证。

经人民法院通知,鉴定人拒不出庭作证的,鉴定意见不得作为定案的根据。对没有正当理由拒不出庭作证的鉴定人,人民法院应当通报司法行政机关或者有关部门。

公诉人、当事人或者辩护人、诉讼代理人可以申请法庭通知有专门知识的人出庭,就鉴定意见提出意见。

对电子数据涉及的专门性问题的报告,参照适用前三款规定。

第二十七条 电子数据的收集、提取程序有下列瑕疵,经补正或者作出合理解释的,可以采用;不能补正或者作出合理解释的,不得作为定案的根据:

(一)未以封存状态移送的;

(二)笔录或者清单上没有侦查人员、电子数据持有人(提供人)、见证人签名或者盖章的;

(三)对电子数据的名称、类别、格式等注明不清的;

(四)有其他瑕疵的。

第二十八条 电子数据具有下列情形之一的,不得作为定案的根据:

（一）电子数据系篡改、伪造或者无法确定真伪的；

（二）电子数据有增加、删除、修改等情形，影响电子数据真实性的；

（三）其他无法保证电子数据真实性的情形。

五、附则

第二十九条 本规定中下列用语的含义：

（一）存储介质，是指具备数据信息存储功能的电子设备、硬盘、光盘、优盘、记忆棒、存储卡、存储芯片等载体。

（二）完整性校验值，是指为防止电子数据被篡改或者破坏，使用散列算法等特定算法对电子数据进行计算，得出的用于校验数据完整性的数据值。

（三）网络远程勘验，是指通过网络对远程计算机信息系统实施勘验，发现、提取与犯罪有关的电子数据，记录计算机信息系统状态，判断案件性质，分析犯罪过程，确定侦查方向和范围，为侦查破案、刑事诉讼提供线索和证据的侦查活动。

（四）数字签名，是指利用特定算法对电子数据进行计算，得出的用于验证电子数据来源和完整性的数据值。

（五）数字证书，是指包含数字签名并对电子数据来源、完整性进行认证的电子文件。

（六）访问操作日志，是指为审查电子数据是否被增加、删除或者修改，由计算机信息系统自动生成的对电子数据访问、操作情况的详细记录。

第三十条 本规定自2016年10月1日起施行。之前发布的规范性文件与本规定不一致的，以本规定为准。

附录三：
公安机关办理刑事案件电子数据取证规则

第一章 总 则

第一条 为规范公安机关办理刑事案件电子数据取证工作,确保电子数据取证质量,提高电子数据取证效率,根据《中华人民共和国刑事诉讼法》《公安机关办理刑事案件程序规定》等有关规定,制定本规则。

第二条 公安机关办理刑事案件应当遵守法定程序,遵循有关技术标准,全面、客观、及时地收集、提取涉案电子数据,确保电子数据的真实、完整。

第三条 电子数据取证包括但不限于：

(一)收集、提取电子数据；

(二)电子数据检查和侦查实验；

(三)电子数据检验与鉴定。

第四条 公安机关电子数据取证涉及国家秘密、警务工作秘密、商业秘密、个人隐私的,应当保密；对于获取的材料与案件无关的,应当及时退还或者销毁。

第五条 公安机关接受或者依法调取的其他国家机关在行政执法和查办案件过程中依法收集、提取的电子数据可以作为刑事案件的证据使用。

第二章 收集提取电子数据

第一节 一般规定

第六条 收集、提取电子数据,应当由二名以上侦查人员进行。必要时,可以指派或者聘请专业技术人员在侦查人员主持下进行收集、提取电子数据。

第七条 收集、提取电子数据,可以根据案情需要采取以下一种或者几种措施、方法:

(一)扣押、封存原始存储介质;

(二)现场提取电子数据;

(三)网络在线提取电子数据;

(四)冻结电子数据;

(五)调取电子数据。

第八条 具有下列情形之一的,可以采取打印、拍照或者录像等方式固定相关证据:

(一)无法扣押原始存储介质并且无法提取电子数据的;

(二)存在电子数据自毁功能或装置,需要及时固定相关证据的;

(三)需现场展示、查看相关电子数据的。

根据前款第二、三项的规定采取打印、拍照或者录像等方式固定相关证据后,能够扣押原始存储介质的,应当扣押原始存储介质;不能扣押原始存储介质但能够提取电子数据的,应当提取电子数据。

第九条 采取打印、拍照或者录像方式固定相关证据的,应当清晰反映电子数据的内容,并在相关笔录中注明采取打印、拍照或者录像等方式固定相关证据的原因,电子数据的存储位置、原始存储介质特征和所在位置等情况,由侦查人员、电子数据持有人(提供人)签名或者盖章;电子数据持有人(提供人)无法签名或者拒绝签名的,应当在笔录中注明,由见证人签名或者盖章。

第二节 扣押、封存原始存储介质

第十条 在侦查活动中发现的可以证明犯罪嫌疑人有罪或者无罪、罪轻或者罪重的电子数据,能够扣押原始存储介质的,应当扣押、封存原始存储介质,并制作笔录,记录原始存储介质的封存状态。

勘验、检查与电子数据有关的犯罪现场时,应当按照有关规范处置相关设备,扣押、封存原始存储介质。

第十一条 对扣押的原始存储介质,应当按照以下要求封存:

(一)保证在不解除封存状态的情况下,无法使用或者启动被封存的原始存储介质,必要时,具备数据信息存储功能的电子设备和硬盘、存储卡等内部存储介质可以分别封存;

(二)封存前后应当拍摄被封存原始存储介质的照片。照片应当反映原始存储介质封存前后的状况,清晰反映封口或者张贴封条处的状况;必要时,照片还要清晰反映电子设备的内部存储介质细节;

(三)封存手机等具有无线通信功能的原始存储介质,应当采取信号屏蔽、信号阻断或者切断电源等措施。

第十二条 对扣押的原始存储介质,应当会同在场见证人和原始存储介质持有人(提供人)查点清楚,当场开列《扣押清单》一式三份,写明原始存储介质名称、编号、数量、特征及其来源等,由侦查人员、持有人(提供人)和见证人签名或者盖章,一份交给持有人(提供人),一份交给公安机关保管人员,一份附卷备查。

第十三条 对无法确定原始存储介质持有人(提供人)或者原始存储介质持有人(提供人)无法签名、盖章或者拒绝签名、盖章的,应当在有关笔录中注明,由见证人签名或者盖章。由于客观原因无法由符合条件的人员担任见证人的,应当在有关笔录中注明情况,并对扣押原始存储介质的过程全程录像。

第十四条 扣押原始存储介质,应当收集证人证言以及犯罪嫌疑人供述和辩解等与原始存储介质相关联的证据。

第十五条 扣押原始存储介质时,可以向相关人员了解、收集并在有关笔录中注明以下情况:

(一)原始存储介质及应用系统管理情况,网络拓扑与系统架构情况,是否由多人使用及管理,管理及使用人员的身份情况;

(二)原始存储介质及应用系统管理的用户名、密码情况;

(三)原始存储介质的数据备份情况,有无加密磁盘、容器,有无自毁功能,有无其它移动存储介质,是否进行过备份,备份数据的存储位置等情况;

(四)其他相关的内容。

第三节 现场提取电子数据

第十六条 具有下列无法扣押原始存储介质情形之一的,可以现场提取电子数据:

(一)原始存储介质不便封存的;

(二)提取计算机内存数据、网络传输数据等不是存储在存储介质上的电子数据的;

(三)案件情况紧急,不立即提取电子数据可能会造成电子数据灭失或者其他严重后果的;

(四)关闭电子设备会导致重要信息系统停止服务的;

(五)需通过现场提取电子数据排查可疑存储介质的;

(六)正在运行的计算机信息系统功能或者应用程序关闭后,没有密码无法提取的；

（七）其他无法扣押原始存储介质的情形。

无法扣押原始存储介质的情形消失后，应当及时扣押、封存原始存储介质。

第十七条　现场提取电子数据可以采取以下措施保护相关电子设备：

（一）及时将犯罪嫌疑人或者其他相关人员与电子设备分离；

（二）在未确定是否易丢失数据的情况下，不能关闭正在运行状态的电子设备；

（三）对现场计算机信息系统可能被远程控制的，应当及时采取信号屏蔽、信号阻断、断开网络连接等措施；

（四）保护电源；

（五）有必要采取的其他保护措施。

第十八条　现场提取电子数据，应当遵守以下规定：

（一）不得将提取的数据存储在原始存储介质中；

（二）不得在目标系统中安装新的应用程序。如果因为特殊原因，需要在目标系统中安装新的应用程序的，应当在笔录中记录所安装的程序及目的；

（三）应当在有关笔录中详细、准确记录实施的操作。

第十九条　现场提取电子数据，应当制作《电子数据现场提取笔录》，注明电子数据的来源、事由和目的、对象、提取电子数据的时间、地点、方法、过程、不能扣押原始存储介质的原因、原始存储介质的存放地点，并附《电子数据提取固定清单》，注明类别、文件格式、完整性校验值等，由侦查人员、电子数据持有人（提供人）签名或者盖章；电子数据持有人（提供人）无法签名或者拒绝签名的，应当在笔录中注明,由见证人签名或者盖章。

第二十条 对提取的电子数据可以进行数据压缩,并在笔录中注明相应的方法和压缩后文件的完整性校验值。

第二十一条 由于客观原因无法由符合条件的人员担任见证人的,应当在《电子数据现场提取笔录》中注明情况,并全程录像,对录像文件应当计算完整性校验值并记入笔录。

第二十二条 对无法扣押的原始存储介质且无法一次性完成电子数据提取的,经登记、拍照或者录像后,可以封存后交其持有人(提供人)保管,并且开具《登记保存清单》一式两份,由侦查人员、持有人(提供人)和见证人签名或者盖章,一份交给持有人(提供人),另一份连同照片或者录像资料附卷备查。

持有人(提供人)应当妥善保管,不得转移、变卖、毁损,不得解除封存状态,不得未经办案部门批准接入网络,不得对其中可能用作证据的电子数据增加、删除、修改。必要时,应当保持计算机信息系统处于开机状态。

对登记保存的原始存储介质,应当在七日以内作出处理决定,逾期不作出处理决定的,视为自动解除。经查明确实与案件无关的,应当在三日以内解除。

第四节 网络在线提取电子数据

第二十三条 对公开发布的电子数据、境内远程计算机信息系统上的电子数据,可以通过网络在线提取。

第二十四条 网络在线提取应当计算电子数据的完整性校验值;必要时,可以提取有关电子签名认证证书、数字签名、注册信息等关联性信息。

第二十五条 网络在线提取时,对可能无法重复提取或者可能会出现变化的电子数据，应当采用录像、拍照、截获计算机屏幕内容等方式记录以下信息：

（一）远程计算机信息系统的访问方式；

（二）提取的日期和时间；

（三）提取使用的工具和方法；

（四）电子数据的网络地址、存储路径或者数据提取时的进入步骤等；

（五）计算完整性校验值的过程和结果。

第二十六条 网络在线提取电子数据应当在有关笔录中注明电子数据的来源、事由和目的、对象，提取电子数据的时间、地点、方法、过程，不能扣押原始存储介质的原因，并附《电子数据提取固定清单》，注明类别、文件格式、完整性校验值等，由侦查人员签名或者盖章。

第二十七条 网络在线提取时需要进一步查明下列情形之一的，应当对远程计算机信息系统进行网络远程勘验：

（一）需要分析、判断提取的电子数据范围的；

（二）需要展示或者描述电子数据内容或者状态的；

（三）需要在远程计算机信息系统中安装新的应用程序的；

（四）需要通过勘验行为让远程计算机信息系统生成新的除正常运行数据外电子数据的；

（五）需要收集远程计算机信息系统状态信息、系统架构、内部系统关系、文件目录结构、系统工作方式等电子数据相关信息的；

（六）其他网络在线提取时需要进一步查明有关情况的情形。

第二十八条 网络远程勘验由办理案件的县级公安机关负责。上级公安机关对下级公安机关刑事案件网络远程勘验提供技术支援。对于案情重大、现场复杂的案件,上级公安机关认为有必要时,可以直接组织指挥网络远程勘验。

第二十九条 网络远程勘验应当统一指挥,周密组织,明确分工,落实责任。

第三十条 网络远程勘验应当由符合条件的人员作为见证人。由于客观原因无法由符合条件的人员担任见证人的,应当在《远程勘验笔录》中注明情况,并按照本规则第二十五条的规定录像,录像可以采用屏幕录像或者录像机录像等方式,录像文件应当计算完整性校验值并记入笔录。

第三十一条 远程勘验结束后,应当及时制作《远程勘验笔录》,详细记录远程勘验有关情况以及勘验照片、截获的屏幕截图等内容。由侦查人员和见证人签名或者盖章。

远程勘验并且提取电子数据的,应当按照本规则第二十六条的规定,在《远程勘验笔录》注明有关情况,并附《电子数据提取固定清单》。

第三十二条 《远程勘验笔录》应当客观、全面、详细、准确、规范,能够作为还原远程计算机信息系统原始情况的依据,符合法定的证据要求。

对计算机信息系统进行多次远程勘验的,在制作首次《远程勘验笔录》后,逐次制作补充《远程勘验笔录》。

第三十三条 网络在线提取或者网络远程勘验时,应当使用电子数据持有人、网络服务提供者提供的用户名、密码等远程计算机信息系统访问权限。

采用技术侦查措施收集电子数据的,应当严格依照有关规定办理批准手续。收集的电子数据在诉讼中作为证据使用时,应当依照刑事诉讼法第一百五十四条规定执行。

第三十四条 对以下犯罪案件,网络在线提取、远程勘验过程应当全程同步录像:

(一)严重危害国家安全、公共安全的案件;

(二)电子数据是罪与非罪、是否判处无期徒刑、死刑等定罪量刑关键证据的案件;

(三)社会影响较大的案件;

(四)犯罪嫌疑人可能被判处五年有期徒刑以上刑罚的案件;

(五)其他需要全程同步录像的重大案件。

第三十五条 网络在线提取、远程勘验使用代理服务器、点对点传输软件、下载加速软件等网络工具的,应当在《网络在线提取笔录》或者《远程勘验笔录》中注明采用的相关软件名称和版本号。

第五节 冻结电子数据

第三十六条 具有下列情形之一的,可以对电子数据进行冻结:

(一)数据量大,无法或者不便提取的;

(二)提取时间长,可能造成电子数据被篡改或者灭失的;

(三)通过网络应用可以更为直观地展示电子数据的;

(四)其他需要冻结的情形。

第三十七条 冻结电子数据,应当经县级以上公安机关负责人批准,制作《协助冻结电子数据通知书》,注明冻结电子数据的网络应用账号等信息,送交电子数据持有人、网络服务提供者或者有关部门协助办理。

第三十八条 不需要继续冻结电子数据时,应当经县级以上公安机关负责人批准,在三日以内制作《解除冻结电子数据通知书》,通知电子数据持有人、网络服务提供者或者有关部门执行。

第三十九条 冻结电子数据的期限为六个月。有特殊原因需要延长期限的,公安机关应当在冻结期限届满前办理继续冻结手续。每次续冻期限最长不得超过六个月。继续冻结的,应当按照本规则第三十七条的规定重新办理冻结手续。逾期不办理继续冻结手续的,视为自动解除。

第四十条 冻结电子数据,应当采取以下一种或者几种方法:

(一)计算电子数据的完整性校验值;

(二)锁定网络应用账号;

(三)采取写保护措施;

(四)其他防止增加、删除、修改电子数据的措施。

第六节 调取电子数据

第四十一条 公安机关向有关单位和个人调取电子数据,应当经办案部门负责人批准,开具《调取证据通知书》,注明需要调取电子数据的相关信息,通知电子数据持有人、网络服务提供者或者有关部门执行。被调取单位、个人应当在通知书回执上签名或者盖章,并附完整性校验值等保护电子数据完整性方法的说明,被调取单位、个人拒绝盖章、签名或者附说明的,公安机关应当注明。必要时,应当采用录音或者录像等方式固定证据内容及取证过程。

公安机关应当协助因客观条件限制无法保护电子数据完整性的被调取单位、个人进行电子数据完整性的保护。

第四十二条 公安机关跨地域调查取证的,可以将《办案协作函》和相关法律文书及凭证传真或者通过公安机关信息化系统传输至协作地公安机关。协作地办案部门经审查确认后,在传来的法律文书上加盖本地办案部门印章后,代为调查取证。

协作地办案部门代为调查取证后,可以将相关法律文书回执或者笔录邮寄至办案地公安机关,将电子数据或者电子数据的获取、查看工具和方法说明通过公安机关信息化系统传输至办案地公安机关。

办案地公安机关应当审查调取电子数据的完整性,对保证电子数据的完整性有疑问的,协作地办案部门应当重新代为调取。

第三章　电子数据的检查和侦查实验

第一节　电子数据检查

第四十三条　对扣押的原始存储介质或者提取的电子数据,需要通过数据恢复、破解、搜索、仿真、关联、统计、比对等方式,以进一步发现和提取与案件相关的线索和证据时,可以进行电子数据检查。

第四十四条　电子数据检查,应当由二名以上具有专业技术的侦查人员进行。必要时,可以指派或者聘请有专门知识的人参加。

第四十五条　电子数据检查应当符合相关技术标准。

第四十六条　电子数据检查应当保护在公安机关内部移交过程中电子数据的完整性。移交时,应当办理移交手续,并按照以下方式核对电子数据:

(一)核对其完整性校验值是否正确;

(二)核对封存的照片与当前封存的状态是否一致。

对于移交时电子数据完整性校验值不正确、原始存储介质封存状态不一致或者未封存可能影响证据真实性、完整性的,检查人员应当在有关笔录中注明。

第四十七条　检查电子数据应当遵循以下原则:

(一)通过写保护设备接入到检查设备进行检查,或者制作电子数据备份，对备份进行检查；

（二）无法使用写保护设备且无法制作备份的，应当注明原因，并全程录像；

（三）检查前解除封存、检查后重新封存前后应当拍摄被封存原始存储介质的照片，清晰反映封口或者张贴封条处的状况；

（四）检查具有无线通信功能的原始存储介质，应当采取信号屏蔽、信号阻断或者切断电源等措施保护电子数据的完整性。

第四十八条 检查电子数据，应当制作《电子数据检查笔录》，记录以下内容：

（一）基本情况。包括检查的起止时间，指挥人员、检查人员的姓名、职务，检查的对象，检查的目的等；

（二）检查过程。包括检查过程使用的工具，检查的方法与步骤等；

（三）检查结果。包括通过检查发现的案件线索、电子数据等相关信息。

（四）其他需要记录的内容。

第四十九条 电子数据检查时需要提取电子数据的，应当制作《电子数据提取固定清单》，记录该电子数据的来源、提取方法和完整性校验值。

第二节　电子数据侦查实验

第五十条 为了查明案情，必要时，经县级以上公安机关负责人批准可以进行电子数据侦查实验。

第五十一条 电子数据侦查实验的任务包括：

（一）验证一定条件下电子设备发生的某种异常或者电子数据发生的某种变化；

(二)验证在一定时间内能否完成对电子数据的某种操作行为;

(三)验证在某种条件下使用特定软件、硬件能否完成某种特定行为、造成特定后果;

(四)确定一定条件下某种计算机信息系统应用或者网络行为能否修改、删除特定的电子数据;

(五)其他需要验证的情况。

第五十二条 电子数据侦查实验应当符合以下要求:

(一)应当采取技术措施保护原始存储介质数据的完整性;

(二)有条件的,电子数据侦查实验应当进行二次以上;

(三)侦查实验使用的电子设备、网络环境等应当与发案现场一致或者基本一致;必要时,可以采用相关技术方法对相关环境进行模拟或者进行对照实验;

(四)禁止可能泄露公民信息或者影响非实验环境计算机信息系统正常运行的行为。

第五十三条 进行电子数据侦查实验,应当使用拍照、录像、录音、通信数据采集等一种或多种方式客观记录实验过程。

第五十四条 进行电子数据侦查实验,应当制作《电子数据侦查实验笔录》,记录侦查实验的条件、过程和结果,并由参加侦查实验的人员签名或者盖章。

第四章 电子数据委托检验与鉴定

第五十五条 为了查明案情,解决案件中某些专门性问题,应当指派、聘请有专门知识的人进行鉴定,或者委托公安部指定的机构出具报告。

需要聘请有专门知识的人进行鉴定,或者委托公安部指定的机构出具报告的,应当经县级以上公安机关负责人批准。

第五十六条 侦查人员送检时,应当封存原始存储介质、采取相应措施保护电子数据完整性,并提供必要的案件相关信息。

第五十七条 公安部指定的机构及其承担检验工作的人员应当独立开展业务并承担相应责任,不受其他机构和个人影响。

第五十八条 公安部指定的机构应当按照法律规定和司法审判机关要求承担回避、保密、出庭作证等义务,并对报告的真实性、合法性负责。

公安部指定的机构应当运用科学方法进行检验、检测,并出具报告。

第五十九条 公安部指定的机构应当具备必需的仪器、设备并且依法通过资质认定或者实验室认可。

第六十条 委托公安部指定的机构出具报告的其他事宜,参照《公安机关鉴定规则》等有关规定执行。

第五章 附 则

第六十一条 本规则自 2019 年 2 月 1 日起施行。公安部之前发布的文件与本规则不一致的,以本规则为准。

附录四：
公安机关电子数据鉴定规则

第一章 总 则

第一条 为规范公安机关鉴定工作，保证鉴定质量，维护司法公正，根据《中华人民共和国刑事诉讼法》、《中华人民共和国民事诉讼法》、《中华人民共和国行政诉讼法》、《全国人民代表大会常务委员会关于司法鉴定管理问题的决定》和有关法律法规，结合公安机关工作实际，制定本规则。

第二条 本规则所称的鉴定，是指为解决案（事）件调查和诉讼活动中某些专门性问题，公安机关鉴定机构的鉴定人运用自然科学和社会科学的理论成果与技术方法，对人身、尸体、生物检材、痕迹、文件、视听资料、电子数据及其它相关物品、物质等进行检验、鉴别、分析、判断，并出具鉴定意见或检验结果的科学实证活动。

第三条 本规则所称的鉴定机构，是指根据《公安机关鉴定机构登记管理办法》，经公安机关登记管理部门核准登记，取得鉴定机构资格证书并开展鉴定工作的机构。

第四条 本规则所称的鉴定人，是指根据《公安机关鉴定人登记管理办法》，经公安机关登记管理部门核准登记，取得鉴定人资格证书并从事鉴定工作的专业技术人员。

第五条 公安机关的鉴定工作,是国家司法鉴定工作的重要组成部分。公安机关鉴定机构及其鉴定人依法出具的鉴定文书,可以在刑事司法和行政执法活动,以及事件、事故、自然灾害等调查处置中应用。

第六条 公安机关鉴定机构及其鉴定人应当遵循合法、科学、公正、独立、及时、安全的工作原则。

第七条 公安机关应当保障所属鉴定机构开展鉴定工作所必需的人员编制、基础设施、仪器设备和有关经费等。

第二章 鉴定人的权利与义务

第八条 鉴定人享有下列权利:

(一)了解与鉴定有关的案(事)件情况,开展与鉴定有关的调查、实验等;

(二)要求委托鉴定单位提供鉴定所需的检材、样本和其他材料;

(三)在鉴定业务范围内表达本人的意见;

(四)与其他鉴定人的鉴定意见不一致时,可以保留意见;

(五)对提供虚假鉴定材料或者不具备鉴定条件的,可以向所在鉴定机构提出拒绝鉴定;

(六)发现违反鉴定程序,检材、样本和其他材料虚假或者鉴定意见错误的,可以向所在鉴定机构申请撤销鉴定意见;

(七)法律、法规规定的其他权利。

第九条 鉴定人应当履行下列义务:

(一)遵守国家有关法律、法规;

(二)遵守职业道德和职业纪律;

(三)遵守鉴定工作原则和鉴定技术规程;

（四）按规定妥善接收、保管、移交与鉴定有关的检材、样本和其他材料；

（五）依法出庭作证；

（六）保守鉴定涉及的国家秘密、商业秘密和个人隐私；

（七）法律、法规规定的其他义务。

第三章　鉴定人的回避

第十条　具有下列情形之一的，鉴定人应当自行提出回避申请；没有自行提出回避申请的，有关公安机关负责人应当责令其回避；当事人及其法定代理人也有权要求其回避：

（一）是本案当事人或者当事人的近亲属的；

（二）本人或者其近亲属与本案有利害关系的；

（三）担任过本案证人、辩护人、诉讼代理人的；

（四）担任过本案侦查人员的；

（五）是重新鉴定事项的原鉴定人的；

（六）担任过本案专家证人，提供过咨询意见的；

（七）其他可能影响公正鉴定的情形。

第十一条　鉴定人自行提出回避申请的，应当说明回避的理由；口头提出申请的，公安机关应当记录在案。

当事人及其法定代理人要求鉴定人回避的，应当提出申请，并说明理由；口头提出申请的，公安机关应当记录在案。

第十二条　鉴定人的回避，由县级以上公安机关负责人决定。

第十三条　当事人及其法定代理人对鉴定人提出回避申请的，公安机关应当在收到回避申请后二日以内作出决定并通知申请人；情况复杂的，经县级以上公安机关负责人批准，可以在收到回避申请后五日以内作出决定。

第十四条 当事人或者其法定代理人对驳回申请回避的决定不服的,可以在收到驳回申请回避决定书后五日以内向作出决定的公安机关申请复议。

公安机关应当在收到复议申请后五日以内作出复议决定并书面通知申请人。

第十五条 在作出回避决定前,申请或者被申请回避的鉴定人不得停止与申请回避鉴定事项有关的检验鉴定工作。在作出回避决定后,申请或者被申请回避的鉴定人不得再参与申请回避鉴定事项相关的检验鉴定工作。

第四章 鉴定的委托

第十六条 公安机关办案部门对与案(事)件有关需要检验鉴定的人身、尸体、生物检材、痕迹、文件、视听资料、电子数据及其它相关物品、物质等,应当及时委托鉴定。

第十七条 本级公安机关鉴定机构有鉴定能力的,应当委托该机构;超出本级公安机关鉴定机构鉴定项目或者鉴定能力范围的,应当向上级公安机关鉴定机构逐级委托;特别重大案(事)件的鉴定或者疑难鉴定,可以向有鉴定能力的公安机关鉴定机构委托。

第十八条 因技术能力等原因,需要委托公安机关以外的鉴定机构进行鉴定的,应当严格管理。各省级公安机关应当制定对外委托鉴定管理办法以及对外委托鉴定机构和鉴定人名册。

第十九条 委托鉴定单位应当向鉴定机构提交:

(一)鉴定委托书;

(二)证明送检人身份的有效证件;

(三)委托鉴定的检材;

(四)鉴定所需的比对样本;

(五)鉴定所需的其他材料。

委托鉴定单位应当指派熟悉案(事)件情况的两名办案人员送检。

第二十条 委托鉴定单位提供的检材,应当是原物、原件。无法提供原物、原件的,应当提供符合本专业鉴定要求的复印件、复制件。所提供的复印件、复制件应当有复印、复制无误的文字说明,并加盖委托鉴定单位公章。送检的检材、样本应当使用规范包装,标识清楚。

第二十一条 委托鉴定单位及其送检人向鉴定机构介绍的情况、提供的检材和样本应当客观真实,来源清楚可靠。委托鉴定单位应当保证鉴定材料的真实性、合法性。

对受到污染、可能受到污染或者已经使用过的原始检材、样本,应当作出文字说明。

对具有爆炸性、毒害性、放射性、传染性等危险的检材、样本,应当作出文字说明和明显标识,并在排除危险后送检;因鉴定工作需要不能排除危险的,应当采取相应防护措施。不能排除危险或者无法有效防护,可能危及鉴定人员和机构安全的,不得送检。

第二十二条 委托鉴定单位及其送检人不得暗示或者强迫鉴定机构及其鉴定人作出某种鉴定意见。

第二十三条 具有下列情形之一的,公安机关办案部门不得委托该鉴定机构进行鉴定:

(一)未取得合法鉴定资格证书的;

(二)超出鉴定项目或者鉴定能力范围的;

(三)法律、法规规定的其他情形。

第五章 鉴定的受理

第二十四条 鉴定机构可以受理下列委托鉴定：

（一）公安系统内部委托的鉴定；

（二）人民法院、人民检察院、国家安全机关、司法行政机关、军队保卫部门，以及监察、海关、工商、税务、审计、卫生计生等其他行政执法机关委托的鉴定；

（三）金融机构保卫部门委托的鉴定；

（四）其他党委、政府职能部门委托的鉴定。

第二十五条 鉴定机构应当在公安机关登记管理部门核准的鉴定项目范围内受理鉴定事项。

第二十六条 鉴定机构可以内设专门部门或者专门人员负责受理委托鉴定工作。

第二十七条 鉴定机构受理鉴定时，按照下列程序办理：

（一）查验委托主体和委托文件是否符合要求；

（二）听取与鉴定有关的案（事）件情况介绍；

（三）查验可能具有爆炸性、毒害性、放射性、传染性等危险的检材或者样本，对确有危险的，应当采取措施排除或者控制危险。

（四）核对检材和样本的名称、数量和状态，了解检材和样本的来源、采集和包装方法等；

（五）确认是否需要补送检材和样本；

（六）核准鉴定的具体要求；

（七）鉴定机构受理人与委托鉴定单位送检人共同填写鉴定事项确认书，一式两份，鉴定机构和委托鉴定单位各持一份。

第二十八条 鉴定事项确认书应当包括下列内容：

(一)鉴定事项确认书编号;

(二)鉴定机构全称和受理人姓名;

(三)委托鉴定单位全称和委托书编号;

(四)送检人姓名、职务、证件名称及号码和联系电话;

(五)鉴定有关案(事)件名称、案件编号;

(六)案(事)件情况摘要;

(七)收到的检材和样本的名称、数量、性状、包装,检材的提取部位和提取方法等情况;

(八)鉴定要求;

(九)鉴定方法和技术规范;

(十)鉴定机构与委托鉴定单位对鉴定时间以及送检检材和样本等使用、保管、取回事项进行约定,并由送检人和受理人分别签字。

第二十九条 鉴定机构对检验鉴定可能造成检材、样本损坏或者无法留存的,应当事先征得委托鉴定单位同意,并在鉴定事项确认书中注明。

第三十条 具有下列情形之一的,鉴定机构不予受理:

(一)超出本规则规定的受理范围的;

(二)违反鉴定委托程序的;

(三)委托其他鉴定机构正在进行相同内容鉴定的;

(四)超出本鉴定机构鉴定项目范围或者鉴定能力的;

(五)检材、样本不具备鉴定条件的或危险性未排除的;

(六)法律、法规规定的其他情形。

鉴定机构对委托鉴定不受理的,应当经鉴定机构负责人批准,并向委托鉴定单位出具《不予受理鉴定告知书》。

第六章 鉴定的实施

第三十一条 鉴定工作实行鉴定人负责制度。鉴定人应当独立进行鉴定。

鉴定的实施,应当由两名以上具有本专业鉴定资格的鉴定人负责。

第三十二条 必要时,鉴定机构可以聘请本机构以外的具有专门知识的人员参与,为鉴定提供专家意见。

第三十三条 鉴定机构应当在受理鉴定委托之日起十五个工作日内作出鉴定意见,出具鉴定文书。法律法规、技术规程另有规定,或者侦查破案、诉讼活动有特别需要,或者鉴定内容复杂、疑难及检材数量较大的,鉴定机构可以与委托鉴定单位另行约定鉴定时限。

需要补充检材、样本的,鉴定时限从检材、样本补充齐全之日起计算。

第三十四条 实施鉴定前,鉴定人应当查看鉴定事项确认书,核对受理鉴定的检材和样本,明确鉴定任务和鉴定方法,做好鉴定的各项准备工作。

第三十五条 鉴定人应当按照本专业的技术规范和方法实施鉴定,并全面、客观、准确地记录鉴定的过程、方法和结果。

多人参加鉴定,鉴定人有不同意见的,应当注明。

第三十六条 具有下列情形之一的,鉴定机构及其鉴定人应当中止鉴定:

(一)因存在技术障碍无法继续进行鉴定的;

(二)需补充鉴定材料无法补充的;

(三)委托鉴定单位书面要求中止鉴定的;

(四)因不可抗力致使鉴定无法继续进行的;

(五)委托鉴定单位拒不履行鉴定委托书规定的义务,被鉴定人拒不配合或者鉴定活动受到严重干扰,致使鉴定无法继续进行的。

中止鉴定原因消除后,应当继续进行鉴定。鉴定时限从批准继续鉴定之日起重新计算。

中止鉴定或者继续鉴定,由鉴定机构负责人批准。

第三十七条 中止鉴定原因确实无法消除的,鉴定机构应当终止鉴定,将有关检材和样本等及时退还委托鉴定单位,并出具书面说明。

终止鉴定,由鉴定机构负责人批准。

第三十八条 根据鉴定工作需要,省级以上公安机关可以依托所属鉴定机构按鉴定专业设立鉴定专家委员会。

鉴定专家委员会应当根据本规则规定,按照鉴定机构的指派对辖区有争议和疑难鉴定事项提供专家意见。

第三十九条 鉴定专家委员会的成员应当具有高级专业技术资格或者职称。

鉴定专家委员会可以聘请公安机关外的技术专家。

鉴定专家委员会组织实施鉴定时,相同专业的鉴定专家人数应当是奇数且不得少于三人。

第四十条 对鉴定意见,办案人员应当进行审查。

对经审查作为证据使用的鉴定意见,公安机关应当及时告知犯罪嫌疑人、被害人或者其法定代理人。

第四十一条 犯罪嫌疑人、被害人对鉴定意见有异议提出申请,以及办案部门或者办案人员对鉴定意见有疑义的,公安机关可以将鉴定意见送交其他有专门知识的人员提出意见。必要时,询问鉴定人并制作笔录附卷。

第七章 补充鉴定、重新鉴定

第四十二条 对有关人员提出的补充鉴定申请,经审查,发现有下列情形之一的,经县级以上公安机关负责人批准,应当补充鉴定:

(一)鉴定内容有明显遗漏的;

(二)发现新的有鉴定意义的证物的;

(三)对鉴定证物有新的鉴定要求的;

(四)鉴定意见不完整,委托事项无法确定的;

(五)其他需要补充鉴定的情形。

经审查,不存在上述情形的,经县级以上公安机关负责人批准,作出不准予补充鉴定的决定,并在作出决定后三日以内书面通知申请人。

第四十三条 对有关人员提出的重新鉴定申请,经审查,发现有下列情形之一的,经县级以上公安机关负责人批准,应当重新鉴定:

(一)鉴定程序违法或者违反相关专业技术要求的;

(二)鉴定机构、鉴定人不具备鉴定资质和条件的;

(三)鉴定人故意作出虚假鉴定或者违反回避规定的;

(四)鉴定意见依据明显不足的;

(五)检材虚假或者被损坏的;

(六)其他应当重新鉴定的情形。

重新鉴定,应当另行指派或者聘请鉴定人。

经审查,不存在上述情形的,经县级以上公安机关负责人批准,作出不准予重新鉴定的决定,并在作出决定后三日以内书面通知申请人。

第四十四条 进行重新鉴定,可以另行委托其他鉴定机构进行鉴定。鉴定机构应当从列入鉴定人名册的鉴定人中,选择与原鉴定人专业技术资格或者职称同等以上的鉴定人实施。

第八章 鉴定文书

第四十五条 鉴定文书分为《鉴定书》和《检验报告》两种格式。

客观反映鉴定的由来、鉴定过程,经过检验、论证得出鉴定意见的,出具《鉴定书》。

客观反映鉴定的由来、鉴定过程,经过检验直接得出检验结果的,出具《检验报告》。

鉴定后,鉴定机构应当出具鉴定文书,并由鉴定人及授权签字人在鉴定文书上签名,同时附上鉴定机构和鉴定人的资质证明或者其他证明文件。

第四十六条 鉴定文书应当包括:

(一)标题;

(二)鉴定文书的唯一性编号和每一页的标识;

(三)委托鉴定单位名称、送检人姓名;

(四)鉴定机构受理鉴定委托的日期;

(五)案件名称或者与鉴定有关的案(事)件情况摘要;

(六)检材和样本的描述;

(七)鉴定要求;

(八)鉴定开始日期和实施鉴定的地点;

(九)鉴定使用的方法;

(十)鉴定过程;

(十一)《鉴定书》中应当写明必要的论证和鉴定意见,《检验报告》中应当写明检验结果；

（十二）鉴定人的姓名、专业技术资格或者职称、签名；

（十三）完成鉴定文书的日期；

（十四）鉴定文书必要的附件；

（十五）鉴定机构必要的声明。

第四十七条 鉴定文书的制作应当符合以下要求：

（一）鉴定文书格式规范、文字简练、图片清晰、资料齐全、卷面整洁、论证充分、表述准确；使用规范的文字和计量单位。

（二）鉴定文书正文使用打印文稿，并在首页唯一性编号和末页成文日期上加盖鉴定专用章。鉴定文书内页纸张两页以上的，应当在内页纸张正面右侧边缘中部骑缝加盖鉴定专用章。

（三）鉴定文书制作正本、副本各一份。正本交委托鉴定单位，副本由鉴定机构存档。

（四）鉴定文书存档文件包括：鉴定文书副本、审批稿、检材和样本照片或者检材和样本复制件、检验记录、检验图表、实验记录、鉴定委托书、鉴定事项确认书、鉴定文书审批表等资料。

（五）补充鉴定或者重新鉴定的，应当单独制作鉴定文书。

第四十八条 鉴定机构应当指定授权签字人、实验室负责人审核鉴定文书。审批签发鉴定文书，应当逐一审验下列内容：

（一）鉴定主体是否合法；

（二）鉴定程序是否规范；

（三）鉴定方法是否科学；

（四）鉴定意见是否准确；

（五）文书制作是否合格；

（六）鉴定资料是否完备。

第四十九条 鉴定文书制作完成后,鉴定机构应当及时通知委托鉴定单位领取,或者按约定的方式送达委托鉴定单位。

委托鉴定单位应当在约定时间内领取鉴定文书。

鉴定文书和相关检材、样本的领取情况,由领取人和鉴定机构经办人分别签字。

第五十条 委托鉴定单位有要求的,鉴定机构应当向其解释本鉴定意见的具体含义和使用注意事项。

第九章 鉴定资料和检材样本的管理

第五十一条 鉴定机构和委托鉴定单位应当在职责范围内妥善管理鉴定资料和相应检材、样本。

第五十二条 具有下列情形之一的,鉴定完成后应当永久保存鉴定资料:

(一)涉及国家秘密没有解密的;

(二)未破获的刑事案件;

(三)可能或者实际被判处有期徒刑十年以上、无期徒刑、死刑的案件;

(四)特别重大的火灾、交通事故、责任事故和自然灾害;

(五)办案部门或者鉴定机构认为有永久保存必要的;

(六)法律、法规规定的其他情形。

其他案(事)件的鉴定资料保存三十年。

第十章 出庭作证

第五十三条 公诉人、当事人或者辩护人、诉讼代理人对鉴定意见有异议,经人民法院依法通知的,公安机关鉴定人应当出庭作证。

第五十四条 鉴定人出庭作证时,应当依法接受法庭质证,回答与鉴定有关的询问。

第五十五条 公安机关应当对鉴定人出庭作证予以保障,并保证鉴定人的安全。

第十一章 鉴定工作纪律与责任

第五十六条 鉴定人应当遵守下列工作纪律:

(一)不得擅自受理任何机关、团体和个人委托的鉴定;

(二)不得擅自参加任何机关、团体和个人组织的鉴定活动;

(三)不得违反规定会见当事人及其代理人;

(四)不得接受当事人及其代理人的宴请或者礼物;

(五)不得擅自向当事人及其代理人或者其他无关人员泄露鉴定事项的工作情况;

(六)不得违反检验鉴定技术规程要求;

(七)不得以任何形式泄露委托鉴定涉及的国家秘密、商业秘密和个人隐私;

(八)不得在其他面向社会提供有偿鉴定服务的组织中兼职。

第五十七条 鉴定机构及其鉴定人违反本规则有关规定,情节轻微的,按照《公安机关鉴定机构登记管理办法》、《公安机关鉴定人登记管理办法》有关规定处理。

第五十八条 鉴定人在鉴定工作中玩忽职守、以权谋私、收受贿赂,或者故意损毁检材、泄露鉴定意见情节、后果严重的,或者故意作虚假鉴定、泄露国家秘密的,依据有关法律、法规进行处理;构成犯罪的,依法追究刑事责任。

第五十九条 送检人具有以下行为的,依照有关规定追究相应

责任:

(一)暗示、强迫鉴定机构、鉴定人作出某种鉴定意见,导致冤假错案或者其他严重后果的;

(二)故意污染、损毁、调换检材的;

(三)因严重过失致使检材污染、减损、灭失,导致无法鉴定或者作出错误鉴定的;

(四)未按照规定对检材排除风险或者作出说明,危及鉴定人、鉴定机构安全的。

第十二章 附 则

第六十条 本规则自发布之日起施行。此前有关规定与本规则不一致的,以本规则为准。

主要参考文献

一、中文著作、论文(按姓氏笔画排序)

(一)中文著作

1. 马长山:《迈向数字社会的法律》,法律出版社 2021 年版。
2. 王忠:《大数据时代个人数据隐私规制》,社会科学文献出版社 2014 年版。
3. 王燃:《大数据侦查》,清华大学出版社 2017 年版。
4. 邓思清:《侦查程序诉讼化研究》,中国人民公安大学出版社 2010 年版。
5. 左卫民、周长军:《刑事诉讼的理念》,北京大学出版社 2014 年版。
6. 任惠华主编:《侦查学原理》,法律出版社 2012 年版。
7. 刘湘梅:《侦查中的网络监控法制化研究》,法律出版社 2017 年版。
8. 齐延平:《人权观念的演进》,山东大学出版社 2015 年版。
9. 孙长永主编:《刑事诉讼法学》,法律出版社 2012 年版。
10. 孙长永:《侦查程序与人权:比较法考察》,中国方正出版社 2000 年版。
11. 孙笑侠:《程序的法理》,商务印书馆 2005 年版。

12. 李心鉴:《刑事诉讼构造论》,中国政法大学出版社 1997 年版。

13. 李双其:《侦查博弈论》,中国人民公安大学出版社 2013 年版。

14. 李明:《监听制度研究——在犯罪控制与人权保障之间》,法律出版社 2008 年版。

15. 何家弘:《同一认定———犯罪侦查方法的奥秘》,中国人民大学出版社 1989 年版。

16. 宋英辉、吴宏耀:《刑事审判前程序研究》,中国政法大学出版社 2002 年版。

17. 张兆端:《智慧公安:大数据时代的警务模式》,中国人民公安大学出版社 2015 年版。

18. 张智辉主编:《刑事非法证据排除规则研究》,北京大学出版社 2006 年版。

19. 陈永生:《侦查程序原理论》,中国人民公安大学出版社 2003 年版。

20. 陈光中主编:《诉讼法理论与实践·刑事诉讼卷》,人民法院出版社 2001 年版。

21. 陈刚主编:《信息化侦查教程》,中国人民公安大学出版社 2012 年版。

22. 陈瑞华:《看得见的正义》(第二版),北京大学出版社 2013 年版。

23. 陈瑞华:《程序正义理论》,中国法制出版社 2010 年版。

24. 陈瑞华:《程序性制裁理论》(第二版),中国法制出版社 2010 年版。

25. 林钰雄：《刑事诉讼法（下册各论编）》，台北元照出版有限公司 2010 年版。

26. 罗豪才：《中国司法审查制度》，北京大学出版社 1993 年版。

27. 周长军：《刑事裁量论——在划一性与个别化之间》，中国人民公安大学出版社 2006 年版。

28. 郑永年：《技术赋权：中国的互联网、国家与社会》，东方出版社 2014 年版。

29. 郑晓均主编：《侦查策略与措施》，法律出版社 2010 年版。

30. 赵刚：《大数据——技术与应用实践指南》，电子工业出版社 2013 年版。

31. 柴艳茹：《刑事侦查与大众传媒关系研究》，中国人民公安大学出版社 2013 年版。

32. 涂子沛：《大数据：正在到来的数据革命》，广西师范大学出版社 2015 年版。

33. 涂子沛：《数据之巅：大数据革命，历史、现实与未来》，中信出版社 2014 年版。

34. 黄风：《国际刑事司法合作的规则与实践》，北京大学出版社 2008 年版。

35. 傅美惠：《侦查法学》，中国检察出版社 2016 年版。

36. 谢佑平、万毅：《刑事侦查制度原理》，中国人民公安大学出版社 2003 年版。

（二）中文译著

1. 〔日〕田口守一：《刑事诉讼法》，刘迪等译，法律出版社 2000 年版。

2. 〔日〕城田真琴：《大数据的冲击》，周自恒译，人民邮电出版社

2013年版。

3.〔英〕Spencer Chainey、〔美〕Jerry Ratcliffe:《地理信息系统与犯罪制图》,陈鹏等译,中国人民公安大学出版社2014年版。

4.〔英〕丹宁勋爵:《法律的正当程序》,李克强、杨百揆、刘庸安译,法律出版社2015年版。

5.〔英〕弗里德里希·冯·哈耶克:《自由秩序原理:上册》,邓正来译,三联书店1997年版。

6.〔英〕威廉·特文宁:《反思证据:开拓性论著(第二版)》,吴洪淇译,中国人民大学出版社2015年版。

7.〔英〕维克托·迈尔-舍恩伯格、〔英〕肯尼斯·库克耶:《大数据时代:生活、工作与思维的大变革》,盛杨燕、周涛译,浙江人民出版社2013年版。

8.〔法〕孟德斯鸠《论法的精神》,商务印书馆1982年。

9.〔美〕E.博登海默:《法理学:法律哲学与法律方法》,邓正来译,中国政法大学出版社2004年版。

10.〔美〕艾伯特-拉斯洛·巴拉巴西:《爆发:大数据时代预见未来的新思维》,马慧译,中国人民大学出版社2012年版。

11.〔美〕米尔吉安·R.达马斯卡:《比较法视野中的证据制度》,吴宏耀、魏晓娜等译,中国人民公安大学出版社2006年版。

12.〔美〕米尔吉安·R.达马斯卡:《漂移的证据法》,李学军等译,中国政法大学出版社2003年版。

13.〔美〕罗纳尔多·V.戴尔卡门:《美国刑事诉讼——法律和实践》,张鸿巍等译,武汉大学出版社2006年版。

14.〔美〕查尔斯·R.史旺生、〔美〕列尔纳德·特里托、〔美〕罗伯特·W.泰勒:《警察行政管理——结构过程与行为(第7版)》,匡萃冶等译,中国人民公安大学出版社 2013 年版。

15.〔美〕埃里克·西格尔:《大数据预测:告诉你谁会点击、购买、死去或撒谎》,周昕译,中信出版社 2014 年版。

16.〔美〕特伦斯·安德森、〔美〕戴维·舒姆、〔美〕威廉·特文宁:《证据分析(第二版)》,张保生等译,中国人民大学出版社 2012 年。

17.〔美〕曼纽尔·卡斯特:《网络社会的崛起》,夏铸九译,社会科学文献出版社 2001 年版。

18.〔意〕加萨雷·贝卡利亚:《论犯罪与刑罚》,黄风译,中国法制出版社 2005 年版。

19.〔德〕魏根特:《德国现代侦查程序与人权保护》,刘莹译,载孙长永主编:《现代侦查取证程序》,中国检察出版社 2005 年版。

(三) 中文论文

1. 于阳、魏俊斌:《冲突与弥合:大数据侦查监控模式下的个人信息保护》,《情报杂志》2018 年第 12 期。

2. 万毅:《证据"转化"规则批判》,《政治与法律》2011 年第 1 期。

3. 马方、吴桐:《侦查环节刑事错案防范机制研究》,《四川理工学院学报(社会科学版)》2018 年第 3 期。

4. 马永平:《刑事程序性法律后果研究》,中国社会科学院研究生院 2017 年博士学位论文。

5. 马建光、姜巍:《大数据的概念、特征及其应用》,《国防科技》2013 年第 2 期。

6. 卞建林、张可:《侦查权运行规律初探》,《中国刑事法杂志》2017 年第 1 期。

7. 卞建林、谢澍:《刑事程序法治的理论发展与制度创新》,《检察日报》2018年1月3日。

8. 王天思:《大数据中的因果关系及其哲学内涵》,《中国社会科学》2016年第5期。

9. 王东:《技术侦查的法律规制》,《中国法学》2014年第5期。

10. 王利明:《论个人信息权的法律保护——以个人信息权与隐私权的界分为中心》,《现代法学》2013年第4期。

11. 王利明:《隐私权的新发展》,《人大法律评论》2009年版第1期。

12. 王燃:《大数据时代个人信息保护视野下的电子取证——以网络平台为视角》,《山东警察学院学报》2015年第5期。

13. 王燃:《大数据时代侦查模式的变革及其法律问题研究》,《法制与社会发展》2018年第5期。

14. 艾明:《我国技术侦查措施法律规制的缺陷与完善》,《甘肃政法学院学报》2013年第6期。

15. 龙宗智:《寻求有效取证与保证权利的平衡———评"两高一部"电子数据证据规定》,《法学》2016年第11期。

16. 龙宗智:《检察机关办案方式的适度司法化改革》,《法学研究》2013年第1期。

17. 龙宗智:《强制侦查司法审查制度的完善》,《中国法学》2011年第6期。

18. 史卫民:《大数据时代个人信息保护的现实困境与路径选择》,《情报杂志》2013年第12期。

19. 白建军:《大数据对法学研究的些许影响》,《中外法学》2015年第11期。

20. 印大双:《侦查模式从现场驱动到数据驱动的逻辑演进路

径》,《贵州警官职业学院学报》2016 年第 6 期。

21. 冯冠筹:《大数据时代背景下实施预测警务探究》,《公安研究》2013 年第 12 期。

22. 兰跃军:《比较法视野中的技术侦查措施》,《中国刑事法杂志》2013 年第 1 期。

23. 任惠华:《法治视野下的侦查效益问题研究》,西南政法大学 2008 年博士学位论文。

24. 刘仁文、崔家园:《论跨国犯罪的联合侦查》,《江西警察学院学报》2012 年第 1 期。

25. 刘计划:《侦查监督制度的中国模式及其改革》,《中国法学》2014 年第 1 期。

26. 刘伟:《如何实现刑事侦查的法治化》,《政法论丛》2017 年第 4 期。

27. 刘品新:《电子证据的认证规则——以可采性的认定为视角》,《证据学论坛》2002 年第 1 期。

28. 刘品新:《电子证据的关联性》,《法学研究》2016 年第 6 期。

29. 刘品新:《电子证据的鉴真问题:基于快播案的反思》,《中外法学》2017 年第 1 期。

30. 刘梅湘:《侦查机关实施网络监控措施的程序法规制——以域外法的相关规定为参照》,《法商研究》2017 年第 1 期。

31. 刘铭:《大数据反恐应用中的法律问题分析》,《河北法学》2015 年第 2 期。

32. 刘静坤:《论侦查的功能、目的和价值》,《犯罪研究》2007 年第 3 期。

33. 齐杰、苏日嘎拉图:《如何在大数据时代利用数据信息引导侦查》,《中国检察官》2017 年第 7 期。

34. 江俞蓉、张天明:《大数据时代情报学面临的挑战和机遇》,《现代情报》2013 年第 8 期。

35. 汤强:《信息化背景下侦查权能的扩张与转型》,《净月学刊》2014 年第 2 期。

36. 孙长永、高峰:《刑事侦查中的司法令状制度探析》,《广东社会科学》2006 年第 2 期。

37. 孙长永:《强制侦查的法律控制与司法审查》,《现代法学》2005 年第 5 期。

38. 李玫瑾:《侦查中犯罪心理画像的实质与价值》,《中国人民公安大学学报(社会科学版)》2007 年第 4 期。

39. 李学龙、龚海刚:《大数据系统综述》,《中国科学:信息科学》2015 年第 1 期。

40. 李学军、朱梦妮:《专家辅助人制度研析》,《法学家》2015 年第 11 期。

41. 杨文革、辛宇罡:《大数据时代查办涉黑案件情报监管机制研究》,《情报杂志》2019 年第 7 期。

42. 杨婷:《论大数据时代我国刑事侦查模式的转型》,《法商研究》2018 年第 2 期。

43. 吴洪淇:《刑事证据审查的基本制度结构》,《中国法学》2017 年第 6 期。

44. 吴瑞:《论国际侦查合作的概念》,《北京警察学院学报》2012 年第 5 期。

45. 邱飞:《侦查程序中的司法审查机制研究》,南京师范大学 2007 年博士学位论文。

46. 闵春雷:《非法证据排除规则适用问题研究》,《吉林大学社会科学学报》2014年第2期。

47. 何军:《大数据与侦查模式变革研究》,《中国人民公安大学(社会科学版)》2015年第1期。

48. 何军:《侦查违法行为的性质及其制约措施》,《江苏警官学院学报》2009年第6期。

49. 何家弘等:《大数据侦查给证据法带来的挑战》,《人民检察》2018年第1期。

50. 何家弘:《秘密侦查立法之我见》,《法学杂志》2004年第6期。

51. 宋英辉:《刑事程序中的技术侦查研究》,《法学研究》2000年第3期。

52. 张可:《大数据侦查之程序控制:从行政逻辑迈向司法逻辑》,《中国刑事法杂志》2019年第2期。

53. 张吉豫:《大数据时代中国司法面临的主要挑战与机遇———兼论大数据时代司法对法学研究及人才培养的需求》,《法制与社会发展》2016年第6期。

54. 张明楷:《网络时代的刑法理念——以刑法的谦抑性为中心》,《人民检察》2014年第9期。

55. 张泽涛:《反思帕卡的犯罪控制模式与正当程序模式》,《法律科学(西北政法大学学报)》2005年第2期。

56. 张建伟:《审判中心主义的实质内涵与实现途径》,《中外法学》2015年第4期。

57. 张威:《大数据时代犯罪防控困境及出路探讨》,《铁道警察学院学报》2018年第1期。

58. 张保生:《事实、证据与事实认定》,《中国社会科学》2017年第8期。

59. 张根平、蔡艺生:《论我国主动侦查启动程序的理性进路》,《江西警察学院学报》2018年第1期。

60. 张恩典:《大数据时代的算法解释权:背景、逻辑与构造》,《法学论坛》2019年第4期。

61. 张凌寒:《算法权力的兴起、异化及法律规制》,《法商研究》2019年第4期。

62. 张慧明:《技术侦查相关概念辨析》,《中国刑警学院学报》2012年第4期。

63. 陈永生:《电子数据搜查、扣押的法律规制》,《现代法学》2014年第5期。

64. 陈在上:《强制性侦查司法审查制度是权利保障的必需品》,《广西社会科学》2018年第5期。

65. 陈光中、张佳华、肖沛权:《论无罪推定原则及其在中国的适用》,《法学杂志》2013年第10期。

66. 陈冰寒、陈文娟:《"大数据侦查"全面推进职侦工作》,《中国检察官》2017年第13期。

67. 陈兴良:《刑法谦抑的价值蕴含》,《现代法学》1996年第3期。

68. 陈兴良:《在技术与法律之间:评快播案一审判决》,《人民法院报》2016年9月14日第003版。

69. 陈纯柱、黎盛夏:《大数据侦查在司法活动中的应用与制度构建》,《重庆邮电大学学报(社会科学版)》2018年第1期。

70. 陈瑞华:《论检察机关的法律职能》,《政法论坛》2018年第1期。

71. 陈瑞华:《实物证据的鉴真问题》,《法学研究》2011 年第 5 期。

72. 陈瑞华:《程序性制裁制度的法理学分析》,《中国法学》2005 年第 6 期。

73. 林美玉、沙贵君:《大数据背景下的侦查数据思维及实现方式》,《广西警察学院学报》2018 年第 5 期。

74. 林钰雄:《干预保留与门槛理论——司法警察官一般调查权限之理论检讨》,《政大法学评论》2007 年第 96 期。

75. 林喜芬:《论侦查程序中的权利告知及其法律效力》,《中国刑事法杂志》2008 年第 6 期。

76. 欧阳爱辉:《侦查中的大数据挖掘技术法律属性辨析》,《青岛科技大学学报(社会科学版)》2015 年第 2 期。

77. 易延友:《论无罪推定的涵义及刑事诉讼法的完善》,《政法论坛》2012 年第 1 期。

78. 周长军、彭俊磊、韩晗:《刑事庭审实质化研究——以诉讼公开为视角》,《山东审判》2017 年第 5 期。

79. 周长军:《现行犯案件的初查措施:反思性研究》,《法学论坛》2012 年第 3 期。

80. 郑玉双:《破解技术中立难题——法律与科技之关系的法理学再思》,《华东政法大学学报》2018 年第 1 期。

81. 郑志峰:《人工智能时代的隐私保护》,《法律科学(西北政法大学学报)》2019 年第 2 期。

82. 郑群、张芷:《大数据侦查的核心内容及其理论价值》,《山东警察学院学报》2018 年第 6 期。

83. 郑群、周建达:《大数据侦查学若干问题研究》,《中国人民公安大学学报(社会科学版)》2018年第4期。

84. 郑曦、刘玫:《非法证据排除规则在监听证据中的运用——以美国法为蓝本的考察》,《证据科学》2012年第6期。

85. 胡铭:《技术侦查:模糊授权抑或严格规制——以〈人民检察院刑事诉讼规则〉第263条为中心》,《清华法学》2013年第6期。

86. 赵峰:《大数据侦查模式之下相关性关系的证明浅议》,《贵州警官职业学院学报》2016年第6期。

87. 郝宏奎:《大数据时代与侦查学术创新》,《中国人民公安大学学报(社会科学版)》2016年第6期。

88. 郝宏奎:《侦查学原理研究30年探要》,《山东警察学院学报》2009年第1期。

89. 顾伟:《美国政府机构获取电子数据的法律程序研究》,《信息安全与通讯保密》2016年第12期。

90. 倪铁:《侦查程序的人本精神微探——兼论侦查程序正当化建设》,《犯罪研究》2006年第3期。

91. 徐美君:《侦查权的司法审查制度研究》,《法学论坛》2008年第5期。

92. 高一飞、曾静:《犯罪现场新闻报道及其限度》,《法律适用》2015年第12期。

93. 高波:《从制度到思维:大数据对电子证据收集的影响与应对》,《大连理工大学学报(社会科学版)》2014年第2期。

94. 高峰:《刑事侦查中的令状制度研究》,西南政法大学2007年博士学位论文。

95. 高斌:《大数据:让腐败无处藏身》,《检察日报》2014年12月2日,第5版。

96. 郭志远:《大数据背景下未来犯罪侦查模式的转型》,《兰州大学学报(社会科学版)》2019 年第 2 期。

97. 郭哲:《大数据时代查办职务犯罪侦查模式认识论》,《政法论丛》2019 年第 3 期。

98. 龚子秋:《公民"数据权":一项新兴的基本人权》,《江海学刊》2018 年第 6 期。

99. 崔凯、魏建文:《自媒体传播对"侦查不公开"的影响研究》,《湖南社会科学》2017 年第 4 期。

100. 章玉成:《侦查程序适度公开原则》,《社会科学Ⅰ辑》2011 年第 S1 期。

101. 谢登科:《论技术侦查中的隐私权保护》,《法学论坛》2016 年第 3 期。

102. 彭知辉:《"大数据侦查"质疑:关于大数据与侦查关系的思考》,《中国人民公安大学学报(社会科学版)》2018 年第 4 期。

103. 彭俊磊:《论侦查讯问中的犯罪嫌疑人权利保障——基于审判中心诉讼制度改革的再思考》,《法学论坛》2018 年第 4 期。

104. 董坤:《实践的隐忧——论特殊侦查中的证据转化》,《中国人民公安大学学报(社会科学版)》2013 年第 3 期。

105. 蒋勇:《大数据时代个人信息权在侦查程序中的导入》,《武汉大学学报(哲学社会科学版)》2019 年第 3 期。

106. 蒋鹏飞:《高科技侦查之利弊权衡及其规制》,《法治研究》2012 年第 8 期。

107. 韩德明:《侦查比例原则论》,《山东警察学院学报》2007 年第 2 期。

108. 程雷:《大数据侦查的法律控制》,《中国社会科学》2018 年第 11 期。

109. 詹建红、张威:《我国侦查权的程序性控制》,《法学研究》2015 年第 3 期。

110. 蔡国芹:《程序正义视野下的犯罪嫌疑人知情权》,《中国刑事法杂志》2008 年第 2 期。

111. 裴炜:《个人信息大数据与刑事正当程序的冲突及其调和》,《法学研究》2018 年第 2 期。

112. 裴炜:《比例原则视域下电子侦查取证程序性规则构建》,《环球法律评论》2017 年第 1 期。

113. 翟志勇:《数据主权的兴起及其双重属性》,《中国法律评论》2018 年第 6 期。

114. 翟海、江平:《大数据时代的智慧侦查:维度分析及实现路径》,《中国刑警学院学报》2018 年第 3 期。

115. 樊崇义、刘文华:《新形势下职务犯罪侦查模式转型的思考》,《南华大学学报(社会科学版)》2015 年第 2 期。

116. 樊崇义、张自超:《大数据时代下职务犯罪侦查模式的变革探究》,《河南社会科学》2016 年第 12 期。

二、外文资料

1. Gianclaudio Malgieri, The Rise of Big Data Policing: Surveillance, Race and the Future of Law Enforcement, 4 EUR. DATA PROT. L. REV. 570 (2018).

2. Andrew D. Selbst, Disparate Impact in Big Data Policing, 52 GA. L. REV. 109(2017-2018).

3. Sharad Goel, Maya Perelman, Ravi Shroff and David Alan Sklan-

sky, Combatting Police Discrimination in the Age of Big Data, 20 NEW CRIM. L. REV. 181 (2017).

4. Elizabeth E. Joh, The New Surveillance Discretion: Automated Suspicion, Big Data, and Policing, 10 HARV. L. & POL'Y REV. 15 (2016).

5. Kiel Brennan-Marquez, Big Data Policing and the Redistribution of Anxiety, 15 OHIO ST. J. CRIM. L. 487 (2017-2018).

6. Elizabeth E. Joh, Policing by Numbers: Big Data and the Fourth Amendment, 89 WASH. L. REV. 35 (2014).

7. Lon A. Berk, After Jones, the Deluge: The Fourth Amendment's Treatment of Information, Big Data and the Cloud, 14 J. HIGH TECH. L. 1 (2014).

8. Brad Turner, When Big Data Meets Big Brother: Why Courts Should Apply United States v. Jones to Protect People's Data, 16 N.C. J. L. & Tech. 377 (2014-2015).

9. Joshua Gruenspecht, Reasonable Grand Jury Subpoenas: Asking for Information in the Age of Big Data, 24 HARV. J. L. & Tech. 543 (2010-2011).

10. Andrew Guthrie Ferguson, Big Data and Predictive Reasonable Suspicion, 163 U. PA. L. REV. 327 (2015).

11. Ric Simmons, Quantifying Criminal Procedure: How to Unlock the Potential of Big Data in Our Criminal Justice System, 2016 MICH. ST. L. REV. 947 (2016).

12. Timothy J. Kraft, Big Data Analytics, Rising Crime, and Fourth Amendment Protections, 2017 U. ILL. J.L. Tech. & Pol'y 249 (2017).

13. Kevin Miller, Total Surveillance, Big Data, and Predictive Crime Technology: Privacy's Perfect Storm, 19 J. Tecl. L. & Pol'y 105 (2014).

14. Hannah Yee- Fen Lim, The Data Protection Paradigm for the Tort of Privacy in the Age of Big Data, 27 SACLJ 789 (2015).

15. Moira Paterson and Maeve McDonagh, Data Protection in an Era of Big Data: The Challenges Posed by Big Personal Data, 44 MONASH U. L. REV. 1 (2018).

16. Kate Crawford and Jason Schultz, Big Data and Due Process: Toward a Framework to Redress Predictive Privacy Harms, 55 B.C. L. REV. 93 (2014).

17. Jenn Rolnick Borchetta, Curbing Collateral Punishment in the Big Data Age: How Lawyers and Advocates Can Use Criminal Record Sealing Statutes to Protect Privacy and the Presumption of Innocence, 98 B.U. L. REV. 915 (2018).

18. Chad Squitieri, Confronting Big Data: Applying the Confrontation Clause to Government Data Collection, 101 VA. L. REV. 2011 (2015).

19. Sharona Hoffman, Big Data Analytics: What Can Go Wrong, 15 IND. HEALTH L. REV. 227 (2018).

20. Caryn Devins, Teppo Felin, Stuart Kauffman & Roger Koppl, The Law and Big Data, 27 Cornell J. L. & Public Policy 357 (2017-2018).

21. Herbert Packer, Two Models of the Criminal Process, 113 U.Pa. L.Rev.1(1964).

22. James Q. Wilson and George L. Kelling, Broken Windows:The Police and Neighborhood Safety, The Atlantic Monthly, vol.249,no.3

(1982).

23. Andrew Ashworth & Mike Redmayne, The Criminal Process, Oxford University Press (1998).

24. Mantelero A . The EU Proposal for a General Data Protection Regulation and the roots of the 'right to be forgotten' [M]// Mastering corporate finance essentials: Wiley, 2015.

25. Luciano Floridi, Information: A Very Short Introduction, Oxford University Press (2010).

26. Robert A. Dahl, The Concept of Power, Behavioral Science (1957).

27. B. H. Raven, Power and Social Influence, in Ivan Dale Steiner & Martin Fishbein (eds.), Current Studies in Social Psychology, Holt, Rinehart and Winston (1965).

28. Sandra Braman, Change of State: Information, Policy, and Power, The MIT Press (2006).

29. United States v. Jones, 565 U. S. (2012)-U.S. Supreme Court.

30. Wayne R. LaFave, Jerold H. Israel & Nancy J. King, Criminal Procedure, West Group Co (2000).

31. Andrew Guthrie Ferguson, Big Data and Predictive Reasonable Suspicion, 163 (2) University of Pennsylvania Law Review 327 (2015).

32. "Criminal Law-Sentencing Guidelines-Wisconsin Supreme Court Requires Warning before Use of Algorithmic Risk Assessments in Sentencing-State v. Loomis, 881 N. W. 2d 749 (Wis. 2016)", Harvard Law Review, Vol.130, no.5 (Mar. 2017).

33. Jason R. Baron, Law in the Age of Exabytes: Some Further

Thoughts on"Information Inflation"and Current Issues in E-Discovery Search, 17 Rich. J.L&Tech.9 (2011).

34. Orin S. Kerr, Digital Evidence and the New Criminal Procedure, 105 Columbia Law Review (2005).

35. Eoghan Casey, Digital Evidence and Computer Crime: Forensic Science, Computers and the Internet, 3rd Edition, Academic Press (2011).

36. David Gray, Danielle Keats Citron, & Liz Clark Rinehart, Fighting Cybercrime after United States v. Jones, 103 J. Crim. L.& Criminology 745 (2013).

37. Leah M. Wolfe, The Perfect is the Enemy of the Good: the Case for Proportionality Rules instead of Guidelines in Civil E-discovery, 43 Capital University Law Review 159 (2015).

38. Brandon L. Garrett, Big Data and Due Process, University of Virginia School of Law, Public Law and Legal Theory Research Paper Series (2014).

39. David E. Pozen, The Mosaic Theory, National Security, and the Freedom of Information Act, 115 The Yale Law Journal (2005).

40. Staff. FBI Ditches Carnivore Surveillance System, Associated Press, January 18th (2005).

41. Craig Timberg & Ellen Nakashima, State Photo-ID Databases Become Troves for Police. Washington Post (JUNE16, 2013).

42. David Garland, The Culture of Control: Crime and Social Order in Contemporary Society, The University of Chicago Press (2001).

43. Claire Cain Miller, Tech Companies Concede to Surveillance Program,The New York Times (Jun.7th, 2013).

44. Aharon Barak, Proportionality: Constitutional Rights and Their Limitations, Translated from the Hebrew by Doron Kalir, Cambridge: Cambridge University Press (2012).

45. Julian Rivers, Proportionality and Variable Intensity of Review, 65 Cambridge Law Journal (2006).

46. J. Bomhoff, Balancing, the Global and the Local: Judicial Balancing as a Problematic Topic in Comparative (Constitutional) Law, 31 Hastings Int. & Comp. L. Rev (2008).

47. Rutger Rienks, Predictive Policing: Taking a Chance for a Safer Future, Korpsmedia (2015).

48. Joshua A. Kroll, Solon Barocas, Edward W. Felten, Joel R. Reidenberg, David G. Robinson & Harlan Yu, Accountable Algorithms, 165 U. PA. L. REV. 633 (2017).

49. Paul B. de Laat, Algorithmic Decision-Making Based on Machine Learning from Big Data: Can Transparency Restore Accountability, Philosophy & Technology (2017).

50. Bryce Clayton Newell, Local Law Enforcement Jumps on the Big Data Bandwagon: Automated License Plate Recognition Systems, Information Privacy, and Access to Government Information, 66 ME. L. REV. 397 (2013-2014).

后　记

博学笃行,厚德重法;
学无止境,气有浩然。

于本书定稿之际,我在济南的燕翅山下、砚泉之旁,心中默念着两段校训,回想起过往的点点滴滴。从 2010 年步入大学校园至今,整整十二周年。按照我国传统纪年法,十二年又被称作"一纪",在这"一纪"中有太多的人和事值得回忆、感恩和铭记,所以也确实应该写点什么来好好纪念一下。

本书之所以能够顺利出版,首先要感谢的就是我的恩师周长军教授。周老师不仅是我求学路上的学术导师,而且是我工作生活旅途中的精神导师,不管是做学问还是为人处世,周老师都给予我很大帮助与指导。2014 年从西南政法大学毕业回到济南,顺利保送进入山东大学硕博连读,现在回忆起来最幸运最值得骄傲的一件事就是能够拜师于周老师门下。周老师儒雅谦和、治学严谨,对待学生更是关爱有加,不管平时有多忙,每周都要带着我们召开读书会进行学习交流,关注学界前沿动态,训练论文写作能力。不仅如此,作为周老师的学生还会经常享受到无微不至的"售后服务",即使已经毕业离开校园,周老师的帮助指导却从未减少,师门交流群经常会有各种热门、前沿话题的探讨,周老师也总会耐心认真地给予引导。《大数据侦查法治化研究》最终成稿,更是得益于周老师的悉心关爱,从选题到思路乃至框架结构与具体内容,周老师都给予了非常宝贵的修改建议。饮水思源,衷心感谢恩师周长军教授。

《大数据侦查法治化研究》的顺利完成,要感谢的人还有很多。感谢本科期间西南政法大学的各位老师,是他们让我打下了扎实的侦查学理论基础,并为我开启了法学研究的大门;感谢硕士、博士求学山东大学期间的各位老师,是他们让我形成了较为完备的法学知识体系和法治思维,提升了法学研究的能力;感谢不同求学阶段相遇相识相知的各位同学、师兄师姐、师弟师妹,是他们与我互帮互助、共同成长,并在我的论文写作过程中为我提供了大量案例材料、修改建议;感谢各位领导前辈、师友同仁,是他们让我能够在人生的每一个十字路口找准方向,保持热爱,即使面对困难挫折也能够迎难而上、奋勇向前;感谢参加工作以来的各位同事朋友,是他们让我在步入社会工作之后有了更多的人生阅历和生活经验,在教书育人、科学研究、法律服务过程中能够更好地将理论与实践有机结合、融会贯通;当然还要感谢我挚爱的家人们,是他们的一路支持、相伴相随,让我没有后顾之忧,得以有更多的精力投入我所热爱的学术研究之中,为我修筑起最温馨、最舒适的心灵港湾,使我总能时刻感受到温情与幸福。也正是因为有这么多人的关心、关爱与支持,我才更应该锐意进取、笃行不息。人之相交,贵在相知,人之相知,贵在知心,真心感谢每一位家人和朋友。

《大数据侦查法治化研究》既是对我过往学术研究的一次集中汇报,又是我继续投身未来法学研究的新起点。在此书写作过程中,虽然我已竭尽所能力求做到精致,但受限于个人学识与能力,肯定还会存在一些不足,还请各位同仁多多批评指正。历史一再证明,人类文明的每一次重大进步都必然引发新的制度转型。关于数字时代变革与智慧法治文明的思考,是我们这一代法律人应有的担当。时光荏苒,唯有不负韶华;日月星辰,还须砥砺前行!